KB010872

오디오드라마를
만드는 사람들

오디오드라마를 만드는 사람들

펴 낸 날 2023년 5월 31일

지 은 이 안익수
표지삽화 안수빈
펴 낸 이 이기성
편집팀장 이윤숙
기획편집 윤가영, 이지희, 서해주
표지디자인 윤가영
책임마케팅 강보현 김성욱
펴 낸 곳 도서출판 생각나눔
출판등록 제 2018-000288호
주 소 고양시 덕양구 청초로 66 덕은리버워크 B동 1708호, 1709호
전 화 02-325-5100
팩 스 02-325-5101
홈페이지 www.생각나눔.kr
이 메 일 bookmain@think-book.com

• 책값은 표지 뒷면에 표기되어 있습니다.
ISBN 979-11-7048-570-4 (03680)

오디오드라마를
만드는
사람들

안익수

생각나눔

이 책은 방송의 시작인 라디오 메커니즘과
그로 인해 만들어진 장르인 오디오드라마,
그리고 그 과정에서 자연스럽게 형성된 직업인
작가, 피디, 성우, 음향효과맨, 음향엔지니어를 중심으로
오디오드라마를 만들어내는 사람들과
그 제작 현장에 관해 기록한 책이다.

목차

II. 오디오드라마의 제작 현장 · 171

Ⅲ. 오디오드라마 제작 총론 · 255

머리말

이 책은 오디오드라마의 제작 전반에 대한 지식과 제작에 참여하는 전문인력에 대한 업무 내용을 자세히 기록하고 있다. 오디오드라마는 라디오라는 매체를 통해서 이야기와 음향이 어우러져 방송환경의 발전과 함께 성장한 오로지 소리로만 이루어진 방송 장르다. 오디오드라마 장르는 라디오 매체를 통해 라디오드라마라는 이름으로 1960~1970년대에 이르기까지 전성기를 맞이하기도 했다.

그 후로 TV의 대중화와 디지털방송을 통한 다채널 멀티미디어 환경에 의해 일부 마니아들에게만 제공되는 장르로 전락해 버렸다. 더구나 각종 미디어의 융합을 통한 스마트 환경으로 볼거리, 즐길거리가 풍성해졌기 때문에 라디오드라마는 더욱 잊혀진 장르가 되어버렸다. 하지만 그동안 너무 보이는 것에만 심취되어 있던 현대인들은 다시금 소리의 소중함을 인정하고 잠들어 있던 청각 심성을 일깨우고 있다. 그 증거로 ASMR(Autonomous Sensory Meridian Response)이 한때 인기를 끌었다. 소리에 대한 이끌림은 과거 라디오 매체에 한정되어 있던 시대가 아닌 스마트 멀티미디어 환경 속에서도 흥미롭다.

더 나아가 멀티미디어 환경에서의 소리에 대한 이끌림은 매체에 간절했던 과거와는 차원이 다르고 그 가능성도 커졌다. 라디오 매체에 한정되었던 소리드라마가 라디오드라마였다면 매체의 한정성을 뛰어넘은

멀티미디어 스마트 환경에서의 소리드라마는 오디오드라마로 칭하고 있다. 마치 디지털환경이 도래하면서 LP판의 그리움이 되살아난 것과 같이 멀티미디어 스마트 환경이 라디오드라마의 그리움을 일깨워 오디오드라마의 인기를 불러오고 있는 지금이다.

하지만 LP의 그리움이나 ASMR의 유행처럼 오디오드라마의 인기도 우리 곁에 잠시 머물다 잊혀질까 우려하지 않을 수 없다. 그 우려는 필자로 하여금 더 큰 조바심으로 표출되었고, 결국엔 오디오드라마에 관한 내용을 책으로 만들어 알려야 한다는 결심을 하게 되었다. 이에 필자는 30년간의 라디오드라마 제작 경험을 바탕으로 오디오드라마의 장점과 우수성을 널리 알리고 오디오드라마 제작 현장과 제작전문가들의 활동을 알림으로써 오디오드라마와 방송 전반에 걸쳐 관심을 가지고 있는 이들에게 도움을 주고자 한다. 극의 분위기를 실감 나는 효과음으로 이끌어가고 싶은 음향엔지니어 지망생들, 울고 웃고 감동을 주는 주옥같은 극본을 쓰고 싶은 작가 지망생들과 오디오드라마의 연기자가 되고 싶은 성우 지망생들, 각종 방송장비를 자유자재로 다루고 싶은 음향엔지니어 지망생들, 오디오드라마의 제작과 연출을 맡아 총괄하는 피디가 되고 싶은 연출 지망생들에게 방송현장에서 몸소 체험하고 응용했던 이론과 실기를 전해주고 싶다. 우선 제1장에서는 '오디오드라마 제작 전문가'라는 제목으로 오디오드라마 제작에 참여하는 방송 전문인력인 음향효과맨, 작가, 성우, 음향엔지니어, 피디의 업무에 관해 기록하였고, 제2장에서는 '오디오드라마 제작 현장'이라는 제목으로 오디오드라마를 제작하는 현장을 실감 나게 살펴보았다. 제3장에서는 '오디오드라마 완성도를 위한 팁'이라는 제목으로 제작 시 알아두어야 할 점과 개선점을 수록하였다.

지금까지 방송의 출현과 라디오드라마의 역사에 대해 광범위하게 다룬 책은 다소 있으나, 방송제작 현장에 와 있는 듯한 섬세한 표현으로 오디오드라마 제작에 대해 현장감 있는 제작 실무를 다룬 책은 거의 없었다. 하지만 이 책은 필자가 방송국에서 라디오드라마를 제작하면서 경험했던 현장감 넘치는 제작 실무를 입체적으로 수록했다는 점에서 큰 가치가 있다. 필자는 성우들이 연기를 펼치는 공간인 녹음실의 부스에서 성우들과 함께 주로 일을 해 왔는데, 원로 성우 선생님들이나 방송 스태프 선배들이 오디오드라마 제작에 참여할 때마다 후배들에게 전해준 주옥같은 조언이나 때론 회초리 같은 질책과 소금과도 같은 잔소리를 오랜 기간 한마디씩 기록해 두었다가 잘 다듬어서 이번 기회에 수록했다는 것이 특이할 만하다.

더불어 이 책의 전체적인 구성에서도 오디오드라마를 제작하는 전문인력들이 하는 일, 오디오드라마 제작 현장의 노하우 및 일화 속에서 느낀 점을 자연스럽게 담아내기 위해 노력했다는 점이 색다르다. 이 책은 오디오드라마에 대한 방송 실무를 분야별로 가감 없이 기록하고 있으므로 읽으면 읽을수록 방송현장 깊숙이 들어와 있는 느낌을 받게 될 것이며, 오디오드라마 장르에 관한 예술성과 제작기술, 제작 현장을 피부로 느낄 수 있다.

또 하나의 중요한 집필의도 중의 하나는 이 책을 통해서 오디오드라마를 조금 더 많은 젊은이들에게 알리고자 하는 것이다. 오디오드라마의 장점은 귀로 듣고 상상하며 단순노동 그 이상을 할 수 있는 유일한 장르다. 오디오드라마는 보이는 것에 노예가 된 현대인들에게 잠시 눈을 감고 소리로만 듣고 상상하여 이해하고 감동할 수 있게 할 이 시대 최고의 오디오 예술 장르이기 때문이다. 이처럼 오디오드라마는 마음을 열어 청각 심상을 일깨워 주므로 21세기가 요구하는 소통과 융합, 창의성을 모두 갖춘 오디오 장르로 더욱 소중하게 계승되어야 할 것이다. 아무쪼록 이 책이 꿈을 품은 젊은 방송지망생들에게 밀알이 되어 도움을 주는 소중한 필독서가 되기를 희망한다.

2023년 아카시아 꽃향기 그윽한 어느 초여름날

안익수 드림

LIVE

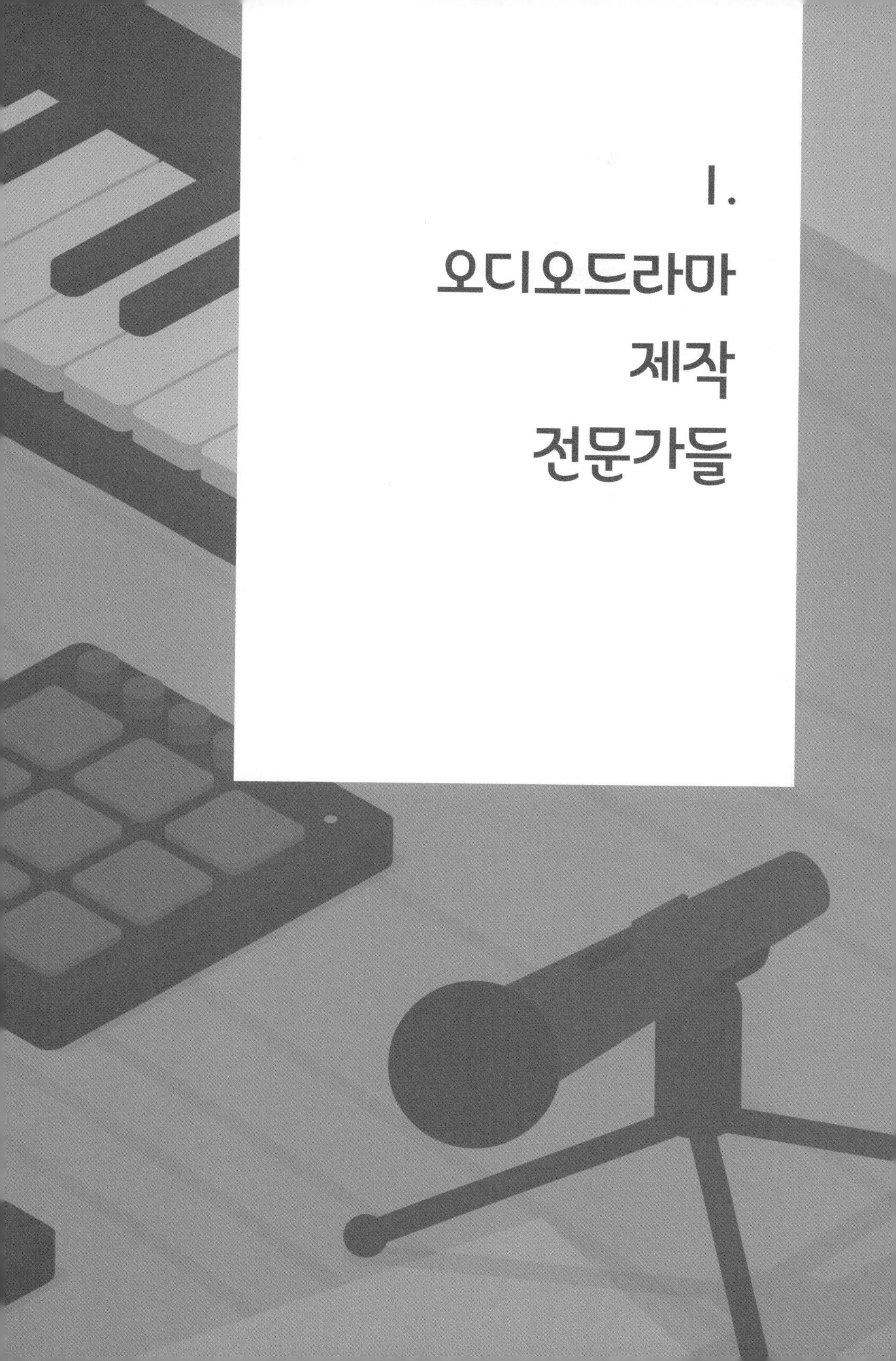

I.
오디오드라마 제작 전문가들

오디오드라마는 공기 중의 떨림을 매개로 한 소리 주파수에 스토리를 실어서 사람의 청각을 통해 뇌를 자극하고 상상하게 함으로써 감동을 주는 무형의 오디오 장르다.

오디오드라마는 작가의 오디오적인 스토리텔링 구현을 위한 대본을 토대로 이루어진다. 오디오드라마를 구성하는 소리요소는 대사와 음향과 음악이다. 대사는 여러 등장인물의 배역을 연기하는 성우들에 의해 심리상태, 상황, 표정까지도 목소리로 표현되며, 장면의 배경과 상황을 소리와 음악으로 디자인하는 음향효과맨에 의해 표현된다. 이러한 소리들은 마이크와 녹음기, 믹싱 콘솔과 이펙트 장비, 스피커 등의 방송장비를 컨트롤하는 엔지니어에 의해서 조화롭게 섞여 어우러진다. 피디는 기획 단계부터 관여하여 작품과 작가, 성우를 캐스팅하고 스태프(효과맨, 엔지니어)와 호흡을 맞춰 오디오드라마 제작환경을 조성하고 작품완성에 전반적으로 책임을 진다. 이렇게 오디오드라마는 각 분야의 전문가들에 의해서 만들어진다. 오디오드라마를 제작하는 전문가들은 음향효과맨, 작가, 성우, 음향엔지니어, 피디로 이루어져 있다.

1. 오디오드라마

드라마라는 장르는 매체를 기반으로 갈등과 사건을 내포하는 스토리텔링에 의해 등장인물과 다양한 장치로 하여금 그 갈등과 사건들을 하나씩 풀어나가는 일련의 이야기극을 말한다. 특히 오디오드라마는 대사, 음악, 음향 등 오디오의 3요소를 조화롭게 구성하여 청취자의 감동과 공감을 불러일으키는 청각종합예술 분야라고 정의하고 있다. 오디오드라마의 효시는 1924년 영국의 R. 휴즈의 「탄갱 안」으로 탄갱 안의 어둠 속에 갇힌 인간의 심리를 그린 작품이다. 물소리, 폭발음, 찬송가, 합창, 대사, 그리고 침묵으로 상황을 강하게 호소하고 있다.

드라마를 제작하기 위해서는 우선 탄탄한 구성을 갖춘 극본이 필요하고, 그다음으로 등장인물의 캐릭터에 어울리는 연기자의 캐스팅이 중요하고 연기자 각자의 연기력이 드라마를 이끌어 가야 한다. 오디오드라마를 제작하기 위해서는 오디오 위주의 프로그램 기획과 작품의 선정, 연기자와 스태프의 캐스팅, 녹음 스케줄과 녹음실 선정 등 제작 전반을 조율하는 피디의 역할이 중요하다. 무엇보다 기획 단계에서 오디오만으로 스토리 전개를 구현할 수 있는 작가의 능력은 오디오드라마의 기반이 된다. 장소와 배경, 계절 및 시간, 인물의 심리상태, 또는 상징적인 표현을 위한 효과음이 필요하고, 극적인 감동을 더욱 이끌어내거나 장소의 이동, 상황의 변화, 시간의 경과 등을 자연스럽게 표현해 주기 위해서는 음악효과도 필요하다. 또한, 마이크세팅, 믹싱 등 녹음에서 최종 편집까지 담당하는 엔지니어가 필요하다.

이처럼 오디오드라마는 혼자서는 만들 수 없는 어울림의 예술인 것이다. 제작 측면에서 본 오디오드라마는 연출자(PD)를 중심으로 작가와 충분한 교감을 가진 뒤 극의 전개를 위한 극본(대본)을 기반으로 연기자(성우)와 스태프(음악, 음향효과맨, 엔지니어)들이 혼연일체가 되어 만들어가는 음향의 종합예술이라고 말할 수 있다.

2. 음향효과맨

음향효과맨은 음향, 즉 소리를 다양한 분야에 효과적으로 다루는 일을 하는 사람을 말한다. 음향효과의 정의를 몇 가지 살펴보면 국문학적 의미로는 "의음(어떤 소리를 헤아리고 흉내 내어 인공적으로 만드는 소리)으로, 연극·영화·방송극의 효과를 높이는 일"이라고 『새우리말 큰사전』(신기철, 신용철)에서 설명하고 있다. 방송전문용어로는 "효과맨이 프로그램의 사실감을 살리기 위해 표현하는 모든 음향을 말한다."라고 『최신방송 용어사전』(한국방송기술인연합회)에서 정의하고 있다. 또한, 방송문화 사전에서는 "연극, 영화, 방송 등에서 효과음이나 음악 등을 사용해서 극의 효과를 높이는 것."이라고 설명하고 있다.

예를 들면, 대하 역사전쟁 드라마 촬영현장에서는 활 쏘는 소리나 칼싸움 소리, 말달리는 소리, 장군들 갑옷 소리가 가짜 칼, 가짜 갑옷을 사용하고 있으며, 화살 날아가는 소리도 원래는 거의 들리지 않아 어색한 소리로만 가득하기 때문에 그런 현장음들은 음향효과맨들의 손을 거쳐 실감 나는 소리로 재탄생된다.

하물며 소리만으로 스토리를 청취자에게 이해시켜야 하는 오디오드라마에서는 소리를 다루는 음향효과맨들의 역할이 더 중요하다. 오디오드라마 제작현장에서는 음향효과맨들이 대본을 토대로 채음된 각종 소리 자료와 다양한 소리 도구 및 음악 자료를 가지고 음향효과를 디자인하고 적용해서 드라마를 완성한다. 하지만 청취자들은 오디오드라마 속의 소리가 당연히 있는 소리로 알고 있다. 그만큼 음향이 방송에서 청각 심상을 일깨우는 데 큰 역할을 하기 때문이다. 음향효과맨은 오디오드라마뿐만 아니라 텔레비전의 드라마, 쇼프로그램, 교양 및 예능, 오락 프로그램과 다큐멘터리, 애니메이션 등에 투입되어 활동 중이고 나아가서는 영화, 연극, 뮤지컬, 인형극 등 각종 공연 및 전반적인 행사에 두루 투입되어 활동하고 있다.

음향효과맨들은 음향을 효과적으로 사용하기 위해 자연의 소리도 채음하여 보관하고 특수효과음도 만들고 도구를 이용하여 소리를 만들고 음악을 작곡하고 편곡, 선곡하기도 한다. 음향효과는 자료효과와 폴리효과, 음악효과로 구분되어 활동하고 있다.

1) 음향효과의 분류

오디오드라마에서 음향효과는 소리로 TV, 영화의 세트나 야외 촬영지의 역할, 연극의 무대장치나 소도구 역할을 대신 할뿐더러 연기자의 동작을 묘사하고 벌어질 사건을 암시하며 전개되고 있는 극의 완성도를 높인다. 또한, 작품에 대한 작가의 의도를 충족시키는 데 일조하면서 청취자의 상상력을 도와 작품의 이해도를 높이고 청취자의 감동을 이끌어 낸다. 오디오드라마에서 음향효과는 장면의 배경과 등장인물의 동작과 감정을 표현하는 중요한 역할을 한다.

오디오드라마 음향효과(Sound Design, Sound Director)는 작업상, 음악효과(Music Effect), 자료효과(Library, Archive Effect), 폴리효과

(Foley Effect)로 분류한다. 기존에는 방송에서 사용하는 청각적 효과를 음향효과와 음악효과로 나누어 분류하였다. 또한, 음향효과는 생효과(Live Effect), 테이프효과(Tape Effect), 특수음향효과(Synthesizer Effect)로 분류하였다. 작업상의 분류와 용어를 표현함에 있어서 현대적인 메커니즘과 의식변화에 의한 표현이 적용되지 않고 있음을 알 수 있다.

하지만 현재의 글로벌 미디어환경과 메커니즘의 시대적 현실성에 맞게 음향효과의 작업상 분류를 재조정해야 하고 용어도 현실화가 필요했기 때문에 현재는 모든 사운드를 음향의 범주에 넣고 폴리효과, 자료효과, 음악효과로 분류하고 있다. 기존의 생효과를 폴리효과로, 테이프효과를 자료효과로 현실에 맞게 조정하였다. 특수효과(Special Effect)는 자료효과에 배치한다. 그중에 기존의 생효과를 폴리효과(Foley Sound)로 표현하는 이유는 세계 최초로 헐리우드 영화계에서 도구를 이용한 소리 연기를 펼친 사람이 잭 폴리(Jack Donovan Foley 1891~ 1967)이며, 최초로 시도한 사람의 이름을 딴 용어를 사용함은 글로벌 시대에 세계적인 흐름이기 때문이다.

더불어 기존 테이프효과는 채음이 활성화되면서 방송제작 시 주로 사용하였던 당시 녹음 매체가 릴(Reel) 형태로 된 마그네틱 테이프이었기에 붙여진 용어이지만, 녹음 메커니즘의 발달에 따라 가변적일 수 있는 용어인지라 자료효과로 표현하는 것이 합당하다. 기존에 음악효과를 음향효과에서 분리한 것은 음악도 음향의 일부이지만 일반적으로 방송국에서는 소리를 음악과 음향으로 구분하여 활용하였기 때문이다. 하지만 음악도 음률을 가진 소리로써 음향의 범주에 속하므로 포괄적인 의미인 음향효과의 하위구조로 구분 지어 재정리하고자 한다.

음향효과에서 자료효과는 녹음기로 여러 종류의 소리를 채음하거나 전자악기나 샘플러를 이용해 특수효과를 만든 후 편집하여 자료화한 것을 방송에 활용하는 효과, 음악효과는 악기를 이용해 직접 작곡 또는 편곡하거나 기존 곡들을 선곡하여 방송에 사용하는 일을 하는 효과, 폴리효과는 도구를 이용해 소리를 만들어 방송에 활용하는 효과다. 또한, 폴리효과는 대도구 효과, 소도구 효과, 발소리 효과로 작업상 분류한다.

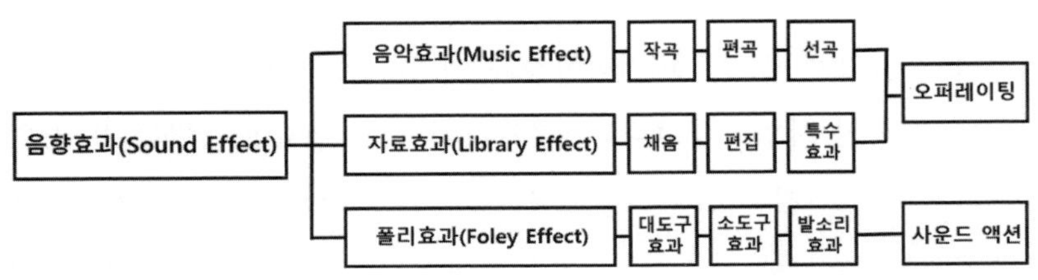

그림 1. 음향효과의 작업상 분류

(1) 음악효과(MUSIC EFFECT)

음악은 소리 성분을 박자(Rhythm)와 선율(Melody)과 화음(Harmony)으로 어우러지도록 만든 규칙성을 가진 소리를 말한다. 음악 효과는 방송, 영화, 연극, 뮤지컬 등과 기타 다양한 작품에 음악을 활용하여 효과적인 영향을 주는 작업이다. 음악효과맨은 대중에게 음악을 알리고, 작품의 전달성과 감동을 배가시키기 위해 다양한 분야에서 음악을 적절하게 사용하고 있다. 또한, 실생활에 효과적으로 사용된 음악도 음악효과로써 우리의 삶에 적절히 어우러져 삶을 풍요롭게 하고 있다.

오디오드라마에서 음악효과 담당자는 음악을 작곡하거나 편곡하고 다양하게 선곡하여 드라마의 구성에 적용함으로써 작품의 완성도에 기여하고 있다. 타이틀과 주제를 담은 시그널음악과 장면 전환용 음악, 분위기 상승을 위한 음악, 종결을 위한 음악 등이 드라마에서 중요한 역할을 하고 있다. 드라마는 극적인 요소들을 적절한 장치들을 이용하여 전개하고 중첩한다. 청취자들은 단선적인 구조 혹은 복선적인 구조로 작가가 의도하는 방향을 따라가면서 감정의 희로애락을 느끼게 된다. 드라마 음악은 이러한 스토리의 전개에 꼭 필요한 요소로 자리 잡고 있다. 드라마에 음악을 사용하는 것은 시대적 음악사적 흐름도 염두에 두어야겠지만 객관적인 자료화를 통한 사용이 우선되어야 한다. 드라마에 적합한 작곡, 편곡, 선곡은 드라마의 완성도에 큰 영향을 미친다. 특히 오디오드라마에서 음악은 환경과 상황의 설정에 중요한 역할을 한다. 그만큼 신중한 사용이 필요하다. 우선 드라마가 시작될 때 시그널음악이 타이틀 멘트와 조화롭게 믹싱되어야 하기 때문에 우선 체크한다. 드라마에서 음악은 시그널음악 외에도 브릿지, 코드, 비지, 엔딩음악으로 삽입된다.

① 시그널음악(Signal Music)

시그널음악은 드라마가 시작할 때와 끝날 때 두 번 삽입되며, 같은 음악을 사용하는 경우도 있고 서로 다른 음악을 사용하는 경우도 있다. 마치 상품을 광고하고 홍보하는 음악처럼 해당 오디오드라마가 어떠한 장르이며 어떠한 스토리인가를 음악으로 함축하여 표현해 준다. 라디오나 TV 연속극에서는 가사가 있는 주제가를 사용하기도 하고 주제에 걸맞은 음악을 사용하는데, 그 주제음악이 바로 시그널음악이라고 할 수 있다. 부모님 세대에서 인기리에 방송되던 TV 연속극인 「여로」나 「아씨」의 주제가는 그 당시 연속극의 인기를 가히 짐작하고도 남을 만큼 지금도 회자되고 있다.

요즘도 연속극에서 주제가를 시그널음악으로 사용하는 드라마도 종종 볼 수 있다. 시사성이 있는 드라마나 다큐멘터리, 교양·오락 프로그램에서는 거의 가사가 없는 곡만을 사용한다. 그 유명한 수사반장의 시그널음악이라든가 「웃으면 복이 와요」의 시그널음악도 유명하다. 몇 년 전 아쉽게 종영한 MBC의 장수프로그램으로서 푸근한 고향의 추억을 일깨우던 전원일기의 시그널음악도 새삼 그립다. 드라마뿐만 아니라 뉴스나 스포츠 각종 시사·다큐 프로그램에서의 시그널음악은 저마다 독특한 프로그램의 특성을 살려 시·청취자들로 하여금 시그널음악만 듣고도 무슨 프로그램인지 알아차릴 수 있도록 노력하고 있다. 그 결과, 해당 장르의 대명사가 된 음악도 많다.

특히, 오디오드라마에선 시그널음악이 더욱 중요하다. 눈으로 볼 수 없고 귀로만 듣고 알아차려야 하기 때문에 더욱 신중하게 채택하여야 한다. 시그널음악을 위해서는 먼저 해당 작품을 면밀히 검토 분석해야 한다. 작품의 장르를 파악하여 주제와 제작의도, 시대 상황에서부터 작품이 전개되는 장소와 시간까지도 음악 선곡에 반영해야 한다. 예를 들어, 역사풍자극의 시그널음악으로 무거운 현대적 음악을 사용한다거나, 또는 코믹·시트콤의 시그널음악으로 느린 템포의 장중한 음악을 사용하면 맞지 않을 것이다. 그러나 종종 고정관념을 파괴하자는 의도로 과감한 모험을 시도하는 경우도 있다. 하지만 정도를 너무 벗어난다면 훌륭한 작품을 망치게 될 수도 있을 것이다. 또한, 프로그램이나 드라마의 좋은 시그널음악을 만들려면 방송사들의 적극적인 지원이 필요하다. 시그널음악은 그 프로그램의 간판이요 명함이니 아주 특별히 신경 써야 한다.

특히 어린이 프로그램은 더욱더 그렇다. 필자의 어릴 적에 방송됐던 「황금박쥐」, 「마징가제트」, 「로봇태권브이」, 「마루치아라치」, 「손오공」, 「아톰」, 「은하철도 구구구」, 「짱가」, 등의 주제가들이 아직도 생생하게 기억난다. 자라나는 아이들에겐 주제음악이 꿈이 되고 어른이 되면 추억이 되기도 한다.

② 브릿지음악(Bridge Music)

브릿지음악은 바로 전 장면과 다음 장면을 자연스럽게 이어주는 다리 역할을 하는 음악효과다. 브릿지음악의 경우에는 일반적인 브릿지와 긴 브릿지, 짧은 브릿지가 있는데 일반적인 브릿지는 보통의 장면 전환을 표현하므로 시원하게 들어왔다가 5초 내로 빠진다. 긴 브릿지음악은 긴 시간의 경과(시대, 계절 등)나 먼 장소로의 변화를 위해 7초에서 10초가량 사용하며 그때그때의 장면변환을 표현해 준다.

브릿지음악에는 앞 장면에 영향을 받는 브릿지가 있고, 뒤 장면을 암시하는 브릿지가 있고, 시간의 경과를 나타낼 때나 장소의 변화, 꿈이나 환상 또는 회상으로 들어가거나 깨어날 때 사용하는 브릿지음악이 있다. 이처럼 브릿지음악은 청취자가 드라마를 쉽게 이해하도록 도와주고 한 장면에 몰입되어 있던 감정을 새롭게 추스르게 하여 다음 장면을 받아들이는 데 무리가 가지 않게 한다.

드라마에서 음악이란 드라마의 뼈대 역할을 하여 드라마의 전체적인 흐름과 스토리 구조를 잘 파악할 수 있게 해 주기 때문에 음악 효과 담당자는 상황에 잘 맞는 브릿지음악을 선택할 줄 알아야 한다. 슬픈 장면 다음에 사용될 브릿지음악으로 즐겁고 발랄한 느낌의 음악을 선택한다면 청취가가 드라마를 받아들이는 감정의 리듬을 잃게 되고 음악으로 인한 거부감으로 드라마가 주는 감동은 반감될 수도 있다. 만약에 브릿지음악 전에 해설이 있어서 다음 장면에 반전의 내용이 있음을 암시 또는 예고한다면 반전을 주는 브릿지음악의 사용도 가능하지만 말이다.

③ 코드음악(Chord Music)

코드음악은 브릿지음악보다는 훨씬 짧은 곡조로 강하고 상징적으로 사용하여야 한다. 흔히 브릿지음악과 혼돈할 수 있으나 장면과 장면의 연결에 사용하는 브릿지음악과는 달리 코드음악은 3초 정도로 사용하며 한 장면에서도 여러 번 나올 수가 있다. 주인공의 심리적 상태나 분위기를 강조하기 위해서 청취자들에게 충격적으로 각인해 주어야 할 때 주로 사용한다. 뭔가 생각났을 때나 놀라운 소식을 들었을 때, 황당한 상황에서 효과적으로 사용하여 극이나 각종 작품의 감칠맛을 살려준다. 오디오드라마에서의 코드음악은 음악효과적인 요소가 강하지만 자료효과의 전자음이나 특수효과음을 주로 사용하기도 한다.

④ 비지음악(B.G Music: Back Ground Music)

비지음악은 배경이나 장면에 자연스럽게 깔리는 음악을 말한다. 비지음악은 장소와 상황을 효과적으로 표현하기 위해 사용하거나 분위기를 이끌기 위해 사용하므로 대부분 자연스럽게 스며들었다가 자연스럽게 사라지도록 삽입해야 한다. 때로는 반전을 표현할 때 사용하기도 하는데, 이때는 갑자기 들어왔다 갑자기 사라지게 삽입하기도 한다. 깔리던 비지음악을 장면 전환이나 시간 경과용 브릿지음악처럼 사용할 때도 있는데 그럴 땐 끝부분을 상승(업)시켰다가 사라지게 한다. 비지음악은 또 해설이나 독백, 편지글이나 낭독의 상황에 대사나 해설과 함께 사용하기도 하는데, 해설이나 대사와의 조화로운 톤과 레벨을 디자인해야 한다.

등장인물이 감정의 변화가 일어날 때 그 분위기에 알맞은 음악이 서서히 들어와 흐르면 청취자들의 감동은 배가된다. 주로 편지를 읽는 장면이나 회상신, 그리고 극의 절정, 즉 클라이맥스 장면에서 등장인물들의 중요한 대화에 음악을 뒤 배경으로 사용한다. 또한, 극의 전개 부분에서 쫓고 쫓기는 긴박한 장면이나 초조와 긴장감을 묘사하는 스릴 있는 장면에 적절한 음악이 함께 곁들여져서 흥미를 더욱 유발한다.

특히 납량특집물이나 SF물, 추리·수사물에서 비지음악은 아주 중요한 역할을 한다. 납량특집물인 경우 공동묘지나 폐가에서 귀신이 출몰할 때 괴기음을 깔아주어 공포감을 가중시키고 SF공상과학물에선 우주음이라든지 전자음 등을 효과음으로 깔아주기도 하지만, 사이버틱한 음악을 깔아주어 우주 공간이나 미래의 공간을 표현한다. 추리·수사물에선 범행의 재현을 보여줄 때나 사건을 해결해가는 과정에 미스테리컬하고 사이코닉한 음악을 깔아줌으로써 청취자들이 극에 몰입할 수 있도록 해준다.

그 밖에 극의 효과를 위해서라기보다는 그 장면엔 당연히 음악이 있어야 하기 때문에 비지음악을 사용하는 경우도 있다. 바로 다방이나 카페, 레코드 판매점 등을 묘사해주는 장면이 그렇다. 하지만 당연히 음악이 깔려야 하는 장면이라고 해서 아무 음악이나 무조건 깔아서는 절대 안 된다. 먼저 시대와 장소, 계절, 날씨 등을 파악하여야 한다. 몇 년도의 어느 나라 또 그 나라의 어느 지방의 어느 곳인지와 계절과 날씨를 알아본 다음, 극의 진행상의 분위기를 철저히 파악하고 등장인물의 심리상태나 앞으로 전개될 극의 흐름도 감안해서 음악을 선곡해야 한다.

이러한 사항을 파악하지 않는다면 우리나라 60년대 시골 다방에 80년대에 만들어진 음악을 깐다든지, 클래식이 어울릴 분위기에 트로트 가요를 깐다든지 등장인물이 우울해 있는데 빠른 템포의 코믹 가요를 깔게 되어 전체적인 극의 흐름을 깨는 우를 범하게 될 것이다. 이처럼 비지음악은 음악을 효과적으로 사용하여 극의 배경음으로 사용하기도 하고 또는 등장인물의 심리상태를 표현하는 데 사용하기도 하여 작품의 완성도에 커다란 영향을 미치는 중요한 역할을 한다.

⑤ 엔딩음악(Ending Music)

엔딩음악은 대단원의 막을 내리는 표현이므로 대부분 과감하게 삽입되어 길게 사라지게 되는데, 요즘은 형식파괴가 심해 다양하게 표현하기도 한다. 시작이 반이라고 할 정도로 시작의 의미가 중요한 만큼 끝의 의미도 중요하다. 끝은 마지막이라는 의미 보다는 새로운 시작이라는 긍정적인 의미도 갖는다. 유종의 미를 거두라는 말이 있듯이 각종 프로그램이나 드라마에서는 끝나는 장면도 매우 중요하다. 특히 일일 연속드라마일 경우에는 매회 끝마칠 시간에는 청취자들에게 아쉬움을 주고 다음 이 시간을 손꼽아 기다리도록 여운을 주는 작품이야말로 진정 훌륭한 드라마다.

〈표-1〉 음악효과 제작기능 분석

효과 구분	기능 구분	내용
음악효과	시그널	오디오드라마의 문을 열고, 닫는 음악이다. 주제가와 일맥상통, 드라마의 장르와 내용을 암시하는 즉, 드라마의 색깔을 나타낸 음악 선정.
	브릿지	오디오드라마에서 장면과 장면 사이에 마치 다리 역할을 해주는 음악. 시대·장소 이동, 시간 변화, 분위기 쇄신, 몽환·회상에서의 회귀에 사용.
	코드	등장인물의 심리적 상태나 분위기를 강조하기 위해서 청취자들에게 충격적으로 각인시켜 주어야 할 때 주로 사용.
	비지	배경이나 장면에 자연스럽게 깔리는 음악, 등장인물의 감정의 변화를 묘사하고 청취자들의 감동을 이끌어낼 때 사용.
	엔딩	오디오드라마를 마무리 짓는 음악, 오디오드라마의 스토리와 결말에 따라 의미가 함축된 음악을 사용.

그만큼 마무리음악은 작품의 장르에 맞게 스토리의 상황을 종료해주는 중요한 역할을 하기 때문에 심사숙고해서 선곡해야 한다.

(2) 자료효과(Library, Archive Effect)

방송극 초창기에 음향효과는 의음으로만 효과를 하다가, 마그네틱 테이프를 매체로 하는 휴대용 녹음기가 도입되면서 소리를 채음하여 효과음으로 사용하게 되었다. 그 당시 녹음기에 사용하던 녹음 매체가 릴테이프였으며 그 녹음된 테이프는 소리별로 구분하여 보관하고 필요할 때 수시로 꺼내어 방송에 편리하게 사용하게 되었다. 그때부터 지금의 자료효과를 당시의 녹음 매체인 마그네틱테이프를 사용했다고 해서 테이프 효과라고 칭했다.

그러나 테이프 효과란 고유명사로써 봐야 옳지 용어로 사용하기엔 이치에 맞지 않다. 왜냐하면, 녹음 매체가 빠르게 발달하여 왔고 앞으로도 계속 새로운 매체가 나올 것이기 때문에 매체 명칭을 한 분야의 용어로 사용한다는 것은 맞지 않다. 매체 이름을 용어로 사용한다면 방송국에서 CD나 DAT를 사용했을 때는 CD 효과나 DAT 효과라고 해야 했고, 지금은 SD카드나 USB에 녹음하여 오디오편집 및 오퍼레이팅 프로그램에 파일로 불러와 사용하니 너무 다양하게 이름을 붙여야 할 것이다.

방송 초창기 선배들이 새로 나온 편리한 휴대용 테이프 녹음기를 메고 소리가 있는 곳이라면 어디라도 쫓아가 채음하며 고생할 때 자주 쓰던 용어이기 때문에 그냥 고유명사처럼 생각하고 계속해서 사용하고도 싶지만, 정확한 표현으로는 소리를 채음하고 편집해서 자료화한 것을 효과음으로 사용하는 것이기 때문에 자료효과라고 하는 것이 옳다. 자료효과는 크게 배경음과 목적음, 가변음으로 구분한다. 특수효과음도 자료효과음에 속하는데, 특수한 상황을 표현하기 위해 사용하는 상징적인 음향효과로서 대부분 실제에 존재하지 않는 가상의 소리를 필요로 하므로 신디사이저(Synthesizer), 샘플러(Sampler) 등의 전자음향기기(건반, 전자악기)로 필요한 음을 창조한다.

〈표-2〉 자료효과 기능 분석

효과 구분	자료 구분	분석 내용
자료효과	배경음	드라마 속의 장면을 구성하는 기본적인 음향효과, 시대와 장소, 계절과 시간, 분위기 표현.
	목적음	배경음을 제외한 드라마의 전개에 직접적으로 관여하는 음향효과.
	가변음	상황에 따라서 배경음과 목적음의 기능이 서로 뒤바뀌는 경우.

자료효과인 특수효과음은 일반적인 드라마에선 거의 사용하지 않으나 극적 상황을 강조하거나 상징적으로 묘사하기 위해 특별히 사용하는 경우가 있다. 코믹시트콤이나 블랙코미디에서 가끔 코믹코드나 꿈속 장면의 신비한 배음으로 사용하고 공포, 스릴러물에서 공포를 표현하기 위한 호러음을 괴기스런 음향으로 만들어 사용하기도 한다.

또한, 현실 세계가 아닌 가상세계의 공간표현을 위해서 특수음향효과를 연출하기도 하는데, 만화 애니메이션, 공상과학 SF 드라마, 무협지나 대하 전쟁 사극에서 주로 사용한다. 이러한 자료효과들을 도서처럼 목록화하여 찾기 쉽게 사용한다는 의미로 라이브러리(Library) 효과라 하기도 하고, 요즘엔 컴퓨터 파일 형태의 자료를 사용하므로 아카이브(Archive) 효과라고도 한다. 이처럼 자료효과의 활성화는 오디오드라마의 실감나는 효과연출에 큰 도움을 주었으며, 오디오드라마뿐만 아니라 방송의 여러 장르에 효과적으로 사용하고 있다.

① 채음

채음은 소리를 채집한다는 말인데 소리를 녹음한다는 말보다 더 적극적이고 공격적인 용어로 더욱 의욕을 갖고 과감하게 소리를 수집하겠다는 포부를 담은 말이다. 간단한 채음출장은 소형 포터블 녹음기를 가지고 혼자 나가지만, 특집으로 기획되었거나 대하드라마를 수행하기 위한 사운드의 채음출장을 나갈 때는 3인 1조 정도가 움직인다. 채음출장은 무조건 소리 나는 곳에다 마이크만 들이댄다고 되는 게 아니다. 철저한 사전계획을 세워야 한다.

먼저 채음할 목표음을 수립하고 목표음이 자주 발생할 것 같은 곳을 몇 군데 선정하여 채음 장소를 섭외해 놓고 채음 스케줄을 꼼꼼히 수립한다. 채음에 필요한 인원을 차출하고 비상 상황까지 생각해서 예산을 수립한 후, 상황에 따라 적응할 수 있도록 녹음장비 및 채음 요원의 활동 장구를 철저히 준비한다. 더 효과적인 채음 출장을 위해서 교통편과 도로 상황, 지도와 나침반 기타 여행 장비 또한 잘 꾸려야 한다. 만일을 대비해서 녹음기는 약 두 대 정도로 준비하고, 배터리는 넉넉히 충전해 놓고, 마이크와 기타 부속품을 최상의 컨디션으로 유지한다.

장비 하나하나가 모두 중요하므로 소홀히 할 것이 없지만, 특히 마이크는 채음 출장에서 가장 중요한 녹음장비다. 마이크는 배경음을 채음할 때, 목적음을 채음할 때, 먼 곳 혹은 가까운 곳의 소리를 채음할 때, 빠르게 움직이는 소리를 채음할 때, 바람이 많이 분다거나 추운 날씨나 습한 환경 등에서 각각의 상황에 적응력이 강한 마이크를 잘 고려해서 준비해야 한다. 마이크 라인도 목적음과 최대한 멀어질 수 있게 끔 긴 것과 민첩하게 이동할 수 있게 짧은 것들도 준비해야 한다. 특히 날짐승들은 극도로 예민하기 때문에 인기척이나 녹음기 돌아가는 소리에 민감하게 반응한다. 그러므로 녹음기나 채음 요원이 마이크에서 멀수록 채음 성공률이 높아진다. 그리고 녹음기가 마이크와 가까우면 녹음기 돌아가는 소리까지 녹음되어 채음된 음질을 신뢰할 수 없게 된다.

녹음장비의 부속품 또한 채음의 퀄리티를 높이는 데 일조할 뿐더러 미처 얘기치 못한 상황에서 그 가치를 톡톡히 발휘한다. 윈드쉴드 키트나 집음기는 기본적으로 준비해야 할 부속품이고, 삼각대라던가 외발

지지대, 우천 시 비를 막아주는 방수용 장비도 준비해야 한다. 이렇듯 철저하게 준비가 되었더라도 만약의 상황은 늘 대비해야 한다.

파도 소리를 예로 들어보자. 바닷가는 해류와 난류의 영향으로 바람이 항상 많이 불기 때문에 윈드쉴드 키트에서 윈드잼머는 필수로 장착하여 마이크에 전달되는 바람잡음을 최대한 예방하며 채음한다. 또한, 바닷가는 특성상 광활하게 펼쳐져 소리가 분산되어 있는 곳이기 때문에 소리를 모아주는 집음기를 사용하는 것도 필수다. 그런데 갑자기 큰 돌풍이 불규칙하게 불어온다면 바람의 잡음을 막아주는 윈드쉴드 키트도 무용지물이 되어 요소요소에 바람으로 인한 잡음이 채음될 수밖에 없다.

그림 2. 윈드쉴드 키트

채음에 몰두하여 하나의 소리라도 더 녹음하려는 욕심에 여기저기 헤매다 보면 길을 잃고 위험을 무릅쓰는 경우도 있는데, 녹음을 잘해서 무사히 귀환하여 편집을 완료해야 의미가 있다는 것을 명심하고, 무리한 시도는 접어야 한다. 괜한 만용으로 사고를 일으킨다면 사고수습을 하느라 함께 간 동료들마저 채음을 포기해야만 하기 때문이다. 특히 비 오는 날 철도 교량 위에는 올라가지 말아야 한다. 철도 침목과 철길 등이 매우 미끄럽기 때문에 매우 위험하다.

가. 배경음 채음

오디오드라마의 배경음은 장면의 배경을 묘사하는 소리로써 장소를 나타내는 소리나 기상상태의 소리, 시간적 상황의 소리 등 야외나 실내의 환경음을 말한다. 배경음은 음향효과용어로 엠비언스라고 말하기도 하고 백그라운드 사운드라고 말하기도 한다. 배경음은 광범위한 공간소리의 표현이라서 채음할 때 마이크 범위를 넓게 설치하고 가능하면 어떤 특정 소리만 너무 부각되지 않게 주의를 기울여 마이크를 세팅하여야 한다.

예를 들면 식당의 소리를 배경음으로 채음하려고 하는데 마이크를 잘못 설치하여 어떤 특정 손님들의 대화만 계속해서 크게 녹음되는 경우가 있다. 또는 숲속의 분위기를 배경음으로 채음하려고 하는데 어떤 특정 새소리만 계속해서 크게 녹음되는 경우도 있다. 이러한 결과는 마이크 설치 전 주변 환경파악이 미흡했다는 것을 증명한다. 배경음 채음을 위해서는 마이크를 주로 좌·우로 벌려 설치하는데 가운데의 소리가 부족하게 녹음되는 것을 막기 위해 요즘엔 크로스(X: Cross)로 설치하기도 한다.

배경음에는 인공음으로 분류되는 도심의 거리나 고속도로소리, 교통을 나타내는 지하철역과 플랫폼 소리, 기차역과 대합실 소리, 버스정류장의 소리 등이 있다. 자연음으로 분류되는 야외 배경음인 숲속 풍경, 바다 풍경, 들판의 풍경 등이 있고, 기상(氣象)을 나타내는 비 오는 소리와 바람 소리, 천둥소리 등이 있다.

실내공간의 배경음은 식당의 소리, 건물의 로비, 파티장, 집회장 등이 있는데 실내 특유의 공간음인 울림이 규모에 따라 다르게 채음된다. 또한, 채음 현장에서는 이동 중인 배경음과 고정된 배경음을 분리하여 마이크를 설치해야 하므로 현장파악도 중요하다. 특히 야외 배경음의 채음 시에는 바람이 최대의 방해꾼이므로 바람을 막아주는 액세서리를 반드시 준비해야 한다.

최후의 방해꾼은 꼭 레코드 버튼을 누르면 가만히 있다가도 등장하는 불청객의 소리다. 예를 들면, 그동안 평화롭던 공원에 멀리 오토바이가 지나가고 앰뷸런스가 경고음을 울리며 지나간다. 실내 배경음인 식당의 소리를 녹음하려는데 갑자기 아기가 크게 운다. 잔잔한 해변의 파도 소리를 녹음하기 위해 호젓한 장소를 선택해서 파도 소리를 녹음하는데 장난꾸러기 갈매기가 한 마리 날아와 자꾸 훼방을 놓는 경우도 있다. 멀리 오징어잡이 통통배가 고동 소리를 내며 지나가는 경우도 있다.

나. 목적음 채음

오디오드라마에서 배경음이 장면을 나타내는 소리라면 목적음은 극의 진행을 이끌어 가는 데 필요한 직접적인 소리를 말한다. 목적음을 채음하기 위해서는 특정 방향에 따라 녹음 특성이 주어지는 지향성 마이크를 주로 사용한다. 지향성 마이크 중에서도 거리와 목표음에 따라 초지향성 마이크에서 극초지향성 마이크까지 필요한데 마이크 특성을 확인하지 않고 잘못 녹음하면 목표한 목적음을 놓치기 쉽다. 기회가 자주 오지 않는 목적음일 경우에는 녹음 장비를 접고 다음 기회를 다시 모색해야 하는 난감한 상황까지 벌어지기 때문이다. 시간과 인력과 비용의 낭비가 발생하는 것이다.

목적음의 종류에는 자연음으로 특정 새소리나 동물의 소리 등이 있고, 인공음으로 전기·전자음, 기계음, 교통음 등이 있는데, 그중에서도 동물, 특히 새소리의 목적음 채음은 극도로 신중히 진행하여야만 한다. 마이크를 잘못 사용해서 특정 새소리를 녹음했더니 먼 개 짖는 소리와 닭 울음소리만 녹음되기도 한다. 특히 날짐승들은 예민하여 녹음장비가 설치된 주변 상황을 눈치채고 날아가 버려 돌아오지 않는 경우가 비일비재하다. 그나마 인공음을 목적음으로 채음할 때는 조금 수월한데 난데없는 방해꾼은 배경음 채음 때와 마찬가지로 수시로 등장하기 일쑤다. 신형 자동차가 출시되어 각종 기능음을 녹음하려고 한적한 곳을 정했는데 녹음을 시작하니 까치가 울고 이웃 동네에서 개가 짖는다. 그렇게 채음은 어렵다.

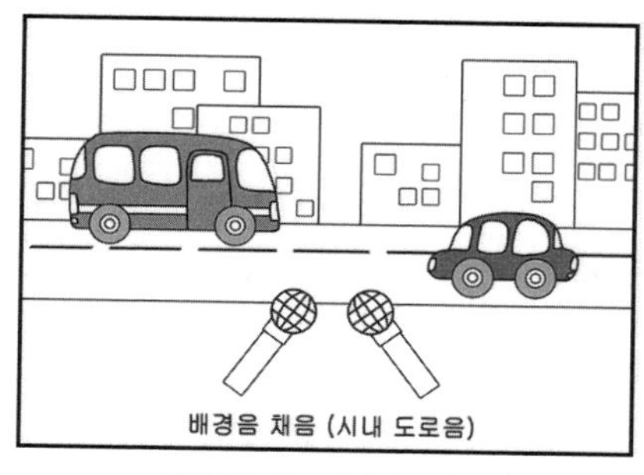

a. 배경음 중 이동음 채음 시

b. 배경음 중 고정음 채음 시

그림 3. 배경음 채음 시 마이크 설치 요령

a. 목적음 중 고정음 채음 시

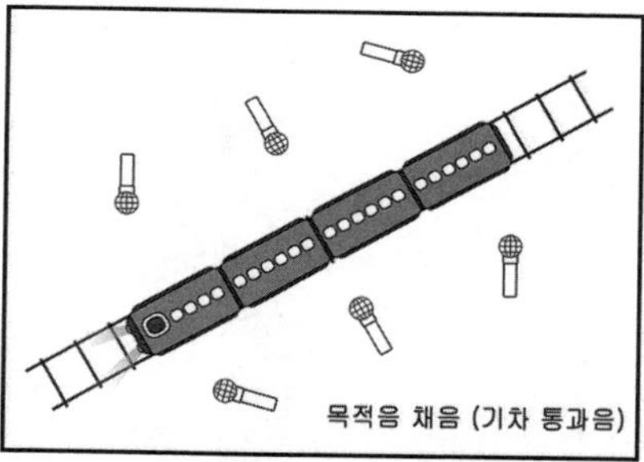

b. 목적음 중 이동음 채음 시

그림 4. 목적음 채음 시 마이크 설치 요령

② 효과음 편집 및 자료화

채음팀이 녹음해 온 소리들은 마치 길들지 않은 야생마나 우리 속에 들어가려고 하지 않는 말처럼 거칠다. 채음해 온 소리는 목표로 했던 소리 이외에 다른 잡음이 수음되는 경우가 많기 때문에 그대로 방송 제작에 사용하는 경우는 드물다. 배경음이라면 가끔은 거의 편집할 게 없이 쓸만한 자료를 만들 수 있는 경우도 있지만 대부분 편집이 필요하다.

채음된 소리는 우선 음의 레벨을 다른 자료에도 적용되는 기준레벨에 균등하게 맞춰주고 튀는 부분과 잡음이 녹음된 부분은 과감하게 삭제한다. 다른 자료들과 음의 레벨을 균등하게 맞춰주는 이유는 오퍼레이팅할 때 제로레벨 페이더 컨트롤 시 다른 자료들과 적절히 조화를 이루게 하기 위해서다. 자료화된 소리들이 저마다 소리 레벨이 다르다면 제작 현장에서 믹싱할 때 애를 먹는다. 채음된 소리를 자료화하기 위해서 잡음을 제거하는 일도 중요하다. 이처럼 편집요원은 거칠게 채음된 소리들을 방송제작에 즉시 활용할 수 있도록 소리레벨을 기준레벨에 맞추어 주고 잡음도 잘 제거하며 편집하고 장르별로 분류하여 자료화한다.

그림 5. 편집실(편집장비)

효과자료실에는 엄청나게 많은 소리가 장르별로 구분되어 보관, 관리, 수정되고 있다. 채음되어 온 소리들은 편집실에서 방송제작에 곧바로 적용될 수 있도록 말끔히 정리되고 아카이브화되어 자료실에 보관된다. 릴테이프 자료를 주로 사용하던 시절의 자료들은 음질 수준을 보완하여 컴퓨터 파일로 저장되었으며, CD 자료, DAT 자료들도 컴퓨터 파일로 저장된 후 보관되고 있다.

또한, 새롭게 채음되어 오는 자료라든가 수정해주어야 할 자료들은 채음 날짜와 수정날짜를 기록하여 관리하고 있다. 또한, 채음 시 현장 사진을 찍어 보존하기를 권장하고 있다. 자료화 작업은 채음한 소리나 만든 소리를 편집 작업을 거쳐 소리의 종류별로 분류하여 보관하고 그때그때 잘 찾아 쓸 수 있도록 하는 작업이다.

자료효과는 크게 자연음, 인공음, 특수효과음으로 나누고, 자연음은 환경음과 동물음으로 인공음은 생활음, 과학음, 기계음 등으로 특수효과음은 상징적 공상적인 표현으로 우주음과 만화 애니메이션음, 코믹음, 호러음 등으로 분류할 수 있다. 자연음에서 환경음은 배경음으로써 계절(기상)음과 장소음으로 구분되는데, 계절음은 기상의 변화인 날씨를 나타내는 소리 즉 천둥, 낙뢰 비, 바람과 같은 소리를 말하고, 장소음은 산, 바다에서 들을 수 있는 새소리들, 계곡물소리, 강물소리, 바닷가 파도소리 등과 같이 자연 그대로의 장소를 나타내는 소리를 말한다.

동물음은 가장 많이 사용하는 새소리를 비롯해서 호랑이소리, 사자소리 등이 있다. 인공음에서 분류된 생활음으로는 가정이나 사무실, 기타 스포츠나 오락 등의 취미 생활음 등을 말하는데 가정음에는 세탁기, 전자레인지, 싱크대의 도마질, 설거지 등의 인간이 살아가는 데 필요한 소리들, 사무실에는 복사기, 전화기, 컴퓨터, 프린터기 등의 사무기기 소리들, 스포츠에서는 헬스클럽의 운동기구들이나 탁구, 볼링, 골프는 물론 사이클과 승마 등과 같은 운동 종목 소리들, 오락의 소리에서는 빠찡고나 전자오락기 소리도 포함된다. 그리고 전쟁무기나 교통, 통신 등과 같이 과학 문명의 발전을 통해 연구 발전된 소리를 총망라하고 있다.

기계음으로는 각종 산업용, 사업용, 공장용 기계류들의 소리들이 있다. 인공음에서도 장소음을 구분할 수 있는데 건물 내부의 로비나 사무실, 은행, 경찰서, 병원, 오락실 등의 배경음을 예로 들 수 있다.

마지막으로 특수효과음은 전자악기나 샘플러, 신디사이저를 이용한 상상적이며 상징적인 소리들인데, 우주음으로는 대표적으로 영화 스타워즈에서 선보였던 우주선과 우주 공간음이라든지, 각종 우주의 탈것들, 광선총 등이 기억날 것이다.

그리고 만화애니메이션에서 캐릭터들의 동작이나 심리적 표현에 상당히 많은 특수효과음이 활용되고 있고, 코믹음은 쇼·오락 프로그램, 개그프로그램에도 많이 활용하고 있으며, 호러물은 납량특집으로 공포 스릴러물에 많이 사용한다. 이처럼 다양한 소리를 세밀하게 분류하여 저장·관리함으로써 언제 어느 때든 프로그램에 효과적으로 사용할 수 있도록 항상 최적의 상태에서 효과음을 유지·관리하여야 한다.

세상의 모든 소리를 모두 수록하여 보관할 수는 없지만 음향효과 전문가가 자주 쓰이는 효과음을 엄선하여 찾아 쓰기 쉽게 장르별로 분류한 것을 'Library Effect'라고 한다. 방송사마다 음향효과실에는 시리즈별로 음향자료를 보유하고 있다. 요즘은 방송사뿐만 아니라 사설 녹음실도 각종 음향효과 라이브러리를 보유하고 드라마, 광고, 다큐멘터리, 동화, 교육용 프로그램 등에 활용하고 있다.

하지만 비전문가의 무절제한 효과음 남용으로 작품이 저질화되고 녹음실마다 제 살 깎아 먹기 식 덤핑 수주로 음향효과 분야의 수준을 떨어뜨리고 있다는 지적도 있다. 아무리 음향효과자료를 많이 확보하고 있어도 효과적으로 사용하지 못한다면 무용지물이 될 것이다.

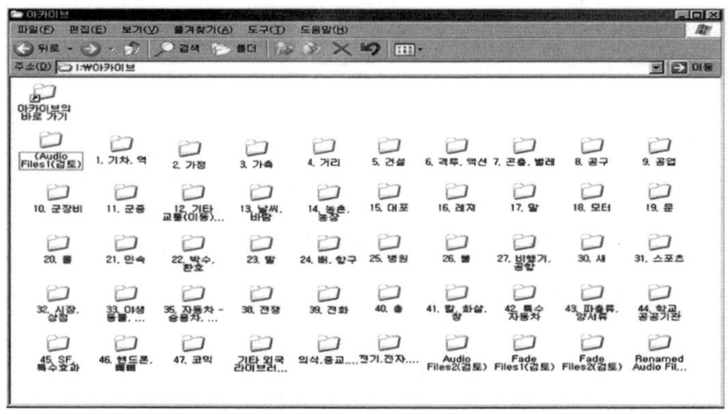

그림 6. 자료효과 라이브러리(아카이브)

참고로 우리나라 방송에 최초로 라이브러리 효과 음반을 사용한 경우는 남산방송국 시절 THE VOICE OF AMERICA에서 나온 「SPECIAL SOUND EFFECTS LIBRARY」라는 효과 음반을 수입하여 사용한 것이 처음이었고, 그 후 일본의 「효과음 대 전집 시리즈」, 「효과음 주세요!」 미국의 「THE GENERAL 6060 SERIES」와 「HOLLYWOOD EDGE」 캐나다의 「SPECTACULAR SOUND EFFECT」, 「100 SOUND EFFECT」 등이 대표적인 라이브러리 효과음이다.

(3) 폴리효과(Foley Effect, Manual Effect)

폴리효과는 도구를 사용하여 연기자의 감정과 동작을 소리로 표현하는 음향효과 영역 중 소리 연기 분야다. 방송초창기에는 생효과라고 불렀는데 생효과라는 말은 그만큼 연기자의 움직임과 상황에 맞게 온몸을 사용하여 도구를 다루면서 생생한 소리 연기를 수행하기 때문에 말 그대로 살아있는 효과라는 의미를 부여한 용어다. 외국에서는 폴리효과의 예술적 가치를 인정해서 '폴리 아티스트(Foley Artist)'라고 명하고 있다.

폴리는 사람 이름에서 비롯된 용어다. 폴리라는 용어를 사용하게 된 기원은 무성영화 시대에서 유성영화시대로 접어들었을 때 미국의 할리우드에서 도구를 이용하여 처음으로 소리 연기를 펼쳤던 잭 도너번 폴리(Jack Donervan Folley: 1891~1967)의 이름에서 비롯되었다. 폴리효과는 도구의 규모와 쓰임새에 따라 대도구효과와 소도구효과, 발소리효과로 나눌 수 있다. 그중에서도 발소리효과는 등장인물의 동작과 상황을 표현하기 위한 빼놓을 수 없는 효과로써 오히려 폴리효과 중에 가장 중요한 효과라고 말할 수 있다. 방송 초창기 폴리효과는 녹음 부스 안에서 성우들과 함께 하나의 마이크를 사용하여 구현했다. 그 후 부스 내에 폴리효과 공간이 따로 마련되긴 했지만 혼자서 모든 표현을 감당해야만 했다. 지금은 여러 개의 마이크를 가지고 스테레오로 제작하고 있고, 대부분 분업화하여 대도구와 소도구를 각각 다른 공간에서 담당하기도 한다.

폴리효과를 구현하는 녹음 부스에서 대도구와 소도구, 발소리효과를 다루는 공간을 구분하여 나누어 본다면 대도구효과와 발소리효과를 구현하는 공간을 필드효과 공간이라고 하고 소도구를 다루는 공간이면서 성우들이 연기하는 대사 마이크 공간을 프론트효과 공간으로 나눈다. 오디오드라마에서 폴리효과는 성우의 호흡연기와 잘 어우러져 서로 호흡을 맞춰가며 표현해야 하는 소리 영역이다. 소리로만 표현되는 오디오드라마에서 성우가 목소리로 연기한다면 폴리효과는 도구를 다루어 소리 연기를 한다. 포괄적인 설명으로는 일상생활 속의 모든 사람과 사물의 행동으로 발생할 수 있는 소리 즉, 사람의 행동이나 심상을 표현해주는 효과음이라고 할 수 있다.

특히, 영화에서 폴리효과의 중요도는 이미 오래전부터 인정되어 오고 있으며, 그 특화된 전문성은 오디오드라마에서도 없어서는 안 될 중심적 음향효과기능으로 수행되고 있다.

오디오드라마에서 폴리효과 담당자는 소도구나 대도구를 가지고 등장인물의 희로애락을 표현할 수 있는 소리를 만들어 낸다. 폴리효과담당자는 발소리를 내거나 도구를 이용해서 해당 등장인물의 감정선을 따라가며 소리를 만들어 낸다. 발소리에는 장소, 상황, 등장인물의 신분 및 감정 등 모든 소리정보가 담기기 때문에 매우 중요하다. 폴리효과 작업의 기본은 작품 속에 빠져 등장인물과 동화되는 것이다. 즉 그 순간에는 소리가 나는 그 사물의 혼을 불러들여 하나가 되어야 한다. 질주하는 말이 되어야 하고, 퍼덕이는 물고기가 되어야 하고, 훨훨 나는 새가 되어야 한다. 때론 쫓기는 범인이 되어야 하고 쫓는 형사가 되어야 한다. 살아있는 것에만 혼이 있는 게 아니다. 폴리효과맨은 주전자가 되기도 하고, 커피잔도 되기도 하면서 발소리나 온몸을 이용해서 소리를 내야 한다. 폴리효과맨은 온몸을 불살라 소리를 연기하기 때문에 아티스트, 즉 예술가 칭호를 붙여서 폴리 아티스트라고 부르는 것이다.

〈표-3〉 폴리효과 기능 분석

효과구분	영역구분	분석 내용
폴리효과	프론트 효과	녹음 부스 전방 부분에서 연기자와 동일한 마이크로 등장인물의 동작과 호흡에 의한 감정선을 공유하며, 소도구를 이용한 소리 연기를 펼치는 분야를 말한다.
	필드 효과	필드효과는 대도구와 발소리 효과를 주로 구현하는 공간으로, 소도구효과도 함께 구현하기도 한다. 발소리로 공간감과 동적 표현을 연출하기 위해 더욱 넓은 공간을 추구한다.

오디오드라마에서는 영상을 소리로 대신하기 때문에 폴리효과는 동작하는 주체와 효과음과의 조화를 위해서 반드시 성우의 호흡이 필요하다. 즉, 폴리효과의 소리에는 등장인물의 감정이 실리는데, 그 감정은 등장인물의 호흡과 함께해야 한다는 것이다. 급하게 전화 받는 호흡과 수화기 드는 소리, 화가 나서 나가는 호흡과 문을 쾅하고 닫는 소리, 술 취해 비틀거리는 취객의 호흡과 발소리가 그 예다.

오디오드라마에선 단지 종이를 건네는 장면일지라도 감정이 섞인 호흡이 필요하다. 청취자가 오디오드라마를 들을 때 소리의 주체를 인지할 수 있도록 아무리 작은 소리라도 소리주체의 호흡이 필요하다. 성우의 호흡이 없이는 폴리효과는 효과적일 수가 없다는 말까지 해도 과언이 아니다. 오디오드라마에서 소리주체, 즉 등장인물을 연기하는 성우의 호흡이 없이 폴리효과의 소리만 등장한다면 유령이 등장하는 호러물이 된다. 물론 등장인물이 멀리 떨어져 있는 듯한 전체적인 장면에서는 호흡을 생략할 수도 있다.

한마디로 말해서 폴리효과는 도구를 다루는 데 있어서 아티스트로서의 장인정신과 자부심을 가져야 하며, 작품 속에 동화되어 다져진 노하우가 소리의 연기력으로 승화될 때 작품의 완성도를 높여준다.

2) 팀으로 이루어진 음향효과 작업

음향효과 작업은 주로 팀으로 이루어진다. 효과맨이 하는 일은 방송에 필요한 여러 가지 소리를 찾아다니며 녹음하는 채음, 채음된 소리를 방송에 활용할 수 있는 상태로 재구성하는 편집, 편집된 소리를 언제든지 방송 프로그램의 적재적소에 사용할 수 있도록 자료로 분류하고 업그레이드하는 자료관리, 그리고 이런 과정을 거쳐서 자료화된 효과음을 방송 프로그램의 제작 현장에서 활용하는 오퍼레이팅 작업, 도구를 이용한 소리 연기 작업 등이 있다.

이 모든 작업들은 팀을 이루어 수행하게 되는데 우선 채음을 떠날 때도 좌우 마이크와 녹음기를 다루어야 하기 때문에 최소 3인이 1조가 되어 움직이듯이 채음된 소리를 편집하는 일도, 자료 관리하는 일도, 장르별로 팀을 이루어 진행한다. 무엇보다 방송제작 현장에서는 더욱 완벽한 팀 구성을 요구한다.

방송제작 현장에서 음향효과의 팀 구성은 자료를 플레이하여 방송에 효과음을 삽입시켜주는 자료효과맨 1명과 대도구와 소도구를 이용해서 그때그때 실감 나는 효과음을 연기하는 폴리효과맨 1~2명, 음악효과맨 1명 등 총 3~4명이 1개 팀을 이룬다. 물론 특집이나 대하드라마일 경우에는 인원이 더욱 보강되기도 한다. 이처럼 음향효과는 개인적으로 일하는 작업이 아니기 때문에 더욱 선·후배와 동료 간에 팀워크가 필요하다.

3) 극본에서 음향효과분석

소리는 사람이 귀로 들어서 인식을 할 때 존재하는 것이고, 무슨 소리인지 명확한 전달력을 가져야 소리의 역할을 제대로 하는 것이다. 그렇기 때문에 효과맨도 정확한 소리 전달을 위해서 오디오드라마 대본을 제대로 분석하고 알맞은 음악과 소리자료와 도구를 준비해서 상황에 맞는 적절한 음향효과를 명확하게 구사해야 한다. 오디오드라마에서 음향효과는 무슨 소린지 잘 모르게 엉거주춤하게 표현해서는 안 된다는 얘기다. 오로지 소리로만 듣고 이해를 해야 하는 장르이기 때문에 더욱 그렇다.

그러나 오디오드라마에서 음향효과의 미흡함으로 인한 어색한 상황은 빈번히 일어난다. 음향효과의 완성도가 떨어지는 경우는 자신감이 없을 때 자주 발생한다. 자신감이 부족하게 되는 원인은 작품 분석 부족, 연습부족과 실전경험 부족, 그리고 외부적인 요인에서 온다.

첫 번째 문제는 극본에서 효과분석이 미흡해서 벌어진다. 대본을 철저히 분석하지 않는다면 자료효과의 효과음 자료나 음악효과의 음악, 폴리효과의 소리 도구를 제대로 준비하지 못한다. 사전준비가 철저하지 않으면 당연히 자신감을 상실하게 되고, 제작된 작품은 완성도가 떨어진다. 오디오드라마 대본을 받아들고 작품 분석을 하다 보면 어릴 적 술래잡기하던 때가 생각난다. 음향효과가 들어갈 부분이 대본 속에 꼭꼭 숨어있는 경우가 많기 때문이다. 아이들이 장독대에도 숨고 마루 밑에도 숨듯이 대본 속의 음향효과도 연기자의 대사 속에 숨기도 하고 해설 속에 숨어 있기도 한다.

작가가 라디오 드라마 대본을 쓸 때 드라마의 기본 틀을 구성하는 효과음이나 강조하고자 하는 효과음을 특별히 구분 지어 효과음은 (E)로 효과음악은 (M)으로 따로 구분하여 나타내 준다. 또한, 연기자의 대사와 호흡에 맞추어 도구를 이용한 소리로 연기해야 하는 폴리효과도 대사 전 윗줄에 (E)로 표기하거나 대사 줄 앞이나 중간, 끝에 괄호부호를 사용하여 지문으로 표기하기도 한다. 그러나 해설이나 대사 속에 숨어 있는 음향효과와 관련된 내용은 구태여 따로 표시하지 않는 경우가 많다. 음향효과 전문가인 효과맨이 어련히 알아서 잘 챙기겠거니 하고 믿고 따로 표시하지 않을 수도 있고, 아니면 라디오드라마 제작 현장에 자주 와보지 못하여 글 쓰는 것과 제작하는 것을 연계해서 생각하지 못해서 표시를 명확히 하지 않을 수도 있다.

이유야 어떻든 효과맨은 라디오드라마 대본을 받아든 순간 술래잡기의 술래가 되듯이 대본을 신중히 정독하고 철저히 분석하여 완벽한 작품제작을 향해 매진해야 한다. 특히, 해설이나 대사 속에 숨어서 효과음을 지시하고 요구하고 있는 경우가 많은데 자칫 대본파악을 소홀히 하여 빠뜨리게 되면 제작 현장에서 난감해하거나 아예 제작이 끝날 때까지도 모르는 경우도 있다. 다행히 제작 바로 전이나 제작 중에라도 알게 되어 제작 시작 시간을 조금 늦추더라도 마저 준비하여 제작한다면 작품의 완성도를 높일 수 있지만, 나중에 빠뜨린 걸 알게 된다면 평생 아쉬움에 자책할 수도 있을 것이다. 우연히 내가 만든 작품을 모니터링하게 되었을 때, 쥐구멍에라도 들어가고 싶은 심정이 안 되려면 작품의 완성도를 위해서 극본을 꼼꼼히 분석하여 숨어있는 음향효과를 잘 찾는 것이 중요하다.

(1) 해설이 알려주는 음향효과 정보 찾기

드라마에서 해설은 작품의 시대적, 공간적(장소), 계절적, 시간적 배경을 설명하고 극의 전개에 따른 상황설명, 연기자들의 대사나 동작, 동선에 대한 이해를 돕는다. 또한, 앞 장면의 내용을 요약 설명함으로써 중요한 장면임을 강조하거나 다음 장면의 방향을 제시하고 이끌어간다. 이렇듯 해설 속에는 여러 가지 정보들이 함축되어 연기자는 물론 스태프들에게 드라마 제작에 필요한 안내자 역할을 한다.

특히 해설에는 작품에 필요한 효과음에 관한 정보가 많이 들어있다. 효과맨들도 해설을 꼼꼼히 읽고 철저히 분석해 음향효과에 관한 한 모든 출연진을 이끌어간다는 생각으로 드라마 제작에 임해야 한다. 특히, 오디오드라마에서 해설은 드라마를 전개해 나감에 있어 연기자들의 대사나 음향효과 등 소리만으로는 표현하기 어려운 부분을 보충 설명하는 방법으로 사용되기도 한다. 드라마의 시그널 뮤직이 사라지며 처음으로 나오는 해설에선 그 드라마가 전개될 배경, 즉 시대, 장소, 계절, 시간 등을 설명하고 있는 경우가 많고, 장면과 장면 사이에 나오는 해설은 연기자들의 대사만으로는 표현되지 못했던 미흡한 내용을 보충 설명하기도 하고, 다음 장면의 예시나 암시, 배경과 상황설명, 시간 경과와 공간이동에 대한 설명 등을 하기도 한다.

예컨대 해설에서 다음 장면을 예시하고자 '쓸쓸한 대합실에서 이별을 나누고 있는 연인'을 설명하고 있는데 효과맨이 이를 간과하고 휴가철 붐비는 대합실 풍경을 배경음으로 사용한다면 애틋한 이별의 대화와 분위기가 잘 표현될 수 있을까? 물론 해설에서 '붐비는 휴가철 대합실에서 남들은 휴가 기분에 들떠있는데 우리는 이별을 했다.'라고 군중 속의 고독을 애써 표현하려고 했다면 모르지만 말이다. 군중 속의 이별 장면에서도 효과맨은 알아서 이별의 극적인 순간에는 주변의 소음은 거의 무음에 가깝게 효과음을 사용해야 한다. 앞에서 말한 쓸쓸한 대합실의 이별에 알맞은 배경음은 스산한 나뭇가지가 바람에 흔들리고 기관차의 출발 대기음이 손님도 거의 없는 썰렁한 대합실에 간간이 들려온다. 아주 멀리서는 어느 낯선 역을 출발한 기차가 기적을 울리며 이별의 여인을 태우러 달려오고 있는 정도의 배경음을 표현해 준다면 어떨까?

이처럼 따로 효과음을 표시하지 않고 해설 속에서 설명하는 것으로 다음 장면의 효과음을 암시함으로써 효과맨의 재량에 맡기는 경우가 많다. 이럴 땐 효과맨의 경험과 분석력이 드라마의 완성도에 큰 영향을 미친다. 해설 속의 문장 하나라도 꼼꼼히 분석해서 최고의 드라마를 만들기 위한 최고의 효과음을 연출해 보자.

(2) 대사 속에 숨어 있는 음향효과 정보 찾기

스토리를 이끌고 가기 위해서 대사의 구성과 내용은 매우 중요하다. 초창기 라디오 드라마는 만담으로 시작했고, 연극무대를 중계하는 방법도 사용했으며, 변사를 통해 극을 이끌기도 하다가 차츰 드라마의 틀을 갖추게 되었다. 라디오드라마의 틀을 갖추는 데는 효과음과 음악의 역할이 컸고, 없어서는 안 될 중요한 요소로 자리매김하게 되었다. 그러나 작가가 음향효과 부분을 모르고 미처 표기를 못 했거나 알면서도 간과하여 표기를 못 하는 경우도 있다. 음향효과 전문가에게 알아서 해주기를 바라는 마음에서 기록을 안 하는 경우이거나 음향효과 전문가가 아니기 때문에 필요성을 못 느껴서 기록을 안 하는 경우도 있다.

예를 들면 이것저것 하는 지시대명사를 가지고 있는 문장에서 어떠한 물건을 다루는 소리가 필요한 경우가 있는데 어떠한 사물인지 제시하지 않는 경우가 많다. 이러한 지시대명사가 내포된 문장은 연기자의 호흡과 동반되는 대사인 경우가 많다. 대본에서 이것, 저것에 해당하는 사물을 작가가 명확하게 기록을 해주면 신인연기자나 효과맨들에게 더할 나위 없이 좋지만, 흔히 빼먹는 경우가 많다. 이럴 때 이런 동작과 연결된 효과음을 놓친다면 드라마에서 가장 중요한 실감 나는 표현을 할 수 없게 되어 드라마의 맛을 살릴 수 없게 된다.

그 밖에 등장인물의 움직임으로 인한 동선에 의해 발생하는 효과음은 장면을 입체적, 시·공간적으로 승화시켜주는 역할을 하는데, 대사 속에 숨어 있는 경우가 많고, 잘 표시되어 있지 않아서 놓치기 쉽다. 대사 속에 숨어있는 효과음을 얼마나 멋지게 그려내느냐는 효과맨의 역량에 달려있다. 특히 폴리효과의 역할이 많이 요구된다.

예를 들어 음악이 흐르는데 연기자들의 대사가 이어지고 있을 때 찻잔 소리를 내줌으로써 커피숍이라는 공간을 연출할 수 있고, 전쟁 사극에서 장군들의 동작을 갑옷 소리로 표현해주어 등장인물의 생동감과 공간개념을 전달할 수 있을 것이다.

4) 오디오드라마에서 음향효과의 기능

오디오드라마는 소리만을 이용하여 장면과 등장인물의 동작을 표현해야 한다. 오디오드라마에서 장면을 표현하는 소리는 배경음이며, 장소적 배경과 시간적 배경이 있다. 장소적 배경에는 장소를 나타내는 소리가 필요한데, 크게는 실내와 야외의 장소표현이 필요하다. 실내의 배경음에는 건물의 로비나 사무실, 관공서, 은행, 공장 등 다양하다. 실외의 배경음은 도심 속 거리, 고속도로, 주택가, 시골 마을, 산속, 해변 등 다양하다. 시간적 배경음에는 장소적 배경음에 시간적 의미를 부가한 소리다. 즉, 광의적으로는 시대적인 소리를 말하는데, 과거나 현재, 미래를 표현하는 소리를 부가한다. 우마차를 끌고 다니던 과거 시대냐 시간여행을 하는 미래 시대냐에 따른 소리의 표현을 말한다. 협의적으로는 계절의 특징을 나타내는 소리, 하루 중의 시간 변화를 나타내는 소리를 부가한다.

예를 들면, 조선 시대의 어느 가을밤 산중에 한 무리의 상인들이 지나가고 있는 장면이라면 우선 조선 시대의 운송수단인 말발굽 소리나 마차 소리, 도보를 이동하는 짚신, 가죽신을 신은 사람들의 발소리가 시대적인 소리로 표현될 것이다. 그리고 계절과 장소를 나타내는 가을의 산속을 표현해야 하므로 낙엽을 밟는 소리와 스산한 나뭇잎 바람 소리가 필요할 것이다. 또 시간적으로 밤이므로 가을밤에 우는 풀벌레 소리나 한국의 가을밤에 우는 텃새인 부엉이나 올빼미 소리를 인기척에서 먼 곳에서 울도록 해야 한다.

이처럼 오디오드라마에서는 장면을 소리로 그려내기 위하여 여러 가지 배경을 나타내는 공간음이 효과음 중 배경음으로 사용되고, 그 사용방법도 다양하다. 다음으로 등장인물의 동작을 표현하기 위한 소리는 목적음이라고 하는데, 목적음에는 배경음을 제외한 모든 소리로 등장인물의 움직임에 의해서 또는 등장인물이 스토리를 진행해 나가기 위한 장치로써의 소리다.

스토리가 전개되기 위해서는 등장인물의 이동이나 소통이 빈번하게 일어나며, 퍼즐이 맞춰지듯이 작품이 완성된다. 예를 들어 오디오드라마의 현대극이라면 주인공이 사무실에서 문을 열고 걸어 나와 엘리베이터를 타고 지하주차장으로 내려와 승용차를 타고 이동하는데 스마트폰으로 전화가 걸려와 블루투스 이어폰으로 통화하면서 운전을 하고 있다. 이처럼 오디오드라마의 목적음은 등장인물이 드라마의 전개를 위하여 행동할 때 반응하기 위한 목적으로 사용하는 효과음을 말한다. 등장인물의 발소리, 등장인물이 운전하는 각종 탈것이나 작동하는 기기나 물건 등을 표현하는 소리가 목적음인 것이다.

이러한 소리들을 있는 그대로 사용하기도 하지만, 청취자가 극에 몰입하도록 다양한 기법을 사용하기도 한다. 예를 들면 혼잡한 거리를 걷는 등장인물의 심리상태를 강조하기 위해 주변의 소리를 무음으로 표현한다든지 극도의 긴장 상태를 심장 박동 소리로 표현함으로써 청취자들이 극 속으로 빠져들게 하는 효과기법을 사용하는 것처럼 말이다.

(1) 사실적 음향효과

드라마는 사람이 살아가는 세상에서 벌어질 법한 이야기들로 스토리텔링 구조를 이룬다. 사람이 살아가는 세상의 환경이 드라마의 장면들로 연결되어 이야기의 기승전결을 이루고 발단, 전개, 위기, 절정, 결말을 이룬다. 주로 사실적인 장면들이 일반적인 드라마구조의 기본 장면을 표현한다. 사실적인 장면을 바탕으로 한 상태에서 드라마의 재미와 흥미와 감동을 이끌어 내기 위해서 다양한 기교를 적용하는 것이다. 일반적인 사실적 장면을 묘사하기 위해서 당연히 사용되어야 할 효과음, 즉, 사실적인 것을 그대로 묘사하는 효과음을 사실적인 음향효과라고 말한다.

오디오드라마도 사실적 장면들의 소리가 만들어지고 녹음되어 청취자에게 전달되면 청취자는 그것을 청각만으로 느끼고 이해하고 감동해야 한다. 그래서 오디오드라마의 음향효과 중 가장 많이 표현하는 방법이 바로 이 사실적인 표현이다.

오디오드라마 작품을 만들기 위한 대본도 일단 사실적인 표현을 토대로 쓰여서 기본적인 형태를 갖춘다. 그 기본적인 사실적 기반 위에 다양한 기교를 적용하면 멜로, 코믹, 호러, 추리, 판타지, 무협, 역사, 사이버, 전쟁 등 특별한 장르를 형성하는 것이다. 하지만 기교적인 효과기법이 너무 자주 쓰인 작품은 오히려 혼란스럽고 의도적인 느낌을 주어 거부감을 불러일으킬 수도 있다. 적절한 기교를 적용하여 드라마를 구성할 때 훌륭한 작품을 만들 수 있는 것이다.

(2) 분위기 상승수단

오디오드라마에서 음향효과 중 효과음은 잘 사용되면 당연한 것, 잘못 사용되면 방송사고라고 말하기도 한다. 왜냐하면, 청취자들은 드라마에서 나오는 효과음들이 당연히 나오는 소리인 줄로 착각하기 때문이며, 또 착각해야 하기 때문이다. 오디오드라마가 동시녹음팀이 나가서 야외촬영팀과 함께 녹음해오는 TV드라마도 아닌데 말이다.

축구경기장에서 들리는 관중들의 함성 그리고 선수들의 거친 숨소리와 공 차는 소리, 간간이 들리는 심판의 휘슬 소리, 게다가 아나운서의 흥분된 멘트는 청취자로 하여금 오디오드라마 장면 속으로 실감 나게 빠져들게 한다. 기자회견장에서 기자들의 움직임과 여러 대의 카메라 셔터 소리, 플래시 터지는 소리, 기자들의 호흡 소리와 주변 군중들의 소리가 배경음으로 깔린 상태에서 사건 내용을 브리핑하는 수사반장의 대사는 청취자가 분위기에 흠뻑 빠질 수 있도록 상승효과를 준다.

때로는, 음향효과 중 효과음악이 더 상승효과를 줄 수도 있다. 오디오드라마에서 효과음악이 잘 어울리면 작품의 품격이 올라가고 완성도도 더 높아진다. 효과음은 작품에 잘 어우러지면 당연하듯이 느끼기 때문에 더 과장된 소리로 분위기를 상승시켜 주어야 하지만 효과음악은 작품과 잘 어우러지면 자연스럽게 분위기가 상승되어 감동과 찬사를 받는다. 드라마 속에서 훌륭하게 삽입된 효과음악은 주제가나 OST로 대중에게 회자되며 인기를 끌기도 한다. 이처럼 효과음과 효과음악을 잘 사용하면 작품의 분위기 상승에 큰 도움을 준다.

(3) 극의 입체화

오디오드라마에서 극의 입체화란 단면적이고 평면적인 효과보다는 입체적이고 공간감을 살리는 효과를 추구하는 것이다. 오디오드라마는 오로지 소리로만 듣고 상상 속에 영상을 만들어 내어 스토리를 이해해야 하는 장르이기 때문에 청취자가 올바른 상상의 나래를 펼 수 있도록 도와주어야 한다. 상상을 돕기 위해서는 소리로서 3차원의 공간을 그려서 장면을 입체화해야 하는데, 바로 그 일들이 효과맨들이 해야 할 일이다. 소리를 입체적으로 표현하기 위해서는 소리로써 공간감을 만들어 주어야 하고, 실감 나는 동작의 표현을 잘 살려 주어야 한다.

폴리효과의 경우 마이크를 기준으로 가깝거나 멀리, 그리고 좌우의 변화를 통해서 입체감을 표현하고 자료효과는 조종실의 미니 콘솔의 페이더를 컨트롤하여 작거나 크게 또는 좌우의 팬 기능을 이용하여 입체감을 표현한다. 특히 부스 안의 폴리효과맨은 마이크를 통하여 입체적인 공간감과 등장인물의 동작에 의한 소리를 잘 구현해 주어야 하기 때문에 제작 전은 물론, 제작 중이나 제작 후 편집 과정에서도 엔지니어랑 긴밀한 교류와 소통을 해야 한다. 폴리효과로 입체감을 살리기 위해서는 대도구와 소도구는 물론 발소리를 이용하여 그와 연관된 등장인물들의 신분, 성격과 장면에서의 이동 상황까지도 잘 표현해 주어야 한다.

(4) 상징적 음향효과

오디오드라마에서 음향효과의 상징적인 효과기능은 일반적인 상황이라면 원래는 평범하거나 작게 들리는 소리를 좀 더 강조하거나 과장하기 위해서 소리에 변화를 주거나 크게 들리도록 표현하는 효과 방법을 말한다. 또는 아예 이 세상에는 없는 소리를 새로 만들어 내어 상징적으로 사용하기도 한다. 상징적인 효과음을 만들어 내기 위해서는 일반적인 효과음과는 달리 기계적인 기교가 많이 필요하다.

상징적 효과기법은 일반 드라마에도 사용되나 주로 독특한 장르의 드라마에 자주 사용하는 효과기법이다. 상징적 효과음의 구현은 에코나 허밍, 기타 이펙트 기술을 써서 해당 효과음을 강조하여 등장인물의 내면적 심리상태를 강하게 나타내는 방법을 사용한다. (예: 심장 박동음, 배 꼬르륵 소리, 시계 초침 소리를 크게 어필하여 긴장 초조감을 표현) 상징적인 효과기법에는 인상적 효과, 관심적 효과가 있다.

① 인상적 음향효과

상징적 효과 중 과장의 정도가 다소 적은 효과 기법이다. 인상적 효과는 상징적 효과 중 현실에 없는 황당한 소리라든지 터무니없는 소리가 아닌 일상적인 상황에서도 충분히 납득할 만한 정도의 과장을 해주는 상징적인 효과음이다. 인상적인 효과표현은 이질감이나 거부감을 주지 않는 선에서 자연스럽게 인상적으로 감응을 주는 효과기법이다.

인상적인 효과음은 청취자들에게 오디오드라마를 흥미롭고 재미있게 느끼게 하여 관심도를 높이고 이해하기 쉽게 도와주는 역할을 한다. 예를 들면 골목길에서 여주인공의 뒤를 쫓아오는 사람의 발소리를 크게 표현해주어 초조감을 더해 준다든지 평소에는 평범하게 들리던 전화 벨소리나 자명종 소리를 크게 표현해주어 등장인물의 심리상태를 표현해주는 방법이다. 엔지니어의 영역이기도 하지만 에코나 리버브, 딜레이를 사용하는 방법과 필터링을 하여 꿈속을 표현하거나 회상장면을 표현하는 오디오기법도 인상적 효과의 표현방법이라고 볼 수 있다.

② 관심적 음향효과

오디오드라마에서 등장인물이 관심을 갖는 것의 소리를 부각하는 효과 기법으로, 상징적 효과의 하나다. 방백적 효과라고 부르기도 하는데 주변 사람에게는 일반적인 크기로 들리던 소리를 주인공 자신에게만 크게 들린다고 생각하도록 하는 효과기법이다. 청취자와 해당 등장인물만이 같은 처지에 놓여 있는 것 같은 공감과 호응을 얻게 한다는 데서 관심적인 효과라고 한다.

예를 들자면 도둑이 남의 집에 들어갔을 때 자신의 숨소리와 맥박과 심장 박동음, 자신의 침 삼키는 소리와 발소리도 도둑 자신에게 크게 들린다는 관점으로 표현해주어 주인공의 심리상태를 다른 등장인물이 눈치채지 못한다는 가정을 두고 표현하는 효과기법이다.

언젠가 코미디 프로그램에서 이와 같은 효과를 사용한 적이 있다. 도둑이 밤에 몰래 어느 집에 물건을 털러 들어가서 벌어지는 일인데, 도둑이 시계를 바라보면 시계 초침 소리가 유난히 크게 들리고, 괘종시계 종소리도 너무 커서 어쩔 줄 모른다. 긴장해서 침을 삼켰는데 침 넘어가는 소리도 크게 들리고, 배가 고파서 꼬르륵거리는 소리 또한 엄청 크게 들린다. 사과가 있어서 한입 베어 물었는데 도둑이 그 소리에 너무 놀라 기절을 한다. 간이 너무 작은 도둑이었나 보다. 이처럼 등장인물이 상징적인 소리로 청취자의 관심을 한몸에 받는 효과를 얻을 수 있다.

또한, 이 효과기법은 청취자를 주인공과 같은 심리상태에 빠져들게 하여 주인공과 함께 공통된 비밀을 공유하면서 마치 자기가 주인공이 되어 다른 등장인물들을 상대하는 듯한 기분으로 작품에 빠져들게끔 유도함으로써 극적인 효과를 얻을 수 있다.

(5) 관습적(관행적) 음향효과

관습적 효과는 음향효과가 방송에 중요한 한 분야가 된 이래로 시행착오를 겪으면서 정립되어 온 공식화된 음향효과기법이다. 한편으론 구태의연하고 고리타분한 음향효과기법으로 치부될 수도 있겠지만, 불변의 진리와도 같이 방송 음향효과의 기본이 되고 있다. 좋은 일이 생길 징조나 반가운 손님이 올 것을 알려 줄 때 까치 소리를, 사람이 죽어 갈 때나 나쁜 징조가 닥칠 것을 예고하는 까마귀 소리, 새벽을 알릴 때 수탉 울음소리를, 자연의 소리로 계절의 변화를 표현한다거나 시계 초침 소리로 시간의 경과를 나타내는 등, 이러한 관습상의 행태에 의해 공식화된 음향효과기법을 말한다. 그 예가 많으나 크게 구분하여 살펴보았다.

① 시간을 표현할 때

시계 초침 소리를 내주어 긴박한 시간의 흐름을 표현한다거나 괘종시계의 종소리로 초조한 시간의 도래를 알려준다거나 통행금지를 알리는 사이렌 소리, 새벽을 알리는 수탉 울음소리, 교회의 종소리, 두부장수

소리 등은 시간을 표현하는 관습적인 효과음이다.

드라마에서는 시간 경과를 나타내야 하는 경우가 많다. 영상에서는 카메라를 팬업(Pan up)해서 하늘을 보여 주었다가 팬다운(Pan down) 함으로서 시간 경과를 나타낸다거나 여러 영상기법으로 표현하는데, 오디오드라마에서도 이와 비슷하게 기존의 소리를 스닉 아웃(Sneak out)하고 포즈(Pause) 상태로 잠시 멈춰 있다가 다시 스닉 인(Sneak in)하는 방법으로 시간 경과를 표현하기도 한다. 또한, TV에서 어떠한 사물을 잡았다가 페이드 아웃(Fade-out)한 후 잠시 후 페이드 인(Fade in)할 때 그 사물이 낡은 모습을 보여 준다든지 계절이나 시간의 변화를 보여 준다든지 아니면 장소를 아예 달리하여 시간 경과를 표현하기도 하는데, 오디오에서도 마찬가지로 해당 배경음을 페이드 업 했다가 서서히 다운한 후 시간의 흐름을 나타내는 소리를 다시 페이드 인 시켜준다.

예를 들면 인천공항 대합실에서 비행기 이륙음을 길게 페이드 업 했다가 다운시키면서 포즈를 두었다가 비행기 착륙음을 페이드 인 업 다운시킨 후 미국공항 대합실 소리를 오버랩시켜 줌으로써 시간과 공간을 이동시키는 효과를 얻는다. 더 많은 시간 경과 표현으로는 주인공의 음성을 노인음성으로 바꿔 준다든지 배경음이나 특정 효과음을 시간변화에 걸맞게 변화시킨다. 예를 든다면 전차와 인력거가 오가던 일제강점기 때의 광화문 거리의 배경음에서 현재의 광화문 거리의 배경음으로 변화시킴으로써 긴 시간의 경과로 시대의 변화를 표현하기도 한다.

② 계절을 표현할 때

오디오드라마에서 계절을 표현하는 소리는 주로 장면을 표현하는 배경음으로 표현한다. 특히 사계절이 뚜렷한 우리나라에서는 계절을 특정하는 소리를 다양하게 찾을 수 있다. 우리나라에 항상 서식하는 텃

새 소리와 계절마다 다르게 찾아오는 철새 소리, 장마철의 비 오는 소리나 여름철의 매미나 개구리 울음소리, 가을철의 귀뚜라미나 풀벌레 우는 소리는 계절을 표현하는 훌륭한 효과음이다. 겨울철에는 황량한 바람 소리나 눈 밟는 발소리로 표현할 수 있다.

또한, 드라마에는 시간의 흐름을 나타낼 때 계절이 변화하는 것을 순차적으로 배열하여 표현하는 경우가 많다. 이를테면 봄, 여름, 가을, 겨울의 특징적인 소리를 연달아 오버랩 기법으로 들려주어 세월의 흐름을 표현하기도 한다. 영상의 표현이라면 화면의 연속으로 표현하겠지만, 소리만으로의 표현은 좀 더 신중하다. 예를 들면, 얼음이 녹으며 흐르는 개울물 소리와 봄을 알리는 대표적인 철새인 제비 지저귀는 소리를 봄의 소리로 들려주다가 나무숲의 매미 소리와 늪지대의 개구리 떼 우는 소리를 여름의 소리로 갈대 바람과 귀뚜라미 소리를 가을의 소리로 겨울바람 소리와 눈 발자국 소리를 겨울의 소리로 표현하듯이 계절적 특징을 누구나가 공감할 수 있는 관습적인 소리로 표현해준다.

③ 예감(징조)을 표현할 때

오디오드라마에서는 좋은 일이 생길 징조나 반가운 손님이 올 것을 예고할 때 우리나라에선 길조로 불리 우는 까치 소리를 사용한다. TV 드라마나 영화에서도 까치가 나오는 마을 입구의 영상을 보여 주며 기쁜 소식이나 손님이 올 것 같은 예감을 미리 알려 주기도 한다. 그와는 반대로 사람이 죽어 갈 때나 불길한 예감이 들 때는 흉조인 까마귀 소리를 들려준다거나 물건이 깨지는 소리를 낸다든지 해서 극적 효과를 가져 올 수 있고, 갑자기 휘몰아치는 돌개바람 소리나 천둥·번개 소리는 앞으로 일어날 커다란 변화를 암시해 주기도 한다. 드라마 장르에서 이러한 암시를 위해서 스토리 구조를 이용하여 복선을 깔아주기도 하는데, 오디오드라마에선 효과음을 이용한 장치가 중요한 역할을 한다.

6) 훌륭한 음향효과 5가지

오디오드라마에서 효과음을 사용한다는 것은 사실적인 묘사뿐만 아니라 작품을 더 실감 나고 흥미롭고 재미있게 하기 위해서인데, 오히려 잘못 사용된 효과음이나 어색하거나 맞지 않는 효과음으로 분위기를 반감시킨다면 효과음을 사용하지 않으니만 못하게 된다. 효과음은 효과적으로 사용 될 때만이 효과음이 되는 것이다. 겨울에 뻐꾸기 울음소리를 깔아준다든지, 비가 오는데 새소리를 깔아준다든지, 한창 총격전이 오가는 전쟁터에 풀벌레 소리를 깔아주는 엉뚱한 경우는 차라리 없으니만 못한 경우다.

(1) 자연스러운 음향효과

오디오드라마에서 청취자에게 전해지는 음향효과는 최대한 자연스러워야 한다. 청취자가 음향효과를 의식하지 못하게끔 있으면서도 없어야 하고, 없으면서도 있는 것 같아야 한다. 청취자가 상상의 나래를 잘 펼칠 수 있도록 효과음은 오디오드라마에서 보이지 않는 상승기류가 되어 주어야 한다. "아! 저 소리는 음향효과맨이 스튜디오에서 만들어서 내는 소리구나." 하고 청취자가 알아차리면 훌륭한 효과가 아니다. 당연히 있는 소리로 생각할 정도로 효과음을 표현해주어야 훌륭한 효과다. 배경음은 슬며시 들어와 장소와 환경, 계절과 시간대를 알려주고 대사에 방해되지 않게 들릴 듯 말 듯 깔려있어야만 자연스러운 효과를 낼 수 있다. 목적음, 즉 주가 되는 소리는 연기자와 호흡이 잘 맞아야 자연스러운 효과를 연출 할 수 있다.

예를 들면 때리고 맞는 장면에서 '에잇!' 하며 때리고 '윽!' 하고 맞아야 하는데 '에잇!' 하기도 전에 때리는 소리를 낸다거나 때리는 소리가 아직 나지도 않았는데 '윽!' 하는 소리를 낸다면 어색해서 들을 수가 없고, 드라마가 실감 나지도 않을 것이다. 가방 속에서 울리는 휴대폰 벨소리가 가방을 열어 밖으로 꺼낼 때 자연스럽게 커지도록 자료효과음을 삽입해야 한다. 감동을 주는 장면에서 배경으로 깔리는 음악은 언제 들어와서 깔렸는지 모를 정도로 자연스럽게 들어왔다가 사라져야 한다.

(2) 절제와 결단력을 가진 음향효과

음향효과를 디자인할 때는 욕심을 버리고 절제하며 적재적소에 꼭 필요한 최소한의 음향효과를 결단력 있게 사용해야 훌륭한 음향효과라고 할 수 있다. 대사와 분위기는 고려하지 않고 효과음을 너무 이것저것 여러 가지로 볼륨도 크게 사용한다면 각종 소리가 뭐가 뭔지 모르게 뒤죽박죽되어 정작 강조해야 할 효과음은 들리지도 않게 된다. 우리가 생활하고 있는 공간에는 수많은 소리가 뒤섞여 있다. 인간의 청각으로 수음할 수 없는 소리는 거론하지 않더라도 뒤섞여진 온갖 소리는 현대인의 청각 기능을 서서히 둔화시킬 정도로 공존하고 있다. 만약 오디오드라마에서 현장에 있을 법한 모든 소리를 다 표현해준다면 청취자에겐 고문이 따로 없을 것이다. 오디오드라마에서까지 실제처럼 모두 다 표현한다면 청취자는 그 장면이 무엇을 전달하려고 했는지를 파악하지 못하고 혼란에 빠져 버리게 될 것이다.

그 장면에서 어떤 소리가 더 중요한가에 따른 우선순위를 두어 작품

완성도에 효과적으로 기여할 것 같은 배경음을 선택하고, 등장인물의 감정표현을 위해서 제작 기법상 포기해야 할 소리는 과감히 포기할 줄 아는 결단력이 있어야 한다. 없어도 무방한 소리는 과감하게 없애고 장면에 꼭 필요한 소리를 잘 묘사해줌으로써 청취자들이 상상을 통해 이해하기 쉽도록 한다.

예를 들어, 도심 속 복잡한 거리를 뭔가를 골똘히 생각하며 걷는 이가 있다. 그가 생각하고 있는 것이 무엇인가를 나타내고자 할 때는 배경음을 낮게 깔면서 발소리로 상황과 감정상태를 표현하다가 내레이션으로 묘사하는 방법이 있다. 또는, 해당 장면 처음에는 배경음과 발소리를 묘사해주다가 서서히 또는 갑자기 생략하며 등장인물의 독백 대사만으로 처리하는 방법이 있다. 이러한 제작 기법은 제작 현장에서 의견 조율을 통해서 사용하여야 하는 효과기법이다.

(3) 상식적인 음향효과

오디오드라마에서도 소리를 표현함에 있어서 상식의 틀을 벗어나는 효과음을 사용하면 청취자들의 회초리를 피할 수가 없다. TV 드라마에서 옥의 티는 상식에 벗어나는 영상이 될 수 있듯이 오디오드라마에서도 상식에 맞지 않는 소리는 옥의 티가 될 수 있다. 예를 들어, 봄에만 우는 새소리를 겨울에 사용하고 낮에 우는 새를 밤에 사용하거나 다이얼 전화를 사용하던 1970년대를 그린 드라마에 전자식 버튼 전화의 벨소리를 사용한다면 그 부분 하나 때문에 작품을 망칠 수 있다. 그럴 리는 없겠지만, 인력거나 마차가 교통수단이던 조선 시대에 자동차나 오토바이 소리가 있는 거리소음을 사용한다면 얼마나 터무니없겠는가?

이처럼 효과맨들은 시사·상식에도 능통해야 하며 정치, 경제, 사회 문화는 물론 스포츠와 연예에도 박식해야 한다. 특히 축구, 야구, 농구, 탁구와 같은 구기 종목과 복싱, 레슬링, 태권도, 유도와 같은 격투기 종목, 기타 각종 육상경기 종목 등은 각각 규칙이 다르고 그에 따른 특색 있는 소리가 있기 때문에 효과맨이 상식적인 지식을 습득하고 다뤄야 한다.

그 밖에도 다양한 분야에서 다양한 체험을 느끼고 그 느낌을 그대로 청취자들에게 음향으로 디자인해서 들려 드리기 위해 노력해야 한다. 그러기 위해서는 책도 많이 읽어야 하지만 채음을 위한 여행도 많이 다녀야 한다. 그래야 어느 지방엔 어떤 것이 명물이며, 어떤 풍속이 있는지 알게 되고 지방의 특색을 살린 효과음도 삽입할 수 있다. 또한, 지형적으로 산 정상, 산속의 숲과 계곡 그리고 들과 강, 바다에는 어떠한 소리들이 필요한지도 음향효과맨의 청각으로 파악하여 청취자들에게 인정받을 수 있는 소리를 만들어 낼 수 있다.

(4) 준비된 음향효과

어떠한 일에 도전하든 준비되어 있지 않은 사람에게는 자신감이 생기지 않는다. 준비된 사람은 자신감이 충만하며 매사에 적극적이다. 적극적인 사람은 매사가 긍정적이고 성의 있는 모습을 보인다. 그것은 하루아침에 얻어지는 게 아니다. 오랫동안 시행착오를 겪고 얻어진 삶의 철학이 있어야만 만들어지는 것이다. 그러한 사람은 모든 일에 임함에 있어서 철저히 분석하고 판단한 후에 도전한다.

효과맨도 마찬가지다. 내가 만들어 내야 할 소리를 위해 모든 감각을 집중해서 분석하고 판단하여 소리를 만들 준비를 한다. 준비가 되어 있다면 적극적이고 성의 있는 자세로 소리를 표현해낼 수 있다. 하지만 철저한 분석도 없이 마지못해 대충 소리를 만들어 낸다면 반드시 티가 난다. 사람에게는 마음의 귀도 있다는 것을 알아야 한다. 마음으로 듣는 소리는 상대방의 진실한 감정까지도 읽어 내기 때문에 얼렁뚱땅 무성의하게 준비도 없이 일하는 사람의 소리는 더욱 또렷하게 읽어 내기 마련이다.

오디오드라마 제작 현장에서도 마찬가지다. 녹음 부스의 폴리효과맨이나 연기자가 컨디션이 안 좋거나 대본을 철저히 분석하지 않아 작품을 무성의하게 대할 때는 녹음 부조에서 곧바로 눈치채기 마련이다. 마찬가지로 부조의 연출자나 음향효과맨, 그리고 음향엔지니어의 무성의를 부스 안에서도 여지없이 느끼게 된다. 이럴 땐 서로를 견제하기도 하고 충고와 조언을 통해서 오디오드라마를 적극적으로 제작할 수 있는 환경을 조성해 준다.

7) 음향효과의 필요성

오디오드라마를 하나의 요리에 비유한다면 성우의 대사는 주재료이며 음향효과는 각종 양념이나 조미료에 비유할 만하다. 만일 주재료는 있는데 양념이나 조미료가 없으면 요리가 정말 맛이 없는 맹탕이 될 것이다. 또 양념이나 조미료가 과하게 들어가면 너무 맵거나 짜거나 달아서 먹기가 힘들어질 수도 있다. 그래도 어떻게든 만들다 보면 어쨌든 무슨 요리든 만들어지겠지만, 맛이 없어서 젓가락이 가지 않을 것이다. 조미료는 만들고자 하는 요리의 레시피(Recipe)에 맞게 적당한 것을 선택해 적당량을 사용해야 제맛을 낼 수 있다.

오디오드라마에서 음향효과는 요리에서 환상의 맛을 살려주는 양념이나 조미료처럼 적재적소에 적당하게 쓰여야 효과적인 음향효과가 될 것이다. 이처럼 음향효과는 오디오드라마에서 아주 적당할 정도의 필요성을 가진다. 그렇다면 오디오드라마에서 어떻게 사용하는 것이 꼭 필요한 음향효과인지 알아보자.

(1) 없어도 되지만, 있으면 더 좋은 효과음

오디오드라마에는 반드시 있어야 하는 효과음 외에 없어도 되지만 있으면 더 좋은 효과음으로 작품을 더욱 맛깔나게 만들 수 있다. 예를 들면 오디오드라마에서 등장하는 문소리 중에서 카페 문을 여는 소리가 나오는데, 주로 스윙문 여는 소리를 사용한다. 그런데 그 스윙문을 열 때 작은 종이나 모빌을 함께 흔들어 주면 정겨운 느낌을 만들 수 있다. 또한, 농촌풍경이나 농가의 소 울음소리에 소 방울을 울려주면 장면을 더 풍부하게 만들 수 있고, 만일 소가 움직이는 장면이라면 소의 동선을 표현할 수도 있다. 강아지, 고양이도 울음소리와 방울소리가 함께 어울리면 더욱 귀엽게 움직이는 동선을 표현할 수 있다. 기자회견장에서 산발적인 카메라 작동음과 플래시 터지는 소리는 더욱 실감 나는 장면을 연출한다. 사건의 현장을 보도하는 기자의 목소리에 주변의 긴박한 배경음으로 경찰의 무전기 소리나 앰뷸런스 소리가 작게 들리는 현장음이 들린다면 실감 나게 뉴스를 전달할 수 있을 것이다.

작가가 구상한 오디오드라마의 큰 의미를 훼손시키지 않는 범위 내에서 효과맨이 창의적으로 디자인하는 음향효과는 작품의 재미와 깊이를 더 살려주는 조미료가 될 것이다.

(2) 있어도 되지만 없으면 더 좋은 효과음

현실 속엔 함께 공유하여 존재하고 있는 소리지만 오디오드라마의 효과적인 제작을 위해서 과감히 필요한 소리만 남기고 제거해야 할 소리도 있다. 예를 들면, 싸움이 벌어져 시끌벅적 한 장면에 야외 장면이랍시고 아름다운 새소리를 계속 깔아준다면 그 새소리는 잡음이 될 것이다. 전쟁 사극에서 주인공들의 칼싸움 소리만 부각해야 하는데 주변에 벌어지고 있는 칼싸움 소리를 모두 같은 레벨로 크게 표현해준다면 정작 중요한 주인공들의 칼싸움 소리가 주변 소리에 상쇄되어 좋은 장면을 만들 수 없다. 현대물의 전쟁장면에서도 마찬가지다. 포성은 멀리 혹은 가까이 들려 와야 하며 주변의 총격전이 치열하더라도 주인공의 대사와 움직임, 주인공과 관련된 소리는 주변 소리에 의해 가려져서는 안 된다. 효과음은 말 그대로 효과적으로 사용되어야지 욕심만 앞서서 무분별하게 남용한다면 오히려 작품의 질을 떨어뜨리게 된다. 요즘 TV 드라마에서는 동시녹음팀이 야외촬영에 투입되기 때문에 등장인물들의 대사와 배경음을 현장의 소리를 그대로 가져다 쓴다. 그런데 조용하고 진지한 장면이라면 촬영 당시에 녹음된 필요 없는 개 짖는 소리나 멀리서 지나가는 오토바이 소리라도 지워 주는 게 좋다.

(3) 과장되어야 더 좋은 효과음

일반적인 드라마에서 자주 사용하는 주된 효과음은 현실적 감각에 맞는 소리가 많다. 하지만 시트콤이나 코미디프로, 코믹 만화나 쇼·오락 프로그램에서 보면 동물이나 사람이 갑자기 뛰어갈 때 쌩~하는 소리를 낸다거나. 뛰어와 급하게 멈출 때 자동차의 급브레이크음을 내주는 것과 같은 현실감각을 초월한 효과를 자주 사용한다. 드라마에서도 추리·공포물에서 심장 뛰는 소리를 상징적으로 묘사하거나 핏물 떨어지는 소리를 강조해주는 것도 과장된 효과음의 표현이라고 볼 수 있다. 이처럼 효과음은 모든 장르에서 현실과 초현실을 넘나들며 과장되게 구사하여 더욱

효과적인 음향효과를 얻을 수 있다.

오디오드라마에서 장르에 맞는 적절한 효과음을 구사하여 작품의 완성도를 높인다는 점에서 과장해야 할 효과음의 중요성도 더욱 강조된다. 오디오드라마 속의 음향효과는 강조해야 할 부분은 과감히 강조해 주어야 효과적이다. 예를 들면, 찻잔을 떨군다든지 술병들과 잔들이 놓인 식탁을 과감히 흔들어 준다든지 뛰기 시작하는 처음 두어 발자국을 강하게 디뎌준다든지 처음 나오는 천둥소리를 강하게 표현해준다든지 전화벨 소리를 강하게 표현한다든지 하는 방법은 드라마의 맛을 살려주는 강조의 방법이다.

이 방법을 사용하기엔 어느 정도의 숙련된 경험이 필요하다. 즉, 드라마를 알고 느낄 줄 알아야 한다는 것이다. 그만큼 경험과 경력은 실력의 토대가 되는 것이다. 시행착오를 한 번이라도 더 겪었고, 실전을 통하여 실력이 되었기 때문이다.

(4) 사일런트(무음)도 효과다. 포즈(Pause)의 미학

갑자기 멍한 상태, 누구나 한 번쯤은 경험해 보았으리라. 대부분 충격을 받았을 때 일어나는 현상이다. 물리적 충격을 받았을 때도 그런 경우가 있지만 대부분 정신적인 충격을 받았을 때 그런 현상이 자주 일어나곤 한다. 오디오드라마에서 너무 놀랐을 때, 너무 기쁠 때, 또는 너무 슬플 때와 같이 큰 충격을 받았을 때를 표현할 경우 주로 충격 코드음악을 사용하지만, 더욱 큰 효과를 얻기 위해 무음 처리를 하는 경우가 있다. 주변에 배경음이나 기존에 다른 효과음이 깔려있을 때 갑자기 모든 소리가 정지되고 무음인 상황이 잠시 지속되는 표현은 더욱 큰 효과를 얻을 수 있다. 또한, 효과음만 빠지고 독백은 계속되는 방법으로 상황을 표현하기도 한다. 주인공이 생각에 골똘히 사로잡힌 채 도심

속을 걷고 있는 장면을 표현할 때 거리소음이나 행인들의 소음은 전혀 들리지 않고 생각의 내용은 독백으로 처리한다. 주인공의 심리상태를 우선 표현하고자 한 방송기법이다.

또 우리가 자주 사용하는 무음 효과 기법 중에 장면과 장면 사이에 포즈(PAUSE: 잠시 멈춤)를 사용하는 것도 사일런트 효과의 한 예라 할 수 있겠다. 장면변화에 브릿지음악을 쓰는 것이 너무 일반적이어서 가끔씩 포즈를 사용하는 경우가 있고 긴 브릿지음악 대신 잠시 무음 효과를 주었다가 서서히 배경음을 깔아주어 시간 경과를 나타낼 때도 있다.

예를 들면, 밤에 우는 새인 부엉이나 소쩍새 울음소리를 점점 작게 내주다가 무음으로 잠시 정적이 흐르게 표현한 뒤, 멀리 수탉이 울고 아침 새소리가 점점 커지도록 깔아준다면 하룻밤이 지나고 아침이 밝아오는 것을 훌륭하게 표현해 줄 수 있을 것이다.

이처럼 사일런트, 즉 무음도 훌륭한 효과음이다. 이것이 바로 포즈의 미학이다. 정적의 고요가 때론 극의 클라이맥스를 대변하기도 한다. 때론 역으로 갑자기 소리를 나게 하여 충격에서 벗어남을 표현하기도 한다.

8) 음향효과 잘하기, 음향효과의 노하우

오디오드라마는 소리만으로 스토리를 완성해서 청취자에게 감동을 주는 소리드라마다. 대사를 연기하는 성우의 목소리가 스토리를 이끌어가는 소리의 중심이 되며, 음향효과는 오디오드라마를 더욱 재미있고 흥미롭게 만들어 주는 데코레이션이다. 대사의 보조 역할이지만 오디오드라마를 더 실감 나게 이해하도록 상상하는 데 도움을 주는 주요 요소가 음향효과다. 그러므로 대사를 방해하거나 대사보다 더 과도해서는 안 된다. 제작할 때는 더욱더 그렇다.

그리고 또 한 가지, 음향효과맨은 엔지를 내지 말아야 한다. 대사를 연기하는 성우가 한창 메소드 연기에 빠져 열연을 펼치는데 음향효과맨이 자꾸 엔지를 내서 다시 하자고 하면 성우의 그 연기를 다시 끌어낼 수 있을까? 그래서 음향효과맨은 보이지 않고 마치 없는 것처럼 일하면서 작품의 완성도에 기여해야 한다. 그러기 위해서는 최대한 노련해져야 하고, 숙련되어야 하며, 노하우도 많이 축적해야 한다. 아래에 음향효과맨이 지녀야 할 노하우를 몇 가지 적어보았다.

(1) 순발력 있게 치고 빠져라

순발력을 요구하는 음향효과 방법은 주로 TV 프로그램이나 영화나 영상제작물의 후시 제작에 기본적으로 갖추어야 할 효과맨의 기본 트레이닝 과목이다. 순간적으로 움직이는 영상에 정확하게 소리를 동기화해야 하기 때문이다. 그렇다면 오디오드라마에서는 순발력이 필요 없지 않겠냐고 물을 수도 있겠지만, 오히려 순발력에 섬세함까지 겸비해야 한다. 소리로만 표현하는 오디오드라마에서는 영상 대신 성우들의 대사 사이사이에 또는 대사와 호흡에 맞추어 효과음을 삽입해야 하기 때문이다.

특히 폴리효과 담당자는 스테레오 제작을 위해 설치된 여러 개의 마이크에 대본의 흐름과 연기자의 위치를 쫓아 PD의 큐사인도 참고하며 소리 연기를 해야 한다. 대본을 보랴, 성우의 위치를 파악하랴, PD의 큐사인을 인지하랴, 발소리를 하랴, 대도구, 소도구를 이용해 소리를 내랴 동시에 네 가지 이상의 동작을 수행해야 한다. 자료효과나 음악효과도 대본의 흐름을 타고 적재적소에 음향자료와 음악을 삽입해야 하므로 순발력을 필요로 하기는 마찬가지다. 이렇듯 오디오드라마에서 효과맨이 창조하는 소리들은 순간적인 액션의 소리를 만들어 내야 하기 때문에 빠른 순발력이 요구된다.

예를 들면, 격투 신에서 치고 때리는 쪽의 짤막한 호흡 섞인 기합과 맞는 역할의 짧거나 긴 비명 소리는 주먹 또는 몽둥이가 얼굴이나 몸에 맞는 소리와 적절히 조화를 이루어야 하는데 적절한 포인트를 못 맞추게 되면 기합소리나 비명소리에 타격음이 상쇄되거나 호흡과 엇박자가 나서 극의 리얼리티나 박진감을 감소시키게 된다. 빠르게 진행되는 장면이기에 순발력 있게 적절한 포인트를 찾아서 효과음을 살려 주어야 한다. 잠시만 대본의 흐름을 놓치거나 성우의 호흡을 놓치면 실수를 하기가 일수다. 그렇기 때문에 순발력은 효과맨의 기본이다.

(2) 예지심(叡智心)을 가지고 앞서 치고 나가라

순발력은 또한 효과맨에게 예지심이라는 노하우를 만들어 내서 노련한 효과맨으로 성장시킨다. 예지심이란 예측하고 준비하는 마음가짐을 말한다. 특히 성우와 스태프들이 동시에 작업하는 오디오드라마에서 폴리효과의 작업은 순발력이 매우 중요한데, 순발력의 정확도를 살리려면 예지심이 필요하다. 모든 효과작업에서 정확한 포인트에 성우의 호흡에 맞춰 효과음을 삽입하려면 예지심을 가지고 한 템포 미리 준비하고 있어야 한다. 마치 전투기를 잡는 대공포가 전투기의 비행 속도를 계산해 몇 리드 앞을 겨냥해서 포를 쏘듯이 예측된 동작이 필요하다. 그렇지 않으면 매번 엇박자가 나거나 소리가 삽입될 포인트가 맞지 않게 된다. 효과맨은 그 등장인물의 동작을 예측할 수 있어야 등장인물의 동작으로 발생할 소리를 마치 그 인물이 된 듯 만들어 내줄 수 있다. 그게 바로 효과맨의 노하우고 예지심이다.

오디오드라마에서는 TV나 영화에서처럼 영상에 효과음을 맞출 필요는 없으나 성우와 호흡을 얼마나 잘 맞추어 효과음을 내주느냐에 따라 대사와 음향효과가 자연스럽게 어우러져 마치 현장에 가서 동시녹음으로 녹음해온 것 이상으로 리얼한 소리를 구현할 수 있다.

하지만 오디오드라마에서 등장인물의 동작을 예측하기란 쉬운 일이 아니다. 왜냐하면, 오디오드라마에서 연기자인 성우는 대본을 들고 큰 동작 없이 목소리를 이용하여 연기를 하기 때문이다. 그래서 효과맨은 대본을 정독하고 충실히 분석하여 작품 속 인물들의 움직임을 머릿속에 영상으로 떠오를 수 있도록 대본에 간단한 메모나 자기만의 방법으로 표시해 두어야 한다. 더불어 연기자에게 본인이 맡은 등장인물의 동작을 위한 호흡과 효과맨의 소리를 일치시키기 위한 의견을 제시하고 서로 약속을 해둔다. 이러한 준비작업이 미리 완료된다면 녹음할 때 연기자의 호흡만 듣고도 등장인물의 동작에 의한 소리를 잘 만들어 줄 수 있다. 이처럼 방송제작을 위해 미리미리 체크하고 철저히 준비하는 자세야말로 효과맨의 예지심이요 노하우라고 말할 수 있다.

(3) 박자에 맞추어 물 흐르듯이

음악의 삼 요소는 박자(리듬), 선율(멜로디), 화성(하모니)이다. 음악도 소리의 영역 안에 있듯이 이 세상의 모든 소리를 박자와 선율, 화성으로 어우러지게 할 수 있다. 즉 하나의 음원으로 된 소리 일지라도 박자와 선율과 화성을 이루면 음악처럼 여러 가지 소리를 만들 수 있다는 것이다. 음악에만 악보가 있는 게 아니다.

예를 들면, 종이 여러 장을 스테이플러(Stapler)로 찍으면 철컥하고 스테이플러 심 찍히는 소리만 난다. 하지만 스테이플러의 심을 빼고 초단위로 박자에 맞게 살짝살짝 반복적으로 눌러 주면 마치 시계 초침 같은 효과음을 얻을 수 있고 빠르게 한번 철컥 눌러주면 사진 찍는 소리도 흉내 낼 수 있다.

음원이 비슷하더라도 제멋대로 소리를 내준다면 결코 비슷한 소리를 만들어 내지 못하지만, 흉내 내고자 하는 소리의 박자와 선율을 비슷하게 내주면 원하는 소리를 만들어 낼 수도 있다.

아파트에선 잘 들을 수 없지만 어릴 적 시골집 툇마루 밑에서 늦가을 저녁이면 귀뚜라미 한 마리가 내던 소리가 생각난다. 짝을 찾아 노래를 부르는 건지 가을을 노래하는 건지 쓸쓸하게만 들렸던 기억이 난다. 조금이라도 인기척이 나면 금방 멈추었다가 다시금 안심되면 또 부르곤 하던 귀뚜라미의 노래는 지금도 어릴 적 살던 집의 추억을 떠올리게 한다. 아마 귀뚜라미 소리를 악보로 그리면 훌륭한 가을 소나타가 되지 않을까? 이처럼 음악이 아닌 소리에도 각자 특유의 박자와 선율이 있고, 여러 소리가 어울리면 하모니를 이루어 오케스트라가 된다. 효과맨이 어떠한 소리를 흉내 내고자 하여 목표가 정해지면 그 소리를 내는 사물이나 동물의 동작과 행동을 눈여겨 관찰하고 거기서 나오는 소리의 특성을 연구하는 것이 우선되어야 한다.

그다음으로 그 사물이나 동물이 내는 그들만이 갖고 있는 소리의 박자와 선율을 가장 근사치로 흉내 내어 가면서 자연스럽게 소리를 만들어 내야 한다. 효과맨은 마치 자신이 그 사물이나 동물로 동화되어 한 몸이 된 것처럼 그 혼을 불러들여 소리를 만들어 내야 한다. 그 목표로 한 것과 가장 비슷한 음원을 찾거나 비슷한 도구를 찾아내어 그 사물 고유의 박자와 선율에 맞추어 물 흐르듯이 소리를 만들어 주어야 한다. 켜졌다 꺼졌다 반복할 수 있는 볼펜을 탁자 위에 거꾸로 들고 재봉틀 박자를 따라 하면 재봉틀 소리를 흉내 낼 수 있듯이 말이다.

(4) 잡학박사가 되어라

효과맨이 광활하고도 오묘한 소리의 세계를 자유자재로 다루고 소리를 예술적으로 자연스럽게 승화시키기 위해서는 모든 지식이 체계적으로 종합되어야 한다. 과학적으로 소리를 접근할 줄 알아야 하는 것은 물론이고 심리학적, 문학, 미학, 사학, 의학, 생물학적인 접근도 필요하다. 모든 소리는 인간의 삶에 커다란 영향을 미치고 관여하기 때문이다.

오디오드라마에서 우리의 일상생활 속에서 공통으로 사용하는 물건들의 소리는 누구든지 공감할 수 있지만, 어느 특정 전문분야의 소리를 잘못 표현한다면 그 분야에 종사하는 사람들이 오디오드라마(음향효과맨)를 신뢰하지 못하게 될지도 모른다. 특히, 오늘날과 같이 수없이 전문분야가 생겨나고 또한 사라지는 멀티풀한 스마트사회에선 음향효과맨도 전문분야에서 들려올 수 있는 소리뿐만 아니라 세상의 모든 소리에 대한 잡학박사가 되어야 한다. 예를 들면 칵테일 바에서 칵테일을 제조하는 능숙한 손놀림으로 만들어지는 소리, 카지노에서 쉴 새 없이 돌아가는 빠찡고 기계와 카드 딜러의 손놀림, 룰렛머신 등 각종 오락기계의 소리, 시대별로 사용하던 전쟁무기의 발달사라던가 실용과학의 발달에 의한 실생활의 제품들 이를테면 전화기의 발달과 교통수단의 발달 등을 정확히 알고 표현할 줄 알아야 한다.

또한, 각종 상식으로 계절별로 우는 새소리, 벌레 소리 등을 체크하여 방송에 적절하게 사용하여야 하고, 농·어촌 및 공장의 소리 등 기타 여러 분야의 소리를 연구하고 기록하고 보유하여 그때그때 알맞게 사용해야 한다.

또한, 방송국이나 일선 녹음실에서 사용하는 기초적인 방송장비나 오디오 편집프로그램 사용법을 항상 공부하고 손에 익혀야 한다. 한 방송국에서 주로 일을 하는 효과맨들은 늘 사용하던 장비들이라 손에 익어 별문제가 없을 수도 있겠지만, 때론 외주제작업체를 방문해서 제작하게 되거나 여러 방송국이나 녹음실들을 방문하여 일하는 프리랜서 효과맨들은 서로 다른 환경에 잘 적응해야 하기 때문에 틈나는 대로 다양한 음향장비에 관한 지식을 쌓아두는 것이 좋다. 그러기 위해서는 음향효과맨은 다양한 분야의 잡학박사가 되어야 한다.

(5) 조화를 이루는 효과를 하라

오디오드라마의 음향효과를 제작하다 보면 소리와 소리가 충돌을 일으켜 간섭을 받거나 서로 상쇄하여 오히려 전혀 효과적이지 않게 되는 경우가 가끔 발생한다. 그러한 난감한 상황을 피하기 위하여 음향효과맨은 효과음을 조화롭게 사용할 줄 알아야 한다. 즉 여러 가지 효과음을 사용해야 하는 장면에서는 중요도 별로 우선순위를 정하여 그 장면에서 가장 효과적인 방향으로 효과음을 삽입하거나, 제거하거나, 아니면 레벨과 피치를 적절히 조절해 주어야 한다. 그렇지 않으면 정작 중요한 소리가 마스킹되어 효과음을 사용한다는 게 오히려 장면묘사를 방해하게 된다.

예를 들면, 권투경기장에서 링 위의 상황을 살려야 할 것인지 관중의 열광적인 응원을 살려야 할 것인지 결정해야 한다. 링 위의 상황 중에서도 복서들의 호흡을 살려야 하기도 하고, 권투글러브를 통해서 주고받는 타격음을 살려야 하기도 하고, 권투 부츠가 바닥을 마찰하는 소리를 살려야 하기도 한다. 이 소리를 동시에 모두 다 살리면 관중들의 소음과 함께 장면의 소리가 모두 뒤죽박죽되어 재미가 없다.

한 장면에 있어야 할 소리를 적절하게 조화를 이루도록 들어왔다 빠졌다 해 주어야 하는 것이 중요하다. 관중의 함성 소리도 적절히 조화시키면서 링 위의 선수들이 주고받는 타격음과 호흡, 부츠와 링 바닥의 스탭 밟는 소리를 적절히 살려 주고 빠지고 하다가 공이 울리는 소리를 포인트로 해서 경기를 마무리해 준다. 또는 주인공 복서의 위기상황이나 극적인 클라이막스 연출을 위해 어떠한 한 가지 소리만을 부각시키기도 하고 아예 사일런트 효과로 한동안 유지하다가 폭발적으로 모든 소리를 일시에 표현해주기도 한다. 이러한 방식의 효과음의 연출기법은 작품을 이끌어가는 오디오적인 미장센을 두어 충분히 소화시킬 정도로 매우 조화로워야 한다. 한 장면에 다양한 소리가 등장할수록 각각의 소리마다 특성을 살려 조화롭게 사용하는 것이야말로 진정한 효과기법이다.

(6) 음향효과에는 시작할 때와 마무리 지을 때가 있다

오디오드라마의 어떠한 장면에 시작과 마무리가 쌍을 이루는 종류의 효과음이 나올 때 시작하는 효과음을 내주었다면 대본에는 묘사가 안 되어 있더라도 반드시 마무리 동작의 효과음을 표현해주어야 한다. 하지만 대본에 의도적으로 시작하는 효과음이나 마무리하는 효과음 중 하나만 하도록 명확하게 표현되어 있다면 대본의 의도에 따라주어야 한다.

시작과 마무리로 이루어진 효과음이란 소리가 시작과 마무리의 쌍을 이루는 효과음을 말한다. 쌍을 이루는 효과음에는 문, 책, 술잔, 커피잔, 신문, 전화 등 다양하다. 문소리는 여는 소리와 닫는 소리가 쌍을 이루고 책은 펴는 소리와 덮는 소리가 쌍을 이룬다고 할 수 있다. 이러한 쌍을 이루는 소리가 한 장면에 등장할 때 시작과 마무리를 완결 짓지 않으면 무언가 허전하고 빠진 것 같고 불안하거나 미완성된 느낌을 청취자들에게 줄 수 있다. 음향효과 담당자는 작가가 대본에 시작하는 소리와 마무리 짓는 소리의 시점을 명확히 표현해 놓지 않았다 하더라도 융통성 있게 판단하여 효과음을 구사해 주어야 한다.

예를 들면 전화를 받았다면 끊는 때를, 커피잔을 들었다면 놓을 때를, 신문을 폈으면 접을 때를, 편지를 펴서 읽었다면 편지지를 접는 포인트를 잘 택해서 머뭇거리지 말고 확실하고 자연스럽게 소리 내주어야 한다. 물론 시작하는 소리가 나오고 곧바로 해설이나 코드, 브릿지로 이어져 다음 신으로 자연스럽게 넘어간다면 마무리하는 소리가 필요 없지만 한 장면에서 시작과 마무리가 짝을 이룰 수 있는 시간이 충분하다면 마무리 소리를 내주는 게 좋다. 오디오드라마 작가가 종종 빼놓고 지나치는데 효과맨이 알아서 마무리 지어주는 센스가 필요하다.

9) 갑자기 커지는 음악과 광고의 사운드에 관한 경고

요즘, 방송을 듣다가 음악이나 효과음의 소리레벨이 갑자기 커져서 깜짝 놀라 서둘러 리모컨을 찾아들고 볼륨을 줄이게 되는 경우가 많아졌다. 오디오드라마에서도 음악이나 어떤 특정 효과음이 나올 때 소리레벨이 과하게 높은 경우가 많다. 물론 음향효과맨들은 자신들의 소리를 작품에 삽입시킬 때 다른 소리보다 더 돋보이게 하고 싶은 욕심이 있어서 간혹 효과음이나 음악을 크게 삽입하는 경우가 있다.

최종 믹싱 과정에선 엔지니어가 모든 사운드의 레벨을 조화롭게 조율하는 과정을 거치는데도 불구하고 워낙 제작할 때 크게 삽입시키기 때문에 전반적인 음악이나 사운드가 크게 방송되고 있다. 특히 광고에서 음악이나 효과음이 이해할 정도의 범위가 아니라 그 도를 넘어서고 있다. 프로그램 제작 방침 중 청취자의 집중도를 높이기 위해 또는 광고 의뢰인들이 광고효과를 높이기 위해 음향엔지니어를 통해 일부러 음향의 레벨을 높일 것을 종종 주문하기도 한다지만 이해하려고 해도 도가 지나치다.

이건 분명히 청취자의 적정소리 청취권을 침해하는 범법행위다. 안정된 상태의 방송청취를 유지할 권리를 갑자기 커지는 음악과 효과음으로 인해서 놀라거나 짜증 나서 스트레스가 가중된다면 그 책임은 반드시 오디오제작자가 져야 한다. 만약에 그런 의도가 아니고 아무 생각 없이 음향담당자가 음악이나 광고를 크게 삽입했다면 자신이 제작한 방송 프로그램을 반드시 모니터링해 보고 향후에는 너무 욕심을 부리지 않기를 권하고 싶다. 소리를 다루는 음향효과맨 스스로가 고객인 청취자의 적정소리 청취권을 보장해 드리는 게 당연한 예의일 것이다.

3. 작가

작가는 문학작품, 사진, 그림, 조각 등의 예술작품을 창작하는 사람이라고 정의하고 있다. 이 책에서 다루고자 하는 작가는 오디오드라마의 방송극본을 쓰는 작가를 말한다. 저자는 오디오드라마를 30년 동안 제작해 음향효과감독으로서 오디오드라마에서 작가가 임해야 하는 역할과 자세에 대해서 논하고자 한다. 지금 이 글을 읽게 될 오디오드라마 작가는 음향효과 감독이 월권한다고 생각하지 말고 오디오드라마를 제작하는 사람 중 한 명이 오디오드라마 작가에게 '이러한 점들을 부탁하고 싶었구나.' 하고 이해하는 마음으로 읽어주기를 기대한다.

"작가는 자신을 죽여서 작품을 살리는 사람이다."라는 섬뜩한 표현을 들은 적이 있다. 이를테면 그 정도로 고뇌하고 스스로 학대해야만 좋은 작품을 얻을 수 있다는 의미로서 공감이 가는 말이다. 이 땅에 좋은 작품을 남기기 위해 작가는 자기 자신을 속박하고 괴롭힌다. 그만큼 작가는 살신성인하는 마음으로 작품에 임한다. 자기의 글엔 최소한의 책임을질 줄 아는 사람이 진정한 작가이기 때문이다.

1) 극본의 전문성과 차별화

기존의 방송 매체는 크게 라디오와 TV로 나뉘었었다. 지금은 걸어 다니며 언제 어디서나 영상이나 음향을 마음대로 즐길 수 있는 멀티미디어 스마트 방송 환경이기에 라디오, TV 등 구태여 매체별 방송을 구분할 필요가 없어졌다. 그렇기 때문에 매체를 기준으로 장르를 말하던 시대가 아닌 장르를 기준으로 방송을 말하는 멀티미디어시대가 되었다. 즉 매체와 상관없이 오디오와 비디오로 나누어 기준을 삼아야 한다는 의미다. 예를 들어서 그동안 라디오 매체를 통해서 방송되던 오디오를 기반으로 한 드라마를 라디오드라마로 불렀는데, 이제는 오디오드라마라고 불러야 하고, TV드라마가 아니라 비디오 드라마라고 불러야 하는 시대가 되었다는 것이다. 그리고 그 분류 하에 드라마, 교양, 예능, 오락, 대담, 뉴스, 쇼 프로그램 등이 있고 드라마에는 현대물과 정통과 퓨전 사극과 멜로, 미스터리, 다큐멘터리와 시트콤 등으로 분류해야 한다.

이러한 스마트 환경 속에서 작가도 다양한 장르에 따라 글의 특성과 형식이 달라져야 한다. 그중에서도 대표적으로 오디오드라마 극본과 비디오 드라마 극본은 차별화되어야 한다. 오디오드라마는 소리로 모든 걸 상상하고 이해해야 하기 때문에 복잡한 장면의 연결표현은 오히려 소리의 혼란으로 인해 전달력을 떨어뜨린다. 그러나 오디오드라마 극본을 마치 비디오 드라마 콘티 대본처럼 써서 오디오드라마 제작진을 난처하게 하는 작가가 있다. 이는 매체와 장르의 구분을 모르고 극본을 쓰려고 하는 작가로서 오디오드라마 장르에 관한 기본 지식이 부족함에서 비롯된다. 비디오 드라마는 영상에 치중을 두고 장면을 그려주면서 장면들이 보인다는 전제하에 스토리를 이끌어가는 장르인데 반해 오디오드라마는 소리로만 표현하여 스토리를 이끌고 장면을 상상하도록 도와주어야 하는 장르이기 때문이다.

오디오드라마의 극본을 쓰려는 작가는 청취자가 소리로만 듣고 이해해야 한다는 사실만 명심하면 된다. 오디오드라마에서는 온·오프, 좌·우 이동 등으로 입체감과 생동감을 살려주며, 연속된 소리의 표현보다는 간결하며 명확한 소리의 표현이 필요하고 등장인물의 표정이나 의상 및 동작은 대사나 해설로 표현해야 한다. 또한 생략기법 등 최대한 오디오드라마적인 연출기법을 활용하는 것이 좋다. 나아가 자신만의 새로운 오디오드라마적인 기법을 개발해도 좋다. 물론 청취자는 소리로 듣고 상상하고 이해해야 한다는 사실만은 절대 잊지 않은 채로 말이다.

2) 극의 특성에 따른 집필

오디오드라마의 종류는 광의에서 협의에 이르는 과정에서 매우 다양하다. 모든 극은 세상에 처음 선보이는 창작극이 있고 기존에 발표된 극을 재탄생 시키는 각색극으로 크게 나눌 수 있다. 다음으로, 전달하는 매개체에 따라서 나눌 수 있는데 전파를 매개로 하는 비대면 극인 방송극과 공연공간에서 배우와 관객이 대면으로 이루어지는 공연극으로 나눈다. 또한, 비대면극은 방송 드라마뿐만 아니라 디지털 기반으로 한 멀티미디어 환경에서 컴퓨터와 스마트폰이 만들어 낸 새로운 장르인 웹드라마도 등장시켰다.

매체에 따라서 구분할 때 드라마는 음향으로만 이루어진 오디오극과 영상에 더 비중을 둔 비디오극으로 나눈다. 대면극인 공연극으로는 연극, 뮤지컬, 오페라, 인형극, 무용극, 무언극(판토마임), 넌버벌 퍼포먼스 등이 있다. 드라마의 종류로는 방송 내용과 방송 방법에 따라서 분류할 수 있다.

방송 내용에 따라서는 역사드라마가, 홈드라마, 멜로드라마는 물론, 성장드라마로 어린이드라마, 청소년드라마, 청춘 드라마가 있으며 직업군의 이야기를 다룬 각종 직업드라마, 의학드라마, 농산어촌드라마 등이 있다. 전문성을 다룬 드라마에는 수사드라마, 마니아드라마, 정치드라마, 경제드라마, 예술드라마, 군대드라마 등이 있다. 그 밖에도 드라마의 개성에 따른 코믹드라마, 트렌디드라마, 판타지드라마, 퓨전드라마를 넘어서 상상을 뛰어넘는 막장 드라마까지 있다. 극의 구성에 따라서는 정통드라마, 시트콤드라마, 다큐멘터리드라마, 모노드라마 등이 있다.

방송 송출 시간으로 나누면 단편드라마인 단막극, 월화나 수목으로 한 달에서 수개월 간 이어지는 미니시리즈, 매일매일 방송되는 일일연속극, 특별편성되는 특별기획드라마, 특집극 등이 있다. 단막극은 그날 제작을 다 하기 때문에 극중 캐릭터의 감정의 변화와 흐름을 잘 가져가 마무리를 지으면 되지만 미니시리즈나 일일연속극은 지난 회의 감정의 흐름을 잘 이어가면서 제작해야 한다. 특히 엔딩 부분에서 다음 회를 궁금하게 해서 다음 회를 꼭 청취할 수 있도록 유도하는 것도 일일연속극 작가의 능력이다.

일일시트콤은 매일 이어가는 이야기지만 그날그날마다 주제를 가지고 매회 강한 메시지를 던져주어야 하기 때문에 단막극의 특성과 일일극의 특성을 모두 다 살려주어야 한다. 한마디로 말해서 작가는 방송매체, 방송 내용, 방송 구성, 방송 방법에 따라서 극의 특성에 맞게 글을 써야 한다.

3) 작가의 센스

작가가 대본에 쫓기다 보면 오타를 치거나 불확실한 사례를 확인하지 않고 글을 쓰는 경우가 있다. 물론 PD가 원고를 최종 점검해야 할 의무가 있지만, 서로를 믿다 보면 잘못된 부분을 미처 찾아내지 못하고 방송이 되는 경우가 있다. 방송사고다. 물론 작가나 피디가 놓친 부분을 음향효과맨이나 엔지니어 또는 연기자인 성우들이 찾아내는 경우도 많다. 하지만 일이 꼬이면 그 실수는 이 모두를 빠져나간다. 그렇게 되면 최종적으로 책임은 피디가 지지만 도의적인 책임은 작가에게 돌아가서 그 작가에게는 몸 둘 바를 모르는 일이 되고야 만다.

이러한 실수를 범하지 않기 위해서는 작가는 자기가 쓰는 글에 스스로 검증을 거쳐 완성도를 더욱 높여야 하며, 설사 바빠서 서둘렀다면 담당 PD에게 반드시 검토하여 수정해 줄 것을 부탁해야 한다. 특히 신인 연기자나 신출내기 스태프들이 많이 참여하는 작품일수록 대본의 완성도가 높아야 한다. 또한, 오디오드라마 작가는 오디오드라마 3요소 중 효과음과 음악을 책임지는 음향효과 감독들과 모든 소리를 컨트롤해주는 음향엔지니어와 친밀성을 가져야 한다.

물론 극은 스토리가 이끌어가므로 대사를 쓰는데 더 큰 비중을 두어야 하는 건 맞지만, 희곡으로 읽히기만 하는 책을 쓰는 게 아니고 오디오드라마로 만들어져야 하기 때문에 뼈대를 이루는 음악과 조미료가 되는 효과음의 중요성도 만만치 않다. 극본을 쓰기 위해서 그 전문가들의 조언을 미리 구해보는 센스도 필요하다는 것이다.

(1) 완성도 높은 극본으로 승부하라

드라마에서 극본은 연기자가 서로 주고받아야 할 대사와 장면과 상황을 위한 효과음과 음악, 오디오 컨트롤에 대한 내용을 스태프들에게 요구하는 사항을 기록해 놓은 매뉴얼이다. 특히 극본에서 가장 중요한 요소는 연기자들이 서로 주고받으며 드라마 전체를 이끌어 가야 할 가장 기초적인 부분인 대사다. 오디오드라마에서 성우들과 스태프들에게 요구되는 사항은 오디오환경에서 스토리를 이끌어 가기 위한 기법을 분야별로 다양하게 주문하는 내용이다.

하지만 작가가 슈퍼맨도 아닌 이상 그 모든 전문적인 분야까지 섭렵하고 섬세하게 제시할 수는 없을 것이다. 그래도 어느 정도 기본적인 방향을 잡아주는 게 전문적인 스태프들에게도 일의 효율성을 높이고 제작 중 혼란을 미연에 방지하며 그에 따른 전문적인 부분을 심도 있고 세심하게 작업할 수 있도록 하는 것이다. 만일 오디오드라마의 특성을 구분하지 못하고 비디오 드라마와 혼동하여 효과음과 효과음악을 너무 자주 쓴다든가, 특히 연기자의 동선을 너무 연속적이고 비주얼적으로 표현한다면 스태프들은 제작 현장에서 오디오드라마의 특성에 맞게 다시 수정을 해야 하고, 그러다 보면 작품이 불완전하게 변질될 수도 있다.

그렇기 때문에 작가가 극본을 쓸 때 대사에만 집중할 것이 아니라 평소 오디오드라마의 기법을 연구하고 스태프들이 제작 현장에서 하는 일도 잘 파악하여 오디오드라마답게 잘 표현해주어야 한다. 아무리 전문가들로 이루어진 스태프들이라도 오디오드라마는 오디오드라마다운 극본을 통해서 완성도를 높이게 되고, 피디와 작가의 의도를 명확히 파악하게 되어 작품제작에 대한 준비도 철저하게 할 수 있다.

작품의 장르를 신뢰할 수 있는 대본을 쓴다는 것은 작가의 기본적인 책무다. 오디오드라마의 특성을 이해 못 한 채 극본을 쓴다면 오디오드라마(Audio Drama)도 아니고 비디오 드라마(Video Drama)도 아닌 애매한 돌연변이인 오비디오 드라마(Au-video Drama)가 될 것이다.

(2) 드라마는 구어체로

글을 쓸 때는 문어체와 구어체가 있다. 문어체는 일상적인 대화에서 쓰는 말투가 아닌 글씨나 활자로 이루어진 신문, 잡지, 책 등에서 쓰는 문장을 말한다. 구어체는 글에서 쓰는 문구가 아닌 일상적인 대화에서 주로 쓰는 말투를 말한다. 대본은 글씨를 써놓은 원고지만 성우들이 읽어야 할 대사는 대본을 토대로 서로 대화를 하며 극을 이끌어 가야 하므로 구어체로 작성되어야 한다. 작가는 오디오드라마를 제작할 때 연기자가 대본에 완전히 의지한다는 것을 알아야 한다.

연기자의 대본에 대한 의존도는 스태프들에 비해서 100퍼센트 또는 그 이상이라고 해도 과언이 아닐 것이다. 그렇기 때문에 작가는 연기자가 자연스럽게 극본 속으로 빠져들어 드라마가 바라는 방향의 연기에 도달하도록 대사를 구어체로 구축해주어야 할 의무가 있다. 그러기 위해서는 일상적인 대화의 글로 기록해줌으로써 대사를 입에서 술술 나오도록 해야 한다. 드라마는 우리가 살아가는 생활을 토대로 사실적이거나 상상적인 상황을 묘사하는 것이기 때문에 극본의 대사는 반드시 서로 대화를 나누듯 구어체로 기록되어야 한다.

〈표-4〉 문어체를 구어체로

의미	문어체	구어체
어떤 행동이 미치는 대상을 나타내는 격조사	~에게	~한테
둘 이상의 사물이나 사람을 이어주는 접속조사	~와 ~와	~랑 ~랑
의견, 성질, 형편, 상태 따위가 어찌 되어 있다는 의미의 조사	~하여서	~해서
앞의 내용이 뒤의 내용의 원인이거나 앞의 내용이 발전하여 뒤의 내용이 전개될 때 쓰는 접속부사	그리하여	그래서
어떤 사물이나 사실, 현상에 대하여 일정한 줄거리를 가지고 하는 말이나 글.	이야기	얘기
앞의 내용과 뒤의 내용이 상반될 때 쓰는 접속부사	그러나	하지만

만일 대본에 구어체와 문어체가 혼합되어 있어서 연기자를 혼란스럽게 한다든지 온통 문어체로 되어 있어서 도저히 대화가 안 되는 바람에 대본을 계속 수정해가면서 작품을 만들어가야 한다면 연기에 몰입하기보다 수정에 대한 스트레스로 작품의 완성도가 떨어지게 될 것이다.

스태프는 물론 연기자에게 있어서 대본은 그 작품을 제작하기 위한 지침서이기에 작가는 더 세심한 배려를 기울여야 할 것이다. 자신이 만든 극본이 연기자를 통하여 메소드 연기로 승화될 때 그 희열과 만족감은 글을 써보지 않은 사람은 모르는 작가만의 특권이요 의무인 것이다.

(3) 졸작은 아예 쓰지를 말자

명작은 오래오래 후손들에게 읽히고 길이길이 남겨지는 작품을 말한다. 그렇다면 그와 반대로 졸작은 무엇일까? 졸업작품의 줄임말이라고? 그럴 수도 있다. "제 졸작을 한번 봐 주시죠." 하며 자기의 작품을 다른 사람들에게 겸손하게 소개하는 말이라고? 그것도 맞다. 그런데 겸손이 아니라 진짜 졸작이면 이 어찌 망신이 아니겠는가? 사전적 의미인 보잘것없는 작품 말이다. '누가 졸작을 쓰려고 글을 쓰겠는가? 모두 다 명작을 남기고 싶지.'라고 반문하는 사람도 있을 것이다. 하지만 극본에는 졸작이 난무한다. 나는 졸작을 '졸지에 쓰인 작품'이라고 감히 말하고 싶다. 자신은 아직 쓸 준비가 되지 않았는데 피디의 원고 청탁에 의해서, 아니면 독촉에 의해서 쓰인 작품이 졸작이 될 가능성이 크다는 얘기다.

졸작엔 특성이 있다. 첫째, 작품이라고 말하기도 거북할 정도로 너무 일상적인 내용으로만 이루어진 작품이다. 둘째, 식상한 스토리, 즉 부부 싸움 얘기, 불륜, 부모의 유산을 놓고 형제끼리 다투는 얘기 등이다. 더욱더 화가 나는 작품은 이런 것들을 다 짬뽕한 작품이다. 물론 이런 이야기들도 미처 되돌아볼 수 없었던 일상의 부분들을 맛깔나게 그려냈다거나 아주 기발한 발상과 독특한 스토리 구조로 이루어져 우리에게 뭔가를 느끼고 감동받게 할 정도로 여운을 준다면 명작이 될 수도 있다. 셋째, 우연히 생각난 어떠한 단어나 이미지 또는 주제나 소재 하나를 가지고 무작정 글을 쓰기 시작해서 계속 조각조각 생각나는 대로 만든 작품이다. 이러한 작품은 어색한 말장난이 난무하고 우연적 일치의 반복, 억지설정의 연속, 엉성한 스토리의 땜질식 구성을 연결한 작품인 경우가 많다. 이러한 현상은 심혈을 기울인 작품에서는 나오지 않는다.

이러한 졸작을 읽다 보면 졸지에 쓰게 되었다는 하소연을 늘어놓은 작가의 반성문을 보는 것 같다. 작가도 문제지만 피디가 더 문제다. 프로그램에 대한 철저한 사전준비와 기획력이 부족한 상태에서 제한된 작가풀에 의존한 원고청탁과 독촉으로 인한 결과일 수도 있고 아니면 작품 캐스팅의 실수일 수도 있다. 이러한 것이 모두 프로그램을 위해서 시간을 갖고 신중하고 엄격하게 준비하지 못했기 때문에 벌어진 결격사유가 된다. 무엇보다 책임 있는 작가라면 졸작이 될지도 모르는 졸속집필은 해서는 안 되고 졸속 원고청탁 자체를 받아서도 안 된다.

4) 극본의 구성

극본은 드라마라는 교향곡의 악보다. 악성(樂聖)이 오선지 위에 인간의 심금을 울리는 교향곡을 담듯이 작가는 원고지에 사람이 살아가는 인생의 음표와 쉼표를 글로써 기록해 놓는다. 바로 인생 악보를 만드는 것이다. 작사, 작곡에도 원칙이 있듯이 극본의 구성원칙을 살펴본다.

극본을 구성해야 할 중요한 요소들을 다음과 같이 알아보았다.

(1) 해설(解說, Narration)

해설은 극을 이끌어 가는 조력자, 즉 가이드다. 드라마에서는 해설자가 때로는 편안하게 또는 담담하게 때론 강렬하게 또는 애잔하게 드라마의 장면과 상황, 사건의 예고와 전개, 결말을 이끌어 간다. 특히 오디오드라마에서는 청취자가 극에 몰입하여 집중할 수 있게끔 장면을 보충설명하고, 스토리를 이끌어주며, 이해와 감동을 도와주는 역할을 한다.

작가는 작품의 해설을 1인칭 주관적 시점으로 이끌어 갈 것인가? 3인칭 객관적 시점으로 이끌어 갈 것인가를 판단해야 한다. 1인칭 주관적 시점으로 이끌어가기로 결정했다면 주인공이 직접 해설을 할 것인가? 아니면 해설자를 따로 캐스팅하여 주인공 관점으로 해설할 것인가를 결정해야 한다. 3인칭 객관적 시점으로 해설을 이끌어 갈 경우에도 조연급 출연자가 해설을 이끌어 갈 것인가? 아니면 1인칭 주관적 관점의 해설에서처럼 해설자를 따로 캐스팅하여 3인칭 시점으로 해설을 이끌어 가야 할 것인지를 결정해야 한다.

해설의 인칭을 설정하고 극본을 쓰는 것과 무조건 해설을 쓰는 것은 작품의 성격을 좌우할 정도로 중요하다. 또한, 해설의 인칭 시점은 오디오드라마를 제작하는 담당 피디와 충분한 교감이 필요하다. 이미 만들어진 자신만의 창작극본이라면 자신이 설정한 해설의 인칭 시점을 피디에게 충실하게 설명해야 하며, 기존 작품의 각색을 의뢰받은 오디오드라마라면 각색을 하기 전에 담당 피디와 충분히 상의를 거쳐 결정해야 한다.

해설은 앞서 말했듯이 여행의 가이드와 같은 역할을 한다. 스토리 여행의 일정을 작가가 짰다면 멋진 가이드인 해설자를 선정해 주어야 하는 것도 작가의 의견이 피디에게 충분히 반영되어야 한다. 반드시 직접 캐스팅하라는 건 아니다. 이러이러한 관점으로 해설을 이끌어 가야 하니 이러이러한 사람이 적합하다는 걸 연출자에게 잘 명시해 주어야 한다는 것이다.

오디오드라마에선 해설이 매우 중요한데 때론 해설이 필요 없다거나 매우 축소해야 한다고 하는 연출자가 있다. 하지만 이러한 연출자는 오디오 장르에 대한 형식을 파괴해서 새로운 장르를 만들어 보려고 하거나 오디오드라마에서 실험적 작품을 만들어 보려는 연출자일 수도 있다. 하지만 오디오드라마를 진정으로 사랑하고 오디오드라마 고유의 장르적 특성을 인정하고 명맥을 이어가고자 한다면 해설은 반드시 적절하게 있어야 한다는 것을 명심해야 한다.

(2) 대사(臺詞, Dialog)

대사는 드라마에서 등장인물의 캐릭터를 부여받은 연기자들이 작품 속의 인물에 철저히 동화된 연기를 하면서 스토리를 이끌어 가는 데 필요한 서로 간의 대화다. 대사에는 등장인물의 선과 악, 희로애락의 감정이 모두 담겨 있으며 극의 스토리를 이끌어 가는 가장 중요한 극본의 요소라고 할 수 있겠다. 그러므로 작가는 작품의 스토리를 연기자끼리 잘 이끌어 갈 수 있도록 말투와 호흡까지 자연스럽게 구사할 수 있도록 섬세하고도 세심하게 기록해 주어야 한다.

대사와 대사 간의 어울림도 중요하지만 극의 전체를 보고 흐름을 주도하며 복선을 깔기도 하면서 기승전결을 이끌어가는 대사의 구성도 중요하다. 물론 극의 요소에는 대사 외에도 음악, 효과음, 해설, 등이 있어서 작가가 신경 써야 할 부분이 한두 군데가 아니지만, 그중에서도 대사에 가장 중요도를 가지고 극본을 써야 한다. 극본에서 음악은 극을 열어주고 연결해주고 마무리해주는 구조적인 역할을 하고, 효과음은 장면을 꾸며주고 장식해 주는 역할을 하지만, 대사가 없이는 스토리가 전개될 수 없기 때문이다.

또한, 해설도 대사의 한 부분이라고 보아야 하는데, 스토리의 상황과 전개를 안내하는 일에 더 가깝다고 볼 수 있기 때문에 대사의 중요도보다는 약하다. 오디오드라마의 전체적인 제작은 숙련된 스태프들에 의해서 완성도가 높아질 수도 있지만, 작품의 의도가 직접적으로 반영되어 스토리를 이끌어가는 대사의 운용을 살려줄 수 있는 건 작가의 역할이다. 대사는 작품의 성패에 가장 직결되는 영향을 주기 때문에 그 중요성을 인식하여 대사(臺詞)를 쓸 때는 대사(大事)를 치르듯 해야 할 것이다.

(3) 방백(傍白, Aside)

방백은 말 그대로 혼자 스스로에게 말을 하듯 대사를 하는 기법인데 결국은 방백자와 청취자만 듣는 관점의 대사다. 방백은 주변 등장인물들은 모르게 각오나 다짐, 후회나 반성, 기대나 계획 등을 곱씹어서 말하는 대사의 일종이다. 따라서 방백 대사는 낮은 소리로 때론 큰소리로 아니면 미친 듯이 즉, 실성한 듯 표현할 수도 있고 자신을 일깨우듯이 대사하기도 하는 등 매우 다양하게 표현할 수 있다. 방백은 방백자와 청취자만의 교감이므로 주변 등장인물과의 일반적인 대사와는 차별화할 필요가 있으므로 주로 에코 기법으로 처리한다.

이처럼 방백은 차별성 대사이므로 너무 길게 표현하면 지루하거나 거부감을 줄 수 있으므로 청취자에게 등장인물의 심리상태를 간파하도록 하는 선에서 다소 짧게 표현하여 극의 전개에 대한 이해를 돕도록 한다. 그 밖에도 오디오드라마 작가라면 오디오만으로 표현할 수 있는 다양한 기법을 연구하고 활용하여 오디오드라마의 매력과 재미를 배가시켜야 할 의무가 있다. 하지만 한편의 극본에서 너무 자주 같은 기법을 사용하는 건 역효과를 가져온다.

(4) 독백(獨白, Monolog)

방백과 혼동되는 대사 기법인데 방백이 주변 등장인물들로 하여금 방백자가 혼자 말하는 것을 인지하지 못하고 관객이나 청취자만이 알 수 있도록 하는 기법이라면 독백은 주변의 등장인물들이 독백자가 혼자 말하는 것을 인지는 하고 있지만 무슨 말을 하는지까지는 인지하지 못하게 처리하는 대사 기법이다.

예를 들면 독백을 듣는 주변 사람들은 독백자에게 '무슨 말을 혼자서 구시렁대는 거야?'라고 반문할 수 있도록 대사를 할 수 있다. 주로 제작 현장에서는 혼잣말이라는 표현을 많이 하는데, 혼잣말, 즉 독백은 다른 등장인물이 있는 공간에서 차별화할 필요가 없기 때문에 에코 기법을 쓰지는 않고 일반 대사 기법으로 처리한다. 그 대신 대부분 주변 등장인물이 없거나 멀리 떨어져 조용히 넋두리하거나 중얼거리는 톤으로 주변 사람에게는 잘 들리지 않도록 하는 대사다. 독백도 방백과 마찬가지로 너무 자주 사용하면 정말로 혼자 떠드는 실성한 사람으로 생각될 수 있으니 적절히 사용해야 한다. 독백기법을 잘 활용한다면 대사를 통해서 캐릭터들 간의 개성을 잘 살리고 극의 흥미와 재미를 유발할 수 있다는 점에서 좋은 방법이 될 수도 있을 것이다.

(5) 회상(Reminiscence)

회상은 주로 해당 등장인물이 과거에 겪었던 일을 생각하는 장면이나 극을 이끌어 가는 데 있어서 과거의 장면을 참고해야 할 필요가 있을 때 인용하는 방법이다. 회상신은 길거나 짧게 표현할 수 있는데, 짧은 회상신은 에코처리를 하는 경우가 많고 긴 회상신은 회상신 앞뒤로 회상으로 들어가는 음악이나 효과음을 사용하고 회상에서 현실로 돌아오는 음악이나 효과음을 삽입하여 극적인 효과를 모색한다. 또는 회상신 내내 회상 내용과 어울리는 음악이나 효과음을 배경음으로 깔아주는 방법을 사용하기도 한다. 회상신이 많은 드라마는 공포, 추리, 수사물 등이다. 물론 멜로드라마에도 자주 사용하는 기법이다. 이처럼 회상신이 많이 나와도 잘 어울리는 드라마가 있다. 작가는 드라마 장르를 잘 분석하여 각각의 장르특성에 맞게 적절한 기법을 활용하여야 한다.

(6) 지문

지문은 오디오드라마 제작을 위해서 연기자나 스태프가 참고해야 할 사항을 괄호를 엮어서 기록해 놓은 내용인데 연기자의 대사 앞이나 중간, 또는 뒤에 간단하게 기록한다. 지문은 연기자의 연기에 필요한 감정이나 동작 등의 상황을 기록하여 연기에 도움을 주는 장치이며, 스태프들이 참고로 해야 할 내용도 기록한다. 물론 음악이나 효과음의 표시는 M) 또는 E)로 따로 각각 한 줄을 택하여 표시하지만, 연기자에게 대사 외에 요구해야 할 내용이나 폴리효과가 대사의 중간에 들어가야 할 때 수시로 지문을 이용하여 요구할 수도 있다.

하지만 오디오드라마에서 지문이 많은 극본은 별로 칭찬하고 싶지 않은 대본이라고 말하고 싶다. 오디오드라마는 장르의 특성상 소리로만 표현해야 하는 드라마이므로 너무 소소하고 잡다한 표현은 오히려 작품의 질을 떨어뜨린다. 이러한 경우를 위해서 해설이라는 중요한 장치가 있다는 것을 알고 잘 활용하여야 한다. 물론 작품에 따라서 해설을 최대한 절제해야 하는 오디오드라마도 필요하다. 하지만 적당한 해설은 오디오드라마의 매력이고 완성도를 위한 감초다.

(7) 인서트(Insert)

인서트는 일반 드라마보다는 다큐멘터리 드라마에서 자주 사용하는 대본의 구성요소다. 일반 드라마에서도 인서트를 사용하기도 하는데, 현재 상황을 설명하기 위해서 보강해야 할 장면을 삽입하는 방법이다. 오디오드라마에서 인서트는 취재한 녹음자료를 삽입시키는 방법과 드라마기법을 활용하여 제작 현장에서 함께 녹음하여 삽입하는 방법이 있다. 다큐멘터리는 사실적인 사건을 토대로 구성되기 때문에 극의 신뢰도와 사실감을 높여주기 위한 장치로 실제 주인공이나 관계있는 인사의 육성증언이라든지, 뉴스 자료, 학문적 고증을 해줄 학자의 인터뷰 자료 등을 드라마에 적절히 삽입시키는 인서트를 많이 활용한다.

인서트는 다큐멘터리 장르를 돋보이게 하는 훌륭한 구성요소이지만 철저한 검증이 필요하며 당위성이 보장되어야 한다. 인서트는 작가가 직접 취재하기도 하고 스크립터나 리포터 또는 기자들이 취재하기도 하는데, 연출자의 제작의도가 강하게 적용되는 다큐멘터리에서는 연출자가 직접 취재를 하기도 하고, 그 다큐멘터리의 해설자로 직접 나서기도 한다. 작가는 극의 완성도를 위해서 작품에 필요한 방향의 인서트 방법을 선정하여 연출자에게 세심하게 요구할 필요가 있다.

(8) 음악과 음향효과(Music & Sound Effect)

대본의 구성에서는 맛깔나고 감동적인 성우의 대사가 주가 되어야 하지만 효과음과 효과음악이 차지하는 영향력도 극의 완성도와 직결된다.

또한, 오디오드라마 장르의 개성을 살려주는 적절한 오디오기법을 활용하면서 효과적으로 음향효과를 컨트롤할 수 있는 것도 작가의 능력이기도 하다. 작가는 오디오드라마 장르의 특성에 따라 오디오드라마 고유기법을 준수하면서 작가 자신만의 고유의 색깔을 부여할 수 있는 새로운 오디오드라마 기법을 개발할 필요가 있다.

하지만 오디오드라마를 좀 더 재미있게 만들어 본답시고 음향효과를 남용하는 무모한 시도 보다는 절제하고 응용하는 창의적인 시도가 중요하다. 오디오드라마 작가라면 오디오드라마 제작 현장을 수시로 방문하여 음향효과가 어떠한 방법으로 구현되고 완성되는지 파악해 보는 것도 중요하다. 또한, 청취자의 입장이 되어 기존의 오디오드라마들을 다양하게 모니터링하면서 어떠한 방법으로 적용된 음향효과 기법이 자연스러우면서도 실감 나게 작품을 살려주는지 연구해야 한다.

자신이 TV드라마도 쓰는 작가라면 절대 오디오드라마의 대본과 TV드라마의 대본을 혼동하면 안 된다. TV드라마는 본다는 것을 전재로 만들어야 하는 드라마라면 오디오드라마는 듣는 것을 전재로 만들어야 하기 때문이다. 어떨 땐 TV드라마 극본공모에 제출하려고 썼다가 조금 수정해서 오디오드라마 극본공모에 제출한 듯한 대본을 만나기도 한다. 그 대본엔 대본을 보는 사람만이 이해할 수 있는 음향효과 방법을 수시로 적어 놓고 있다. 마치 TV드라마 콘티 대본처럼 말이다. 오디오드라마 대본에 음향효과에 관한 내용을 쓸 때는 오디오드라마를 듣는 청취자의 입장에서 쓰길 바란다. 오디오드라마에서 허용할 수 있는 음향효과기법을 최대한 살려 오디오드라마만의 매력을 최대한 발휘해 보는 것도 작가가 해야 할 일이다.

4. 성우

"성우는 글씨를 머리로 읽어 가슴으로 연기해 내는 사람이다."라는 말을 들은 적이 있다. 다시 말해 언어에 생명력을 불어넣어 주어 감동을 주는 언어의 연금술사가 아닐까 생각된다. 자기의 목소리가 방송을 타고 흘러나와 방송을 접하는 사람들을 감동시키거나 각종 정보를 줄 수 있고 재미를 줄 수 있기 때문에 매우 보람된 직업이다. 또한, 청취자들은 성우의 연기와 목소리에 감동받고 팬이 되어 그 성우를 스타로 만들기도 한다.

성우는 인기스타가 되더라도 얼굴이 많이 안 알려지기 때문에 길거리를 다니는 데도 그다지 큰 불편이 없다. 그렇다고 수입이 탤런트나 영화배우보다 현저히 떨어지는 것도 아니다. 노력한 만큼 스타 성우가 될 수 있고 상상을 초월하는 개런티를 받을 수 있다. 물론 스타가 아직 안 된 성우들도 기본적으로 훌륭한 개런티를 받을 수 있고, 게다가 보람이라는 인센티브까지 받는다. 성우라는 프라이드와 자긍심은 무한한 시너지까지 끌어올려 주어 삶의 만족도도 높여준다. 그야말로 성우는 글씨를 읽어 가슴으로 느끼고 목소리로 연기해 내는 만능 엔터테이너로 자긍심을 가질 수 있는 직업이다.

우리나라에서 성우는 1947년 라디오 방송극의 활성화로 당시 극단의 배우들이 성우의 역할을 맡아 열중하게 되었다. 초기 방송극은 라디오드라마라는 장르로 정착되었고, 그에 걸맞은 전문 배우가 필요해서 KBS에서 방송극단 연구원이란 이름으로 모집되면서 성우 1기(장민호, 민욱, 조남사, 황태수, 윤진)와 2기(최무룡, 이혜경, 이춘사, 구민, 윤일봉)가 탄생하였다. 1950년 6·25 전쟁으로 성우들의 방송활동이 중단되었다가 1954년 KBS에서 새롭게 성우를 공채로 모집하기 시작했다. 공채 1기로는 이창환, 신원균, 김수일, 오승룡, 박용기, 김소원, 고은정 등이 있다. 성우협회는 1963년 11월 1일 한국성우협회라는 이름으로 탄생하였다.

1) 성우의 역할

성우는 목소리로 연기하는 배우다. 표정과 몸동작으로 연기해야 하는 탤런트와는 달리 목소리만으로 극중 인물의 생각과 사상을 표현해주는 역할, 즉 연기를 할 수 있는 배우인 것이다. 성우가 하는 일들은 기존 라디오드라마에 국한되었다가 방화(邦畵: 국내 영화) 더빙이 인기를 끌었던 시절에 더욱 부각되었고, 나아가 다큐멘터리의 내레이션, 외화 더빙, 애니메이션 더빙, 동화 녹음 등에 목소리 연기로 활동을 해왔다.

요즘엔 소통과 융합의 개념으로 직업군의 영역이 파괴되어 쇼, 교양, 오락 프로그램의 MC 역할 및 내레이션 혹은 게스트로 출연하기도 한다. 또한, 영역파괴로 인한 크로스오버 현상으로 연극은 물론 탤런트, 영화배우, 뮤지컬, 등 다양한 장르를 망라해서 활동해온 지 오래다. 그야말로 성우는 만능 엔터테이너라고 할 수 있다. 그 밖에도 CF 활동, 게임, 에듀테인먼트, 지하철 버스 등 대중교통의 안내방송, 지역방송 및 인터넷방송 등의 진행 등 디지털방송환경에 순응하며 점차 성우의 역할을 확장해 나아가고 있다. 또한, 일반 국민들의 목소리 훈련 및 발표, 대화법에 대한 스피치 교육에도 앞장서고 있다.

앞으로도 멀티미디어 스마트 환경에서 음성안내 시스템의 일종인 엘리베이터, 자율주행 자동차, AI 비서, 로봇 및 자동화 기기, 박물관의 무인 큐레이터의 음성을 책임지는 등 성우 분야의 발전 가능성은 무궁무진하다. 그렇다고 해서 키나 몸무게, 외모를 따지는 것도 아니며, 목소리 연기만 한다고 해서 누가 뭐라고 하지 않는다. 무엇보다 성우란 직업은 끼와 열정이 있는 자기 자신을 만족시켜 주는 직업이다.

2) 오디오드라마의 연기

오디오드라마는 오로지 소리만으로 제작되고 방송되어 청각 심상을 통해 상상력을 유발하고 감성을 자극하는 고유의 방송 장르다. 이처럼 청각환경만으로 청취자의 상상력을 유발하기 위해서는 연기자가 먼저 작품을 잘 분석하여 극의 흐름과 분위기에 자연적으로 동화된 연기를 펼쳐서 청취자를 몰입하게 해야 한다. 오디오드라마를 제작하면서 성우가 대본을 통해서 장면과 상황을 머릿속에서 그림으로 자연스럽게 그려주어야 청취자도 자연스럽게 장면과 상황을 상상할 수 있다. 그리고 그 그림 속에서 자신의 위치와 주변의 상황을 제대로 파악했다면 자신과 상대 배역들과 잘 어우러지는 연기를 해야 한다.

오디오드라마에서 등장인물들은 모든 스토리를 소리만으로 표현해 주어야 하기 때문에 동작과 표정은 보여줄 수 없다. 오로지 목소리만으로 모든 것을 표현해주어야 한다. 오디오드라마에서 성우의 연기는 비디오 드라마에서처럼 대부분을 표정과 몸동작으로 보여주는 표현방법을 대신해서 소리만으로 대처할 수 있는 다른 방법을 구사해 줄 필요가 있다. 즉, 목소리만으로 대사는 물론 표정과 몸동작의 표현까지 해주어야 하는 연구가 필요하다.

그래서 오디오드라마에서는 기본 흐름을 이끌어가는 다양한 대사의 유형과 더불어 유사언어와 비언어, 호흡연기와 같이 대사를 보조해 주는 보조 대사 유형과 내레이션이 매우 중요하다. 그 밖에도 연기에 필요한 기술과 기교인 연기력과 제작 현장에서의 노하우까지 잘 장착되어야 한다.

(1) 다양한 대사유형

대사는 스토리의 완성을 위해서 등장인물들에게 부여되어 주고받는 이야기들의 조각들로서 연기자가 연기하기 위한 언어, 즉 말을 텍스트로 적어 놓은 대본 속의 내용이다. 극본에는 대사뿐만 아니라 해설과 지문, 효과음과 효과음악, 음향 컨트롤에 관한 내용 등 오디오드라마 제작을 위한 구체적인 내용이 기록되어 있다. 그 중, 성우들이 목소리로 표현해야 할 대사의 유형을 살펴보면 일반적인 대사, 띄어 읽어야 하는 대사와 이어 읽어야 하는 대사, 억양으로 구분하는 대사, 오버랩으로 해야 하는 대사, 빠르게 주고받는 대사, 속삭이듯이 하는 대사, 멀리 던지는 대사, 주변 배경음에 따라서 달라지는 대사, 효과음악과 관계된 대사, 배음(배경소음)적인 대사, 쉬었다 하는 대사 등이 있다.

일반적인 대사들은 마이크를 앞에 두고 제자리에 서서 하는 경우가 많지만, 오디오드라마를 입체적으로 만들기 위해서는 공간의 이동과 시간의 변화를 오디오드라마 특유의 기법으로 표현해준다. 그 방법으로 멀리서 가까이로 다가오면서, 가까이서 멀어지면서, 좌에서 우로, 또는 우에서 좌로 움직이면서 때론 빨리, 때론 천천히 움직이면서 대사를 해주어야 한다. 그리고 제자리에서도 가만히 서서 대사하기보다는 몸을 적당히 움직이거나 불규칙적으로 서성이면서 대사하는 경우가 있다. 이러한 경우는 입체감과 생동감을 살리기 위한 오디오드라마의 한 기법이다. 정적인 대사 중에서도 마이크를 기준으로 가까이(ON)에서 하는 대사와 멀리(Off)에서 하는 대사가 공존하면 입체감이 돋보이게 된다. 입체감과 생동감은 소리만으로 만들어지는 오디오드라마에서 표현해줄 수 있는 기본적인 기법이면서도 매력적인 기법이다.

① 대사는 맛깔나게 하자

우리나라의 언어 즉 말과 글은 지구 상의 모든 나라의 말을 모두 구사할 수 있을 정도로 완벽하게 발음을 할 수 있다. 발음의 가능성이 무궁무진한 만큼 단어나 문장도 마찬가지로 매우 다양하게 표현하고 있다. 언어의 표현력이 다양하듯이 한국인의 감성도 다양하고 역동적이어서 구태여 설명하자면 한국인만이 가지고 있는 포스라는 것이 존재한다고 말할 수 있다.

색깔이나 맛의 표현을 예로 들어보자. 색깔에는 '푸르스름하다', '누리끼리하다' 등이 있고, 맛에는 '시금털털하다', '매콤쌉쌀하다' 등이 있다. 또한, 국토면적으로 볼 때 작은 나라이지만 지방마다 독특하고 구수한 사투리가 있다. 게다가 풍류 섞인 속담이나 격언도 많다. 그런데 만약 작가가 이러한 대사들을 심혈을 기울여서 맛깔나게 대본에 옮겨 놓았는데 성우가 밋밋하게 대사를 한다면 잘 차려 놓은 진수성찬에 재를 뿌리는 격이 될 것이다. 맛있는 음식은 맛있게 먹어 줘야지 깨작깨작 먹는다든가 골고루 먹지 않고 가려서 먹는다면 음식을 준비한 사람에 대한 예의가 아닐 것이다.

연기자의 역량은 작품에 크게 작용한다. 오히려 극본이 미흡해도 연기자들이 맛깔나게 소화해 주어 재밌는 작품이 되는 경우를 너무 많이 봤다. 적극적이고 능동적인 마인드로 끊임없는 연구와 연습을 통하여 어떠한 대사가 주어지더라도 맛깔나게 소화해 주는 성우가 되자.

② 띄어 읽어야 하는 대사

띄어 읽기는 문장의 뜻을 완전히 다르게 만들기도 한다. '이 기사'라는 말에서 '이'와 '기사'를 붙여 읽을 때와 띄어 읽을 때는 뜻이 확연히 달라진다. '이 기사'를 붙여 읽을 때는 성이 이 씨인 기사가 되고, '이 기사'라고 띄어 읽을 때는 '이'가 지시대명사가 되어 내 앞에 있는 여기 있는 이 기사분이라는 뜻이 된다. 문장을 보자. "엄마의 잔소리를 듣고 술 마시던 오빠가 돌아왔다."라는 예문에서 '듣고'와 '술 마시던'을 띄어 읽느냐 아니냐에 따라서 뜻에 큰 차이가 발생한다. 붙여 읽으면 엄마의 잔소리를 듣고 기분 상한 채로 나가서 술을 마시던 오빠가 돌아온 것이고, 띄어 읽으면 술을 마시고 있던 오빠가 엄마의 잔소리를 듣고 집으로 돌아오게 된 것이 된다.

그 밖에 또 흔히 범하는 잘못된 예문을 든다면, 요즘 글로벌 시대라 국제적인 박람회 개최를 많이 하는데, 박람회 개최 홍보 제목을 잘못 읽는 경우가 많다. 만일 '국제 방송기기 전시회'라면 국제적인 행사로 열리는 여러 나라의 방송기기 전시회이므로 국제와 방송기기를 띄어 읽어야 하는데, 흔히들 국제와 방송기기를 붙여 읽는 오류를 범한다. 국제와 방송기기를 띄어 읽으면 국제적인 방송기기 전시 행사가 되지만 국제와 방송기기를 붙여 읽으면 국제방송이라는 방송사나 방송기기판매 회사에서 여러 방송기기를 전시한다는 뜻이 되어 버린다.

또한, 띄어 읽어야 하는 대사 중에는 문장 내에서가 아닌 문장과 문장 사이에도 적용되는 경우가 있다. 한 문장이 끝난 후 잠시 아무 말도 안 하는 경우를 문장과 문장 사이의 포즈(Pause)라고 하는데 이러한 경우는 충격을 받았거나 당황하여 어이없어할 때 표현하는 대사 방법이다. 너무 기뻐서 말문이 막히는 경우에도 잠시 포즈를 두기도 하고, 범죄자가 취조를 당하다 범행이 들통나서 말문이 막히는 경우도 포즈를 두기도 한다. 이러한 대사 기법을 잘 활용하면 오디오드라마의 매력을 한껏 더 살릴 수 있다. 무조건 마구마구 주고받는 대사보다는 쉼표가 있는 다양한 방법을 사용하는 대사 유형이 재미를 준다.

③ 억양으로 구분하는 대사

억양은 나라별로 언어에 나타나는 독특한 특징인데 우리말에도 다양한 표현방식으로 나타난다. 억양의 사전적 의미는 음의 상대적 높이의 변화로서 음절이나 단어에 나타나는데, 먼저 누르고 후에 올라가거나 우선 올리고 후에 누른다거나 불규칙적으로 표현하는 방법을 말한다. 억양은 단어에도 나타나며, 문장에도 적용된다. 언어의 억양은 언어전달을 자연스럽게 하도록 도와주는데, 억양을 통해서 희로애락을 표현하기도 하고, 문장의 뜻을 명확히 하기도 한다.

억양이 확실하게 관여하는 문장기법으로는 대표적으로 청유형 문장, 의문형 문장, 명령형 문장, 감탄형 문장 등이 있다. 그 밖에 상황에 따라 다양하게 표현할 수 있으며, 사투리에서는 확연하게 구별되는 지방의 특색이 있다. 하지만 요즘 젊은 세대들은 억양을 무시하거나 문장과 단어를 줄여서 말하는 등 언어파괴가 심각한 사회현상이 되고 있기도 하다. 성우에게 억양은 언어로써 감정표현을 해서 드라마를 만들어가야 하는 중요한 기교가 될 수 있으므로 올바른 억양표현법을 사용해야 한다.

단어에서 글자의 순서에 따라, 문장 내에서 음절과 음절의 순서에 따라, 문단 중에서 문장과 문장의 순서에 따라 억양으로 서로 상관되어 미묘한 언어의 뉘앙스를 표현한다. 어절에서 볼 때 뒤의 단어를 이끌어 와야 하는 앞 문장의 끝 어절은 그 문장으로 마무리하듯이 단절시키면 안 되고 뒤 문장을 이끌어 오듯이 높여서 늘여주며 뒤의 단어를 불러와야 한다.

예를 들면, 비눗방울의 경우 원래는 비누의 방울인데 중간의 '의'가 빠진 축약된 합성어다. 합성어인 비누와 방울 중 비누의 '누'는 방울을 이끌어 와야 하므로 내려서 단절시켜 읽지 말고 생략된 '의'를 속으로 발음한다는 생각으로 억양을 높여서 길게 발음한 후 방울을 데려와 '비누~^ 방울'하고 발음해야 한다.

④ 오버랩(Overlap)으로 하는 대사

오버랩이란 상대방의 대사가 끝나기도 전에 나의 대사를 미리 치고 들어가 주는 대사 방법으로 상대방의 대사가 나를 겸연쩍게 하거나 부끄럽게 할 때 또는 상대방이 하는 대사를 듣다 보니 화가 나서 도저히 참을 수가 없을 때 나의 대사로 상대방의 말문을 막는 대사 기법이다. 혹은 기대하고 있던 어떤 기쁜 소식을 상대방으로부터 들을 때 너무나 기뻐서 상대방의 대사가 미처 끝나기도 전에 자기도 모르게 기뻐하는 대사를 하는 경우에도 쓰인다. 또한, 서로 흥분해서 말다툼하는 장면이나 토론장에서 서로 격론을 펼치는 장면에서 대사를 빠르게 주고받아야 할 때 표현하는 대사 유형이기도 하다.

서로의 주장을 관철시키기 위해서 한 치의 양보도 있을 수 없기에 서로의 말을 차분하게 듣고 있을 수가 없다. 그러한 상황에서 대사를 느리게 주고받는다면 효과적이지 못할 것이다. 그럴 땐 마음껏 대사를 발산해야 한다. 그리고 이런 상황의 대사일수록 빠르고 정확하게 전달해야 한다. 문득 청문회장이 생각난다. 미처 상대방의 말도 다 끝나지 않았는데 마치 상대방을 흠집 내기 위해서 나온 사람처럼 포문을 열고 독설을 날려대는 국회의원들 말이다. 오버랩 대사의 진수를 보려면 국회 청문회장에 방청객으로 가면 될 것 같다. 오버랩의 대사는 극의 위기나 절정 부분에 가장 많이 나올 정도로 긴박감과 속도감을 표현하는 대사유형이다.

⑤ 속삭이듯이 하는 대사

밀담을 나누는 장면이나 애정행각을 하는 장면, 귀엣말하는 장면 등을 표현하기 위해서는 속삭이듯이 대사를 해야 한다. 사극에서 역적들이 모의하러 사랑방에 모였는데 일상대화로 말했다간 방음도 안 되는 창호지 문을 통해 다 새어나가 모조리 능지처참 형을 당할지 모른다. 사랑방손님과 어머니가 사랑을 속삭여야 하는데 크게 얘기했다가는 동네방네에 다 소문난다.

그리고 또 귀엣말하는 대사와 자기 자신에게 말하듯이 하는 혼잣말 성격의 대사도 속삭이듯이 하는 대사일 것이다. 이러한 대사는 소근소근 작은 톤으로 성대와 입을 완전히 열지 않고 해야 하기 때문에 자칫 마이크에 수음이 완벽하게 되지 않는 경우가 있다. 속삭이는 대사를 할 때는 오히려 마이크 가까이에서 작은 목소리로 명확하게 발음해야 한다. 그 대신 마이크에 콧바람이나 날숨으로 인한 윈드 현상이나 침을 튀기는 파핑 현상이 일어나지 않도록 조심해야 한다.

⑥ 멀리 던지는 대사

우선 멀리 던지는 대사에 관해 설명하기 위해서는 극본에서 ON과 OFF가 무엇을 설명하는지부터 알아야 한다. 극본에서 성우의 위치와 움직임의 방향은 무조건 마이크를 기준으로 한다. 즉, 극본에서 ON이란 마이크에 가까이 있다는 뜻이고, OFF란 마이크에서 멀리 있다는 뜻이며, 그 정도의 차이는 그때그때 다르다. 마이크의 가까운 곳(ON)에서 멀리 있는 상대방을 부르는 대사나 먼 곳(OFF)에서 마이크 쪽으로 외치는 대사는 대사를 먼 곳에 전달시키기 위해서 목을 뒤로 제쳐 길게 빼고 대사를 해야 한다. 더 먼 곳일수록 목을 더 뒤로 제쳐 길게 빼고 여운을 더 주면서 대사를 멀리 보내듯이 큰소리로 대사를 해야 한다. 구체적으로 말하면 대사를 멀리 보내듯이 크게 소리 지르며 문장의 끝을 길게 끌어주는 발성 방법을 구사하는 것이다.

보이지 않는 말을 공처럼 던질 수는 없겠지만, 말을 멀리 전달한다는 뜻에서 녹음실에서는 흔히 방송 용어처럼 멀리 던지듯이 대사를 하라는 뜻으로 서로 통용된다. 이러한 멀리 던지듯 대사를 하는 장면은 오디오드라마에서 공간감을 만들어 입체적인 분위기를 연출하기 위한 오디오기법이다.

멀리 던져주는 대사는 그 정도에 따라 공간의 크기도 가늠할 수 있도록 해준다. 예를 들어 산봉우리와 산봉우리 간에 서로 주고받는 대사라던가, 도심 속의 대로를 사이에 두고 주고받는 대사, 강의실 맨 뒷자리에서 교탁에 계신 교수님을 부를 때의 대사를 비교해 본다면 그 정도의 차이를 실감할 수 있을 것이다.

이 경우엔 연기자의 극본 상 배역에 따라 작품 속 상황을 분석할 때 어떤 배역이 ON이고 어떤 배역이 OFF인지 기준이 정해져야 한다. 예를 들면, 교탁에 있는 교수님이 ON 위치인지 강의실 맨 뒤에 있는 학생이 OFF 위치인지는 극본의 스토리 흐름과 상황을 분석해 보면 결정할 수 있을 것이다.

⑦ 주변 배경음에 따라서 달라지는 대사

오디오드라마에는 배경음이 있다. 배경음에는 장소나 환경, 시간과 계절, 시대를 나타내 주는 효과음이 있고, 배경음악에는 레스토랑이나 카페, 한식당, 일식당 등 장소를 나타내 줄 때 또는 시(詩)적인 표현이나 편지글 읽는 장면, 그리고 상황을 설정해줄 때 배경으로 깔아주는 효과음악이 있다. 예를 들면 숲속의 새소리와 계곡물 소리, 바닷가의 파도 소리나 부두소음, 도심의 거리나 지하철 플랫폼의 소음, 실내 파티장이나 카페의 음악 소리 등을 배경음이라고 한다.

오디오드라마에서는 이렇게 배경음이 깔리는 가운데 연기자들이 대사를 주고받아야 하는 경우가 많다. 다양한 배경음들이 깔리는 장면에서 청취자에게 나의 대사가 잘 전달될 수 있도록 적절한 대사를 구사해주어야 한다는 것이다. 분명 시끌벅적한 시장이나 시끄러운 공사장에서의 대사와 풀벌레 우는 방안이나 클래식 음악이 깔리는 조용한 레스토랑에서의 대사는 차별되어야 한다. 배경음이 큰 곳에서 청취자에게 대사가 잘 전달되게 하려면 배경음보다 더 큰 소리로 대사를 해야 할 것이고, 조용하고 고즈넉한 곳에서의 대사는 차분하게 충분히 감정을 전달해가며 대사를 해야 할 것이다. 물론 화가 나서 소리를 지르는 대사라면 장소 불문하고 크게 해야 하지만 말이다. 음향효과 담당자들도 만일 반드시 배경음이 크게 들어가야 할 장면이라고 해도 성우의 대사를 최대한 방해하지 않는 범위에서 융통성 있게 믹싱을 하겠지만, 성우도 장면에 깔리는 배음이 어떤 종류의 배음인지 인지하고 자신의 대사레벨을 정하여 연기해야 한다.

음향학에서는 기존의 음을 다른 배경음이 방해하여 잘 안 들리게 하는 것을 마스킹 현상이라고 한다. 나의 심혈을 기울인 메소드 연기가 마스킹되지 않으려면 해당 장면에 배경음으로 사용되는 효과음과 효과음악이 어떻게 사용되는지 분석해서 나의 대사레벨을 결정할 필요가 있다.

⑧ 음악과 관계된 대사

오디오드라마에서는 음악이 들어왔다 나갔다 하며 상황을 보다 효과적으로 묘사하는 경우가 많다. 이럴 때 성우의 대사는 어떻게 음악과 어울려야 할까? 오디오드라마에서 대사는 드라마의 주재료이기 때문에 모든 음악은 대사를 살려주기 위한 장치가 된다. 그러므로 음악효과맨은 성우의 대사를 방해하지 않게 오퍼레이팅해야 하고 대사를 연기하는 성우는 음악의 리듬을 잘 타야 한다. 마치 서핑을 하듯이 음악과 조화롭게 어울려야 한다는 말이다.

우선 첫 시그널이 나오고 타이틀을 하고 나서 흐르던 시그널음악이 마무리될 때의 대사가 중요하다. 단막극이라면 앞 시그널음악이 나오고 해설이 나오는 경우가 많지만 만일 첫 대사로 시작한다면 시그널음악이 끝날 때까지 충분히 기다렸다가 첫 대사를 시작해야 한다. 일일연속극이라면 앞 시그널 후에 첫 대사가 나오는 경우가 많다. 단막극의 첫 대사는 극을 시작하는 첫 일성이기 때문에 참신하고도 치밀한 설정이 필요하다. 일일연속극이라고 하더라도 전회에 이어 다시 시작하는 의미이므로 전회의 흐름을 잘 이어가며 명확하게 대사를 하는 것도 중요하다. 그렇기 때문에 첫 시그널이 끝나기도 전에 오버랩으로 첫 대사를 시작하는 경우는 거의 없다. 그만큼 첫 대사는 중요하다.

다음으로 장면과 장면을 연결해주는 브릿지음악이 있는데 이때는 브릿지음악이 나오기 전의 대사와 브릿지음악이 나온 후의 대사를 생각해 볼 필요가 있다. 브릿지음악 전의 대사는 브릿지음악이 자연스럽게 삽입될 수 있도록 현재 진행 중인 장면을 마무리해주며 브릿지음악을 자연스럽게 불러주듯이 대사를 해주어야 한다. 브릿지음악 이후의 대사는 새로운 분위기에 맞게 연기를 해야 한다. 브릿지음악 후의 장면은 전 장면과 다른 배경일 경우가 많기 때문이다. 만일 브릿지음악이 나온 후의 장면인데도 전 장면과 같은 배경음이 지속된다면 같은 장소이지만 시간의 흐름이 어느 정도 경과된 장면일 수도 있기 때문에 시간의 경과를 느낄 수 있는 대사를 해야 한다. 이런 상황이 잘못하면 전 장면의 연속으로 착각될 수도 있기 때문에 연기자의 현명한 대사설정이 필요하다. 물론 대사의 내용에서도 표현되겠지만 대사의 감정에 맞는 톤을 설정해서 연기해 주어야 한다.

오디오드라마에 사용하는 음악 중에서 코드음악은 한 장면 내에서 상황을 강조할 때 주로 사용한다. 예를 들면, 충격적인 얘기를 들었을 때, 황당한 상황이 벌어졌을 때, 기쁘거나 슬픈 일을 알게 됐을 때 등에 쓰이기 때문에 충격코드, 코믹코드, 해피코드, 배드코드 등으로 말하기도 한다. 대부분 코드음악이 나온 후에는 다음 장면이 시작되는 게 아니라 같은 장면의 연속인 경우가 많기 때문에 코드음 이전의 흐름을 이어가야 한다. 그 대신 충격의 흐름을 유지하거나 더 발전시키는 대사를 연기해야 한다. 다음으론 비지음악이 깔리는 경우가 있는데 대사를 하기 전부터 비지음악이 나오는 경우가 있고 어느 정도 대사가 진행되고 있을 때 비지음악이 서서히 들어와 자연스럽게 깔리는 경우가 있다. 대사에 깔리는 비지음악은 음악효과맨이 오디오드라마의 전개상황에 맞는 음악으로 장면에 맞게 잘 준비하여 깔아주겠지만, 연기자도 자신이 연기할 대사에 깔릴 비지음악을 미리 들어보고 감성을 맞추어 보는 것도 도움이 된다.

특히, 대사 도중에 서서히 들어오는 비지음악인 경우에는 연출자와 음악효과맨과 미리 약속하여 음악이 서서히 들어오는 부분을 미리 알아두어 그 비지음악을 마치 끌어내 주듯이 연기를 해주는 것도 적극적인 연기자의 자세라고 할 수 있겠다.

마지막으로 엔딩음악을 부르는 대사가 있다. 대부분 작품을 보면 드라마의 마지막 장면이 그날 방송된 그 드라마의 내용 중에서 가장 기억에 남는 명장면과 명대사들이 많다. 만일 오디오드라마의 마지막 장면에서 아무리 명대사를 배치해 놓는다고 하더라도 엔딩음악을 확실하게 불러주는 대사 처리를 못 한다면 그 장면은 우리의 뇌리에 오래 기억되지 못할 것이다. 편지봉투에 우표를 붙이듯 나의 이 마지막 대사가 관객이나 시·청취자들에게 어떻게 전달되어 여운을 줄 것이며, 얼마나 오래 기억될 것인가를 생각해야 한다. 또한, 그 마지막 대사가 나에게 주어졌음을 영광으로 생각하고 심혈을 기울여 엔딩음악을 끌어내어 본다.

이렇게 조목조목 살펴보았듯이 시그널음악이 나오고 자신의 대사가 나올 때, 브릿지음악 전후의 대사와 코드음악 전후의 대사, 그리고 비지음악이 흐를 때와 엔딩음악 바로 전의 대사가 모두 의미가 있다는 것을 알아야 한다.

⑨ 배경음적인 대사(왈라: Walla)

오디오드라마에서 장면의 상황을 사실감 있게 묘사하기 위해 배경으로 깔리는 효과음이나 효과 음악들을 배경음이라고 한다. 배경음에는 거리의 소리나 숲속의 소리 등과 같은 효과음과 감동적인 장면이나 음악이 필요한 장소에 깔리는 음악이 있다. 그런데 성우들이 목소리로 만들어야 하는 배경음도 있다. 이러한 성우들이 목소리로 만드는 배경음은 음향 필드 용어로는 '왈라(Walla)'라고도 하는데 'Wall of Sound'에서 비롯되었다. 왈라는 영화 촬영장에서 만들어진 용어로 엑스트라들에 의한 군중 엠비언스를 칭한다. 왈라는 주가 되는 대사는 아니지만 장면의 상황을 실감 나게 표현해주기 때문에 매우 중요한 연기 영역 중의 하나다.

성우들의 목소리에 의한 배경음은 한 명의 소리만으로는 안되고 최소한 세 명 이상이 필요하다. 성우들이 배경음을 만들어 낼 때는 온 마이크가 아닌 중간 오프 이상의 거리에서 메인 연기자의 대사를 방해하지 않고 해주어야 한다. 성우가 오디오드라마에서 상황이나 환경의 소리를 만들어 주어야 하는 배경음도 대사의 일부인 것은 확실하다. 성우들이 만들어 낼 수 있는 배경소음에는 대본에 표현되어 있지 않더라도 장면의 배경이 달라졌을 때 군중, 하객, 청중, 승객, 관람객, 식당손님, 조문객, 일꾼, 군사들, 환자들, 적군들, 부상병들, 죄수들, 해적들, 산적들, 유흥업소 취객들, 학생들, 노인들의 소리 등 군중적인 소리들이 있다. 그래서 성우들은 대사 이외의 적절하게 맞장구치는 소리나 설정 있는 웃음, 적절한 호흡, 함성, 환호, 야유 등 주변 소음까지도 융통성 있게 소화해 낼 수 있는 적극적인 연기 자세가 필요하다.

오디오드라마에서 주변 사람들의 웅성이는 소리를 표현한다고 해서 아무렇게나 무턱대고 시끌벅적하게 소리를 내어서는 오히려 장면을 효과적으로 그려주기보다는 더 혼란스럽게 하는 경우도 있다. 흔히들 주변 소음을 하찮거나 소홀히 여겨 대충 중얼대다 마는 성우들이 있다. 하지만 소음을 잘하는 연기자가 중요한 배역에 돌발 캐스팅되는 경우가 비일비재하다는 것을 명심할 때 그 중요성을 간과해서는 안 될 것이다.

또한, 왈라에는 장면 속에 대사를 주로 주고받는 주 연기자들과의 상대적 관계설정에 따라 두 가지 경우로 나눈다. 첫 번째로 주된 대사를 나누는 주 연기자에 호응하는 왈라와 주된 대사를 나누는 주 연기자들과 전혀 상관없는 개별적 왈라가 있다. 예를 들면 전자는 선거유세현장에서 유세자의 발언에 따라 반응하는 군중의 왈라를 말하고 후자는 야구경기장에서 대사를 나누는 사람들과는 상관없이 경기를 응원하는 왈라를 말한다. 소규모의 왈라를 예를 들면 술집에서 회식하는 일행 중 건배사를 제안하는 사람에 호응하여 파이팅을 외치는 사람들의 왈라는 호응하는 왈라고, 그냥 식당의 다른 테이블에 앉아서 이야기하고 있는 사람들의 소음들은 개별적 왈라가 된다.

즉 배경음적인 대사(왈라)는 주 연기자들의 대사를 방해하지 않고 오히려 빛내줄 수 있는 방향으로 상황에 맞게 해야 한다. 신인 때부터 열심히 왈라를 연습하는 것이 미래를 위한 소중한 투자가 된다는 것을 명심하자.

(2) 보조 대사 유형

소리로만 이루어진 오디오드라마에서 스토리를 이끌어가는 사운드의 주류는 대사이며, 중요한 근간을 이루는 소리다. 물론 음악과 효과음이 드라마의 막을 열어주고 장면을 연결해주며 감동과 흥미를 돋우지만, 대사의 내용을 직접 좌지우지하지는 못한다. 효과음악과 효과음은 드라마를 구성하는 중요한 요소일 뿐이지 스토리를 전개하고 이끌어가는 대사를 대신할 수 없다.

하지만 평소 그 성우가 가지고 있는 일반적인 대사만으로는 다양한 연기를 하는 데 있어서 부족하고 아쉬운 경우가 많다. 그래서 성우는 캐릭터를 부여받고 캐스팅이 되었을 때마다 자신의 고유한 대사뿐만 아니라 부여된 캐릭터의 대사를 맛깔나게 연기 해주는 다양한 연기기술을 음성으로 가미해 줄 필요가 있다. 이처럼 대사를 보조하는 역할을 하는 음성유형을 보조 대사라 한다. 보조 대사에는 유사언어 유형과 비언어 유형이 있다.

① 유사언어 유형

오디오드라마의 대사 중에서 유사언어 유형의 대사는 언어에 가깝지만, 음성표현의 다른 방법으로 어떠한 대상을 흉내 내어 그 대상의 언어와 유사하게 표현하는 언어라고 정의할 수 있다. 자신의 목소리를 변화시켜서 완전히 새로운 어떠한 캐릭터를 흉내 내기도 하지만 특정한 사람의 목소리를 흉내 내는 성대모사도 유사언어 유형에 속한다. 유사언어는 특별한 대사 형태로 상황과 감정을 표현하는 데 있어서 상대방에게 설득력을 불러오게 하는 다양한 기교라고 할 수 있다. 유사언어의 발성 특징은 그 언어의 억양, 속도, 강세, 톤, 쉼, 호흡, 감정, 발음 등을 요소로 구현할 수 있다. 유사언어는 성우가 오디오드라마에서 일반적인 대사 이외에도 다양한 기교를 부려 캐릭터의 특징을 표현해주어야 할 때 중요한 역할을 한다.

유사언어를 이용한 연기는 연령대 연기, 동물의 의인화 연기나 다양한 캐릭터 연기를 들 수 있는데, 사투리도 이에 포함된다. 유사언어는 본인이 일상적인 생활에서 하는 음성을 초월하여 자신 있게 표현할 수 있는 여러 가지 자신만의 주 무기가 될 수 있다. 특히 성우는 성대모사에도 많은 관심을 가지고 어떠한 배역이 주어지더라도 그 맡은 배역이 발성해야 하는 모든 소리를 다 표현할 수 있도록 연습해야 한다. 아역을 맡게 되는 경우는 주로 변성의 정도가 남자보다 약하고 남자아이의 음역대와 유사한 여자 성우가 맡고 있는데, 제법 자연스러운 연기자들이 많다. 노인 연기를 흉내 내는 경우는 아무래도 젊은 연기자보다는 나이가 조금 있는 연기자가 더 가능성이 있다.

그 밖에 유사언어 흉내로는 아기의 울음소리나 옹알이까지 흉내 내는 경우도 있다. 평소 아기의 옹알이나 울음소리, 칭얼대는 소리나 웃음소리는 자료효과맨이 녹음된 자료를 사용하지만 제일 애매한 나이가 두세 살이다. 말을 배우기 시작하는 때라 구체적이지는 못하더라도 대사가 주어지기 때문에 직접 연기자가 표현해주어야 한다.

사투리도 유사언어에 속하는데, 다양한 지역에서 모집된 성우들이 평소엔 표준어를 쓰지만 사투리가 필요할 땐 자신 있게 자기 고향 말이 튀어나온다. 또한, 직업 특성인지 성우는 다른 지방 사투리도 금방 터득한다. 하지만 더 자연스러운 본토 사투리를 흉내 내기 위해서는 끊임

없는 연습이 필요하다.

그 밖에 괴물이나 귀신 등의 캐릭터 대사, 그리고 개나 고양이, 오리, 양, 염소, 여우, 늑대 같은 흉내 낼 수 있는 동물의 울음이나 감정표현의 소리들, 또는 아예 의인화된 동물의 대사 등이 있다. 그리고 역사적 인물이나 유명인을 흉내 내야 하는 것도 유사언어의 중요한 부분이기도 하다. 다큐멘터리나 근·현대 역사극에서 역대 대통령이나 선구자적인 인물이 자주 등장하기 때문에 이러한 유사언어 분야를 평소에 열심히 연구하여 연습해 놓은 연기자는 좋은 기회를 얻을 수 있다.

② 비언어 유형

비언어는 유사언어 유형보다 좀 더 언어영역에서 벗어나지만, 오디오드라마 대사표현에 직접적 연관이 있는 보조 대사 표현의 한 유형이다. 즉, 비언어 유형은 성우가 오디오드라마의 대사를 연기하며 직접 음성으로 표현해 줄 수 있는 언어 이외의 소리를 말한다. 즉, 대사만으로 청취자의 상상력을 돕기에 미흡한 장면에서 오디오드라마이기 때문에 보일 수 없는 동작의 표현을 언어 외의 연기로 만들어 내는 소리다.

그러한 비언어 유형은 연기자가 입이나 자신의 몸으로 직접 만들어 내야 하는 효과음의 영역이라고 할 수도 있겠다. 오디오드라마에서 자기 몸과 직접 관련된 가장 대표적이고 자주 나오는 소리로는 호흡과 음식을 먹는 소리가 있는데 대사를 하면서도 자연스럽게 표현해야 하기 때문에 오디오드라마에 임하는 성우들에게는 많은 연구와 노력이 필요한 대표적인 비언어 소리 중의 하나다. 호흡연기는 오디오드라마에서 가장 중요한 비언어 대사이기 때문에 따로 떼어서 다뤄 보기로 하고 그 밖에 연기와 어울려 직접 내주어야 하는 비언어 유형 보조 대사는 다음과 같다.

가. 먹는 소리

오디오드라마건 비디오 드라마건 드라마는 사람이 살아가는 이야기를 다루기 때문에 먹거나 마시는 소리가 자주 나온다. 비디오 드라마는 주방 시설을 갖추고 식사장면에 필요한 요리를 그때그때 직접 만들어서 세팅해 놓고 연기자들이 직접 먹으면서 촬영한다. 그리고 먹는 소리가 거의 나지 않도록 먹는다. 물론 먹는 소리를 강조하는 내용일 경우에만 먹는 소리를 크게 낸다. 실제 생활에서도 체신 떨어진다고 먹는 소리를 크게 내지 말라고 교육받기 때문이다. 하지만 오디오드라마에서는 먹는 소리를 어느 정도 내줘야 한다. 먹는 장면이라는 표현을 소리로만 해야 하기 때문이다.

연출자에 따라 다르지만 먹는 장면에서 꼭 먹는 걸 실제로 가져다 놓고 해야 한다고 고집하는 사람이 있다. 물론 직접 먹는 걸 가져다 놓고 먹으면서 먹는 연기를 하면 실감이 나긴 한다. 하지만 오디오드라마는 보는 드라마가 아니기 때문에 음식물을 차릴 필요가 없으며, 오히려 실제 음식을 먹으면서 대사를 하면 먹는 데 집중하느라 대사 구현에 방해되는 경우가 더 많다. 게다가 오디오 스튜디오의 특성상 녹음 부스는 밀폐된 공간이므로 차나 음료, 음식은 반입금지구역이다. 음식물 냄새와 부스러기는 녹음실 환경을 저해하기 때문이다. 음식물이 없이도 먹는 소리를 표현하는 것은 연습을 통해서 충분히 가능하며, 원로, 선배 성우들은 모두 그렇게 연기를 해 왔다.

물론 먹는 소리를 만드는 데 약간의 도움을 줄 수 있는 게 있다면 물이다. 음식물을 먹을 때는 입안에 물기가 생기기 때문이다. 생수는 밀폐된 스튜디오 부스에 반입해도 좋으니 생수를 가지고 모든 먹는 소리를 흉내 낼 수 있다. 오디오드라마를 연기하는 성우라면 실제 먹는 음식 없이 맹물 하나만으로도 먹으면서 하는 대사가 가능해야 한다.

먹는 연기는 일종의 입술과 입속(구강 내)의 이와 혀 그리고 성대를 이용한 트릭이고 연출이다. 그리고 그와 더불어 호흡과의 조화이기도 하다. 그렇다고 냠냠 짭짭 크게 소리 내어 시끄럽게 흉내 내라는 건 아니다. 물론 그렇게 내야 하는 내용일 때는 그렇게 게걸스럽게 먹는 소리를 내야 하지만, 일반적인 식사장면에서도 먹는 소리를 거의 호흡수준으로 내주면 된다.

먹는 소리에서 식사하는 소리는 식사의 종류에 따라 밥, 국, 국수 종류(라면), 과자 등이고 과일에는 수박, 사과, 포도, 딸기, 바나나 등 다양하다. 밥 먹는 소리는 밥이 찰지기 때문에 조금 쩝쩝거려야 하고, 탕이나 국에 말아 먹을 경우엔 국물이 많이 섞인 소리로 먹는 소리를 내야 하고, 국수는 면이 입으로 빨려 들어가는 소리를 '후루룩' 내야 한다.

과일에서도 마찬가지다. 과일은 베어 물 때부터 소리가 나는데, 수박은 물이 많은 과일이라 물소리가 많이 나게 소리를 내야 하고 사과는 작은 크기의 시원한 느낌으로 먹는 소리를 내주어야 한다. 포도는 작은 알갱이의 껍질 속에서 빨아내어 먹는 느낌을 잘 표현해야 하고, 딸기나 바나나는 씹는 소리를 약간 물컹물컹하지만 점성이 있게 표현해야 한다. 그밖에 과일들도 그 나름대로 연구해서 먹는 소리와 호흡, 느낌을 잘 살려야 한다.

마시는 소리엔 차나 음료, 그리고 술 등이 있는데 차는 주로 뜨겁기 때문에 조심성 있게 입술을 스치며 소량을 마시는 소리로 내주고 찬 음료는 시원스럽게 벌컥벌컥, 꿀꺽꿀꺽 마시는 소리를 낸다. 술에는 맥주나 막걸리처럼 도수가 약하고 잔이나 사발이 커서 벌컥벌컥 마실 수 있는 술이 있는가 하면 와인이나 칵테일처럼 음미하며 마시는 술, 소주나 고량주, 코냑이나 보드카처럼 독주를 스트레이트로 마시는 경우도 있고 진토닉이나 위스키처럼 얼음 잔에 언더락으로 마시는 경우도 있다. 이런 소리는 담는 용기 즉 술잔의 크기를 다르게 해서 생수를 담아 직접 마시면서 마시는 소리를 흉내 낸다.

먹는 소리에서 입과 혀 모양이 중요한데 밥이나 빵처럼 찰진 음식은 입속의 공간을 최대한 적게 하고 혀를 수평으로 밀착한 후, 혀와 입을 조화롭게 움직여 마찰하면서 소리를 낸다. 국물이 많거나 뜨거울수록 입안의 공간을 넓히고 혀를 옆으로 말아 돌려주며 먹는 소리를 흉내 낸다. 혀를 앞뒤 위아래로 꺾거나 말아 감아서 흉내 내기도 하면서 자기 입 구조에 맞게 소리를 찾아가는 것도 중요하다. 캐릭터와 상황에 따라 먹는 느낌도 조금씩 다르게 표현해야 하기 때문에 자기만의 노하우를 찾는 것도 좋은 방법이다.

음식에 따라 처음 베어 물 때의 소리와 씹을 때의 소리, 그리고 넘길 때의 소리 이 삼 단계 소리가 명확한 경우도 있으므로 철저한 분석 또한 필요하다. 예를 들면, 수박의 경우 처음에 '어석'하는 소리로 베어 물게 되고, 물기가 많은 소리로 씹어주고, 마치 물을 넘기듯이 넘겨주게 된다. 사실감이 다소 떨어지겠지만 노력한 만큼 비슷한 소리를 얻을 수 있다. 물론 광고나 오디오드라마에서 사과나 과자, 김치, 깍두기처럼 베어 물 때 독특한 소리가 주된 포인트가 되기 때문에 사실감 있게 표현해야 드라마의 완성도가 높아지는 작품이라면 예외적으로 해당 음식을 준비한다.

하지만 오디오드라마에서 일상적인 먹는 장면을 표현하기 위해서는 반드시 음식을 준비하지 않고도 연습만 잘한다면 성우의 비언어적 노하우로 충분히 흉내 낼 수 있다.

나. 자기 몸과 직접적으로 관련된 효과음

성우가 오디오드라마의 비언어 영역에서 자기 몸과 관련된 효과를 연기하는 것은 자연스럽게 자신의 호흡연기를 끌어낼 수 있으므로 폴리효과맨에게만 의존하지 말고 가능한 한 직접 하는 것이 좋다. 물론 신입 성우는 마이크 앞에서 자신의 대사를 하기도 바쁠 테니 비언어적 효과 연기를 실현하는 것은 어느 정도 단련된 프리랜서 성우의 경우에게 해당하는 제안이다.

언어적 대사를 연기하며 비언어적 소리를 내기 위해서는 연기에 도움이 되는 약간의 소품을 사용하는 것도 바람직하다. 컵에 든 물을 마신다든지 종이를 넘기거나 흔든다든지 박수를 친다든지 옷을 턴다든지 분해서 가슴을 치거나 탁자를 치는 정도의 연기를 직접 할 수 있을 것이다. 이러한 소리들은 호흡과 밀접한 관계가 있기 때문에 직접 소리를 낸다면 자신의 호흡과 제일 잘 맞는 소리가 연출될 것이다.

오히려 옆에서 폴리효과맨이 대신 소리 내어 주는 것보다 더 호흡도 잘 맞고 감정 표현도 잘 나타낼 수 있다. 언어적 대사뿐만 아니라 자신의 몸동작과 관련된 비언어적 효과음을 내는 것도 연기의 일종이기 때문이다. 대사를 하면서 도구를 이용하거나 몸을 움직여 그때그때 알맞은 소리를 낸다는 건 쉬운 일이 아니다. 그러나 성우들도 자기가 할 수 있는 비언어적 효과음은 많은 연습을 해서라도 스스로 하는 습관을 갖도록 해야 한다. 만일 본인이 직접 비언어적 효과음을 낼 자신이 있는 경우에는 미리 폴리효과맨과 충분히 상의하고 자기가 직접해도 좋겠냐는 양해를 얻은 후에 하는 게 좋다. 왜냐하면, 폴리효과맨은 오디오드라마에 나오는 도구를 이용한 모든 소리 연기를 하기 위해 항상 준비하고 있기 때문에 상의하지 않고 했다가는 둘 다 소리를 내는 바람에 이중으로 소리가 나서 엔지가 발생할 수 있기 때문이다. 또는 충분히 연습이 안 된 채 의욕만 앞서서 어울리지 않는 소리 연기를 하다가 엔지를 낼 수 있으니 폴리효과맨과 상의하고 방법을 배워서 소리를 내면 좋을 것이다.

(3) 호흡연기

호흡연기는 청취자로 하여금 오디오드라마를 좀 더 이해하기 쉽게 도와주는 비언어 영역 연기 중의 하나다. 소리로만 이루어지는 오디오드라마에서는 등장인물의 모든 움직임을 성우들이 호흡으로 처리해 주어야 청취자가 등장인물의 움직임을 상상하여 오디오드라마의 장면과 상황을 이해하는 데 도움을 받을 수 있다. 호흡연기는 등장인물의 감정상태와 동작의 시작과 끝, 진행을 표현하며 입체감과 생동감을 갖게 한다. 호흡한다는 것은 살아있다는 것이고 살아있다는 것은 동작한다는 것이기에 호흡연기는 오디오드라마를 형상화 시키고 살아 숨 쉬게 한다. 호흡연기는 일반적인 언어적 대사에 자연스럽게 가미하여 오디오드라마를 더욱더 풍성하고 실감 나게 해 준다.

오디오드라마 속 등장인물의 호흡연기는 비디오 드라마의 영상에서 등장인물의 움직임과 같은 역할을 대신해 준다. 오디오드라마에서 성우의 호흡은 매우 중요한 역할을 하므로 오디오드라마는 호흡 드라마라고 말해도 과언이 아니다.

① 호흡연기는 오디오드라마의 감초

호흡연기는 성우들이 언어적 대사연기를 하기 전이나 후에, 대사와 상황에 잘 어우러지도록 적절한 호흡을 표현하는 것을 말한다. 대사에 어울리는 적절한 호흡연기는 등장인물의 심리상태와 동작을 표현하는 데도 필요하고 등장인물의 대사와 관련된 효과음과의 조화를 위해서도 필요하다. 즉 호흡연기는 등장인물의 동작을 예고해 주고, 등장인물의 상태를 표현해줌으로써 등장인물의 존재감을 부각한다.

또한, 호흡연기는 실감 나는 상황들을 묘사해주는 매개체로 대사와 대사, 대사와 효과를 연결해주는 중요한 역할을 하는 연기 기법 중 하나다. 비디오 드라마는 보이는 영상이 우선이므로 동작과 표정 연기에 더 중점을 두지만, 오디오드라마에서는 적절한 호흡을 사용하여 등장인물의 표정과 동작을 소리로 표현해줌으로써 청취자의 실감성을 돕는 역할을 한다.

예를 들면, 물건을 드는 연기를 할 때는 큰 물건은 물론이고 작은 물건을 드는 상황까지도 호흡연기로 표현해주어야 한다. 글씨를 쓴다든가 빨래를 넌다든가 하는 표현도 호흡연기가 필요하다. 특히 대사와 효과음이 밀접하게 연결되어 사용되는 부분에서 오디오드라마 연기자의 호흡연기는 드라마의 성패를 좌우한다고 할 수 있을 정도로 중요하다. 특히 호흡연기는 폴리효과와 매우 밀접하게 호흡을 맞추어 연기해야 한다. 좀 과장되게 표현하자면 호흡연기가 없는 폴리효과음은 죽은 소리요, 잡음과 같고, 마치 유령의 동작을 표현한다고 말할 수 있을 정도로 호흡연기와 폴리효과는 꼭 필요한 관계다. 물론 호흡연기 없이 효과음의 나열로만 장면과 상황을 표현하는 경우도 있다. 하지만 그런 경우는 대사를 배제한 특별한 장면을 만들기 위해 연출하는 경우이며, 일반적인 드라마에서는 호흡연기가 반드시 필요하다. 그만큼 호흡연기는 오디오드라마에서 없어서는 안 될 꼭 필요한 연기기법이다.

비디오 드라마라면 강조해야 할 부분에만 호흡연기를 해도 무방하지만 오디오드라마에선 모든 대사에 호흡연기가 필요할 정도로 호흡연기의 비중이 크다. 종이 한 장을 건네거나 연필 한 자루를 건넬 때도 그에 걸맞은 호흡연기를 해 주어야 한다. 호흡 소리를 듣고 청취자가 오디오드라마 속 등장인물의 표정과 몸동작을 상상할 수 있도록 연기자는 그에 알맞은 호흡연기를 해야 한다.

예를 들어, 휴대폰이 울려서 받는 장면일 경우 휴대폰을 받는 등장인물의 심리상태와 표정과 동작을 청취자가 상상할 수 있도록 휴대폰을 받는 동작을 호흡으로 표현해주어야 한다. 별로 통화하고 싶지 않은 사람한테서 걸려온 전화를 받을 때와 기다렸던 사람의 전화를 받을 때의 호흡연기에는 엄청난 차이가 있을 것이다. 물론 상황에 따라 어울리는 대사에서도 실감 나는 표현을 할 수 있지만 적절한 호흡이 섞인다면 더 실감 나는 장면이 연출될 것이다.

비디오 드라마라면 얼굴과 동작이 그대로 표현되지만, 그 간단한 동작도 오디오드라마에선 일일이 섬세하게 호흡연기로 표현해주어야 한다는 것이다. 그 밖에 발소리에서도 걷는 장면, 산을 오르는 장면이나 뛰어오거나 뛰어가는 장면, 계속 뛰고 있는 장면 등에 상황에 알맞은 호흡연기를 해준다면 폴리효과맨의 발소리 효과음과 어우러져서 실감 나는 장면을 연출할 수 있다.

② 격투 장면의 호흡연기

싸우는 장면에서는 등장인물 간에 서로의 상태가 정신적으로나 육체적으로나 몹시 긴장되어 있고 흥분되어있는 상태로 대사의 억양이 격하고 톤이 높다. 격렬히 싸우는 장면이라면 마이크에 가까이 서기보다는 적당히 떨어져서 앞뒤나 좌우로 움직여 주며 싸우는 분위기에 맞게 거친 호흡을 기본으로 가지고 가며 대사를 해야 한다. 싸우는 장면에서의 대사는 의사전달도 중요하지만, 상황 전달에 더 비중을 두어야 한다. 만일 때리고 맞으며 물리적인 충격을 서로 주고받는 장면이라면 때릴 때와 맞을 때의 호흡 표현을 명확하게 해야 한다. 즉, 때리는 사람은 기합을 주어야 하고 맞는 사람은 고통의 신음을 내어야 한다. 물론 드라마가 아닌 실제상황에서는 구태여 기합과 신음을 제대로 넣어가며 싸우는 법은 없겠지만, 특히 소리로만 듣는 오디오드라마에서는 청취자의 상상력을 돕기 위해서 등장인물의 동작에 대한 적절한 호흡이 필요하다.

하지만 기합이나 신음을 너무 강조하거나 의식해서 어색한 분위기를 연출한다면 오히려 없으니만 못하다. 무엇보다 자연스러움이 가장 중요하다. 싸우는 장면에서 연기자 서로 간의 호흡도 중요하지만 폴리효과맨과의 호흡과도 잘 맞아야 한다. 격투신에서는 때리는 사람의 기합에 맞춰 폴리효과맨이 도구를 이용해서 때리고 맞는 소리를 내주게 된다. 그러면 그 소리와 거의 동시에 맞는 사람의 신음이 필요하다. 이렇듯 연기자의 목소리 연기와 폴리효과맨과의 도구를 이용한 소리 연기가 잘 어울릴 때 자연스러운 장면이 탄생하는 것이다.

예를 들면, 두 남자가 진흙탕에서 격투를 벌이고 있다. 때리는 사람과 맞는 사람의 호흡을 각기 다르게 정확하게 표현해야 하고 격렬함의 정도도 거친 호흡으로 표현해야 한다. 그리고 한 명이 나가떨어지거나 할 때는 마이크에서 급속히 멀어지며 충격을 받은 호흡을 해주어야 하고, 또 주인공 관점에서 마이크를 기준으로 거리감을 계산해야 한다. 또 누가 이기고 누가 지고 있는가도 서로 적절한 호흡연기로 표현해주어야 한다.

그런 액션에 효과음은 조미료처럼 감칠맛 나게 삽입되기 마련인데 적절하지 못한 호흡연기로 효과음과 조화를 이루지 못한다면 어색한 격투신이 된다. 진흙탕 격투신에서 등장인물들의 호흡에 맞추어 때리고 맞는 소리와 함께 적절히 진흙을 밟거나 진흙탕에 쓰러지는 소리를 내줄 때 실감 나는 장면이 연출될 수 있을 것이다.

(4) 내레이션(해설)

해설은 사전적 의미로는 서술, 이야기란 뜻으로 쓰이는데 드라마에서 해설의 의미는 극의 이해를 돕기 위한 장면설명, 등장인물의 심리묘사, 상황전개의 보충설명 등 극의 완성도를 높이기 위하여 스토리를 이끌어가는 가이드라고 말할 수 있다. 오디오드라마는 소리로만 모든 것을 표현해야 하기 때문에 적절한 해설이 반드시 필요하다. 내레이션에는 1인칭 내레이션(직접 내레이션)과 3인칭 내레이션(간접 내레이션)이 있는데 TV나 영상에서는 화면 안(직접) 내레이션과 화면 밖(간접) 내레이션이라고 부르기도 한다.

① 1인칭 내레이션(직접 내레이션)

1인칭 내레이션은 직접 내레이션이라고도 하는데 드라마에 등장하는 인물 중 한 사람이 직접 내레이션을 하며, 주관적인 견해를 바탕으로 극을 이끌어 가는 내레이션 형식이다. 주로 주인공이 1인칭 내레이션을 하는 경우가 많은데 때로는 주인공을 바라보는 시선의 조연이 내레이션을 이끌어 가는 경우도 있다. 이런 형식의 장점은 청취자 또는 관객을 극 안으로 끌어들여 더욱 동화될 수 있게 한다. 단점은 원하든 원하지 않든 청취자가 1인칭 관점으로 끌려가야 한다는 점이다.

해설자를 따로 정하지 않고 드라마 속의 주인공이나 등장인물로 해설자를 설정한 것은 등장인물의 관점에서 청취자와 함께 극을 이끌어 가자는 의도인데 너무 객관적이거나 관조적인 입장의 해설은 극의 의도를 훼손할 수 있다. 그렇다고 해서 해설자가 연기하듯이 해설에 너무 감정을 섞어 한다면 대사인지 해설인지 모호하게 해서 혼란스럽게 될 경우가 있다.

요즘에는 형식을 파괴하여 해설자를 두 명에서 세 명까지도 투입하여 다이내믹하게 극을 이끌어 가는 경우도 있다. 그럴 땐 너무 혼란스럽지 않도록 최대한 절재하며 주의해야 한다. 그러한 단점을 보완하기 위해서 등장인물과는 전혀 상관없는 차별화된 해설자를 따로 정하여 극의 주체가 되는 등장인물의 입장에서 극을 이끌어가는 경우도 있다. 1인칭 내레이션은 주관적 감정을 부여하되 연기가 필요한 대사와는 차별화하여 호소력 있고 재미있게 이끌어 가야 한다.

② 3인칭 내레이션(간접 내레이션)

드라마에 등장인물로 직접 출연하지 않으면서 극 속의 등장인물과 전혀 빙의되지도 않은 해설자가 관조적으로 극을 설명하고 안내하고 이끌어 가는 형식의 내레이션 방식이다. 이러한 내레이션은 관객이나 제3자의 입장에서 객관적으로 극을 접하게 한다는 장점이 있지만, 관찰자 입장에서만 극을 바라보게 되어 감동의 묘미를 잃게 되지나 않을까 하는 우려도 있다. 그래서 이런 3인칭, 간접 내레이션은 역사적 사실이나 객관적 사건을 다룬 다큐멘터리 드라마의 내레이션에 주로 활용되고 있다.

요즘은 인기 탤런트나 가수, 개그맨까지도 내레이션을 함으로써 성우만의 영역이었던 내레이션 분야의 영역이 파괴되고 있다. 그것이 오히려 독특하고도 신선한 충격을 주고 있지만 내레이션의 진지함과 순수성이 떨어진다는 의견도 있다. 그리고 성우가 내레이션을 하더라도 예전의 정형화된 내레이션 어투에서 벗어나 장르에 맞게 설정하여 때론 진지하게 때론 코믹하게 진행하는 경우를 만들 수가 있어서 다양한 장르에 적용할 수 있다. 또는 인기 시리즈물 외국 드라마의 주인공 목소리 더빙을 맡았던 성우를 캐스팅하여 내레이션을 진행함으로써 청취자들에게 좀 더 친근하게 극을 접할 수 있도록 하는 경우도 있다.

③ 내레이션 잘하기

자신만만하고 논리정연 한 내레이션은 청취자에게 신뢰를 준다. 내레이터가 청취자를 이끌고 가듯 내레이션을 하기 위해서는 검증된 명확한 사실로 누구나 공감할 수 있는 해설이어야 가능하다. 이를테면 인체에 해로운 담배를 끊어야 한다는 내용이라든지 노인을 공경해야 한다는 내용 등을 검증된 내용으로 공감할 수 있도록 전달한다면 훌륭한 캠페인이 될 수 있을 것이다. 그런데 민감한 쟁점사항이라던가 극히 주관적인 내용을 리드하듯이 내레이션을 했다가는 마치 한쪽 편에 편향된 듯 그려질 우려가 있다. 아직 결론이 나지 않은 불확실한 사실에 관한 내용은 사료를 참고로 서로 논의하고 연구한다는 자세로 이끌고 가야 한다.

예를 들면 UFO 이야기, 논쟁 중인 역사적인 내용, 법적 분쟁 중인 내용을 어떠한 결론으로 기정사실화하고 이끌어간다면 다양한 시각을 가진 청취자들의 거부반응을 불러일으킬 수 있다. 청취자 대부분이 공감대를 형성하고 있는 작품이나 연구·발표되어 인증된 내용이지만 잘 알려지지 않은 작품의 내레이션은 교육적이고 계몽적인 의도가 많으므로 작품이 말하고자 하는 내용을 자신 있게 대변해 주는 형식으로 내레이션을 해도 좋다.

약자의 편이라고 말하기는 좀 잘못된 표현인지 모르겠지만, 암튼 제작자의 입장이 아닌, 프로그램을 청취하여 정보를 얻고 감동을 받고 패널이 되어주는 청취자의 입장을 배려하는 내레이션이 되어야 한다. 청취자 참여 프로그램 즉, 청취자 여러분의 이런저런 사연을 토대로 제작된 프로그램의 내레이션은 철저하게 청취자의 편에서 청취자를 전적으로 대변해 주어야 한다. 청취자와 내레이션이 이질감이 느껴지는 순간 그 프로그램은 더 이상 존재의 가치를 잃게 된다.

(5) 연기력

연기자가 작품에 필요한 기술과 기교를 발휘하는 능력을 연기력이라고 할 수 있다. 오디오드라마에 캐스팅을 수락할 때 연기자인 성우는 극의 시놉시스를 우선 받고 오디오드라마의 장르를 파악한다. 극의 장르는 연기자에게 중요한 정보를 주어 오디오드라마 제작 전에 자신의 연기 유형을 설정하고 극을 향한 자세를 준비하게 된다.

드라마의 장르에 따른 연기유형으로는 크게는 정통드라마, 다큐멘터리, 멜로, 추리극, 액션, 호러물, 코믹물 연기로 나눠볼 수 있다. 그다음엔 사극, 현대극, 애니메이션, 인형극, 외화적 연기 등으로 구분할 수 있다. 또한, 자신이 맡은 배역이 다이얼로그, 즉 대화 위주의 연기냐, 내레이션, 즉 해설이냐, 아니면 대사와 해설을 병행하느냐의 유형이 있다.

이러한 드라마의 장르에 따라 특성에 맞는 연기유형을 설정하기 위해서는 극의 흐름과 분위기에 자연적으로 동화되고 몰입될 정도로 작품을 잘 분석해야 한다. 작품을 분석할 때는 자기가 맡은 배역의 대사 위주로만 분석하지 말고 다른 등장인물의 대사는 물론 전체 대본을 모두 읽고 해설과 효과음, 효과음악까지도 확인해야 한다. 대본을 분석하다 보면 오디오드라마의 장면들이 머릿속에서 영상으로 묘사되어야 하고 상황들이 충분히 이해가 되어야 하고, 그 장면 속 자신의 위치를 제대로 파악해야 한다. 그리고 무조건 연기력을 향상시켜야 한다. 연기력은 성우의 생명력과도 같다. 연기력을 향상시키기 위한 기본적인 팁을 정리해 보면 다음과 같다.

① 듣는 연습을 먼저

외국어를 배우기 위해서는 말하기보다는 듣기연습을 더 많이 해서 귀가 트여야 한다고 한다. 연기도 마찬가지로 말하기보다 듣기를 잘해야 한다. 그 말은 곧, 상대 배역의 연기 즉, 대사를 잘 들어야 한다는 말이다. 내 대사는 상대 배역의 대사에서 비롯된다는 말이 있다. 상대 배역의 대사를 충분히 이해하고 인식해야 내가 해야 할 대사의 의미를 알게 되고 제대로 전달할 수 있는 연기가 표출된다는 말이다. 즉 내 대사의 감정이 상대방 대사 속에 있다는 것이다. 상대방의 대사를 이해하고 느꼈다면 나의 대사는 절대 입으로 읽어서는 안 된다. 대사를 입으로 읽는 것이 아니라 그냥 그대로 토해내면 된다. 머리로 읽어 가슴으로 승화된 감정을 그대로 뱉어내면 되는 것이다. 상대 배역의 대사가 잘 들려야만 그 대사 속에서 내 대사의 감정을 끄집어낼 수가 있다는 얘기다.

상대방의 대사가 드라마의 대사가 아닌 실제 인물의 그냥 말처럼 들릴 정도로 느끼면 내 대사는 그냥 나도 모르게 나오게 된다. 상대 배역의 연기를 듣고 서로 동화되고 어우러져야만 나도 자연스럽게 작품 속의 인물이 될 수 있다. 대본에 코를 박고 내 대사만 수십 번 읽어 연습해 봤자 상대 배역과 조화롭지 못한 연기를 한다면 말짱 도루묵이라는 것이다. 연습방법으로도 혼자 연습하는 것보다는 동료와 함께 배역을 정해 놓고 연습해 보자 훨씬 빠르게 나아질 것이다.

② 메소드 연기(Method Acting)

배우가 연기할 때 사회적 개인으로서의 자신을 내려놓고 작품 속의 캐릭터로 완전히 몰입하여 연기하는 것을 메소드 연기라고 한다. 대본을 읽고 그 상황을 마치 지금 내가 겪고 있다고 생각하고 그 인물이 되어 그 상황 속으로 빠져들어 가는 것이다. 그 순간, 나를 버리라는 얘기다. 나를 버리고 작품 속의 인물로 빠져든다는 게 쉬운 일은 아니다. 그러나 인간의 힘으로 못 하는 게 없다. 특히 주체할 수 없는 끼를 가지고 성우가 된 여러분이라면 충분히 해낼 수 있다.

그래도 더 완벽히 빠져들 수 있는 방법을 터득하자. 유체이탈이랄까? 너무 무서운 이야기가 되는 것 같다. 그렇다면 평소 다중인격적인 삶을 살아보면 어떨까? 미리 준비하는 거다. 어떤 인물이 나에게 주어질지 모르니까 연습하는 차원에서…. 하지만 미쳤다는 소리 들을까 겁난다. 아니다 미쳐야 한다. 그래야 얻을 수 있다. 내가 성우이고 대본을 받았으니 연기를 잘해야지! 하고 연기하면 벌써 만들어진 나를 보게 된다. 심하게 말하면 억지로 만들어진 어색한 나를 보게 된다는 말이다.

그러나 극중 인물로 캐스팅되었을 때 그 인물을 성별, 나이, 직업, 가족관계, 고향, 외모나 성격, 역할, 살아온 발자취, 살아가고 있는 과정, 게다가 더 깊은 내면적 심리상태까지 연구하고, 아예 그 인물이 되면 구태여 연기를 하지 않아도 훌륭한 연기를 할 수 있게 된다. 마치 신 내린 것처럼, 빙의된 것처럼 나를 버리게 된다. 그러기 위해서는 작품 전체를 봐야 하고 다른 등장인물들과 나와의 상관관계도 살펴보아야 한다.

작품의 시대적, 지리적 상황에서부터 사건의 전개, 드라마의 형식과 추구하는 목표까지도 결부시켜서 이 드라마에서 주어진 나의 배역에 대한 의미까지 샅샅이 검토하고 현실의 나를 버려야 한다. 자, 준비가 다 되었으면 철저하게 나를 버리고 그 인물이 되어 보자. 그러나 그렇지 못하고 억지로 연기를 하려고 한다면 나로 하여금 그 작품의 완성도는 보장받을 수 없게 된다.

③ 연령대 연기

오디오드라마의 또 하나의 장점이자 단점이 성우 한 사람이 어린 시절부터 노년의 연기까지 다 소화해 내는 경우가 가능하다는 것이다. 라디오드라마 초창기에는 연극무대를 방송 전파를 통해 내보내는 것에 더 관심이 커서 연기자가 각 연령대의 연기를 비슷하게 만이라도 소화한다면 별로 신경 쓰지 않았고 청취자들도 작은 소리 상자가 그저 마냥 신기하기만 한데다 음질도 좋지 않았는데 그것도 별로 신경 쓰지 않았다. 하지만 요즘은 마이크, 스피커 등 방송제작 장비가 발달하고 청취자의 듣는 귀도 각종 미디어에 단련되어 고급화되었기 때문에 정말 연령대 연기를 제대로 하지 않으면 아이, 노인을 젊은 배우가 흉내 내고 있다는 것을 다 알아차리게 된다. 청취자들이 아이 목소리와 노인 목소리를 젊은 성우가 흉내 내고 있다는 것을 눈치채는 순간 오디오드라마의 실감성은 반감된다.

하지만 제작 여건상 요즘에도 젊은 배우가 아역과 노역을 흉내 내는 경우가 대부분이다. 제작여건을 일일이 열거하자면 길지만 그게 현재의 우리나라 오디오드라마의 제작여건인지라 간략하게라도 피력하고 넘어가자면 외국의 오디오드라마 제작 기간에 비해 우리나라 오디오드라마 제작 기간은 터무니없이 짧고 제작 예산도 빈약하다. 그러한 이유로 현재도 오디오드라마 초창기 때와 마찬가지로 성인 성우가 아역과 노역을 흉내 내고 있다.

비중이 큰 노인 배역인 경우에는 실제 연령대의 원로 성우 선생님을 모셔와서 제작하기도 하는데, TV나 영화에서처럼 아역배우는 육성되고 있지 않아 성인 여자 성우가 가성을 사용하여 흉내 낸다. 간혹 특별기획 드라마인 경우에 TV나 영화에서 활동하는 아역배우를 캐스팅하여 오디오드라마를 제작한 경우가 있긴 했지만, 일반적인 오디오드라마에서는 주로 성인 여자 성우가 어린이 목소리를 흉내 낸다. 물론 연령대 연기를 기막히게 잘 해내는 성우가 있다. 노역을 잘하는 성우가 있는가 하면 아역을 잘하는 성우도 있고 모든 연령대를 다 소화해 내는 성우도 있다. 그와는 반대로 본인과 비슷한 연령대 빼고는 다른 연령대 연기는 전혀 못 하는 성우도 있다. 하지만 아무리 연령대 연기를 잘한다고 해도 어색하지 않을 수 없다.

자연스러운 연령대 연기를 구사하기 위해서는 궁극적으로는 아역 성우를 비롯해 연령대에 맞는 성우를 발굴하고 육성하여 캐스팅하는 것이 타당하다. 그렇게 자연스런 연령대 연기의 표현이야말로 오디오드라마 장르의 보존과 발전을 위한 미래를 향한 투자가 될 것이다.

④ 입체적인 연기

오디오드라마는 오디오가 주체가 되는 드라마이기 때문에 소리로서 장면과 상황을 잘 표현해주어 청취자로 하여금 실감 나게 상상하고 스토리를 충분히 이해하도록 해야 한다. 그렇게 하기 위해서는 소리로 입체적인 장면을 구사하고 생동감 있는 상황을 묘사해주어야 한다. 그 주체는 성우인데 성우가 입체적인 연기를 하기 위해서는 스튜디오에 배치된 마이크를 기준으로 상황에 따라 거리감을 적절하게 설정하여 녹음 부스의 공간을 잘 활용하고 사방으로 이동하기도 하면서 생동감 있는 녹음을 해야 한다. 즉 녹음 부스 공간 내의 마이크를 중심으로 멀리 있거나 가까이 있거나 아래에 있거나 위에 있기도 하고 좌측마이크나 우측마이크로 움직이기도 하면서 연기해야 한다는 것이다.

오디오드라마의 등장인물들은 장면마다 상황에 맞게 마이크와 상관관계를 가지고 공간 활용을 효과적으로 하는 것이 공간감과 생동감을 연출하는 데 매우 중요하다는 것을 충분히 이해하고 있어야 한다. 입체적이면서 생동감 있는 연기를 동시에 구현하고 싶다면 마이크를 기준으로 멀리 있다가 가까이로 오거나 가까이에 있다가 멀리 가거나 그것을 좌·우 마이크 쪽으로 대각선으로 하기도하고 아래서 위로 올라가거나 위에서 아래로 내려오거나 하면 된다.

좌·우나 앞뒤나 대각선 움직임은 이해가 가는데, 위아래는 어떤 상황일 때 해야 하고 어떻게 해야 하는지 순간적으로 궁금할 것이다. 위·아래의 상황 표현은 옥상에 있는 사람이 거리에 있는 사람에게 대화하는 장면이나 사다리 위에 있는 사람이 아래에 있는 사람에게 하는 대사, 예를 들면, 걸리버여행기에서 걸리버가 소인국에 갔을 때 걸리버와 소인들과의 대사 위치 차이를 표현할 때와 같은 상황이 바로 그것일 것이다. 이럴 땐 어렵게 생각할 것 없이 계단이나 사다리, 그것도 없다면 의자라도 올라가서 대사를 하면 위, 아래의 입체적이거나 살아있는 연기를 어느 정도 실현할 수 있다. 물론 음향엔지니어가 음향장비로 최종적으로 보완할 테지만 입체적인 연기에 최선을 다할 필요는 있다.

⑤ 몰입하는 연기

성우는 아무나 할 수 없다. 그만큼 경쟁률도 세고 합격자들을 보면 대부분이 여러 번의 쓴맛을 경험한 사람들이다. 어떻게 보면 그들만큼 자신이 하고 싶은 일에 대해 간절히 노력하는 사람들도 드물 것이다.

성우가 되기 전에도 성우가 되어서도 그들의 끼와 열정은 때로는 연극 무대에서 뮤지컬에서 영화나 TV방송 드라마에서까지 표출된다.

성우는 목소리만으로 모든 걸 즉, 감정과 표정과 동작까지도 표현해야 하는 연기자다. 물론 주체할 수 없는 끼와 열정을 인정받았고 목소리 연기의 가능성을 인정받았기에 그 큰 경쟁률을 뚫고 성우에 뽑혔지만, 그래도 연기 초년생들은 고난이도의 연기가 요구되는 상황 앞에서 때론 주춤할 수밖에 없다. 그럴 땐 주변을 의식하지 말고 그냥 자아를 버리라고 말하고 싶다. 그건 바로 자기에게 주어진 인물에 빠져들어 몰입하라는 얘기다. 주변을 의식하고 자아를 이겨 내지 못하면 죽었다 깨어나도 그런 최고 절정의 연기를 맛볼 수 없다.

모든 연기에서 얼굴 모양을 신경 쓰고 동작을 예쁘게, 멋지게 하려고만 한다면 자아 속에 숨겨진 또 다른 인물을 끌어낼 수가 없다. 망가져야 할 땐 망가져 보자. 그러면 또 다른 나를 발견할 수 있을 것이다. 드라마제작 현장에 모여 있는 사람들은 모두 동료 연기자고, 드라마를 이해하는 전문 인력이고 어찌 보면 같은 길을 걷고 있는 형, 누나 또는 동생들이다. 부끄러울 게 하나도 없다. 오히려 몰입하여 연기력을 최대한 끌어내면 제작 현장에서 박수를 받을 일이다.

언젠가 나는 아! 저게 바로 성우들의 멋진 모습이구나! 하고 느꼈던 적이 있다. 마이크 앞에서 혼신을 다해 슬픈 장면의 열연을 펼치고 난 후 뒤돌아서던 성우의 얼굴에 흐르는 눈물과 콧물을 본 순간이었다. 진정으로 연기에 몰입해서 눈물이 주르르 떨어지던 그 성우의 모습은 아직도 생생하다.

⑥ 대본에 충실한 연기

오디오드라마를 제작하다 보면 대사를 자기 마음대로 바꾸는 연기자가 간혹 있다. 매우 나쁜 습관이다. 대사를 마음대로 바꾸면 습관이 되고 자꾸 엔지를 내게 된다. 바꾸고 싶으면 연습시간에 피디와 상의하에 바꾸어 연습하는 게 좋다. 그 대신 실제 녹음 제작 땐 대본에 충실히 하는 습관을 들여야 한다. 하지만 연습실에서 피디와 동료 연기자들과 리허설 할 때는 별 얘기가 없다가 방송제작 현장에서 갑자기 임의로 대사를 바꾸는 습관을 가진 연기자들이 꽤 많다. 이러한 행동은 그 대사를 작가의 의도에서 벗어나게 하거나 피디의 제작 방향에도 맞지 않게 하는 경우도 있다. 작가들이 그 대본을 쓸 때 단어 하나, 조사 하나까지도 심혈을 기울여 한 문장, 한 문장 고민하며 혼자 웃기도 하고 울기도 하면서 밤을 꼬박 세워 극본을 완성했다는 것을 생각한다면 성우로서 마음대로 대사를 바꿀 수 없을 것이다.

물론 간혹, 정통드라마 작가가 아닌 작가가 쓴 대본인 경우엔 드라마 대사에 적합하지 않은 문어체를 자주 사용하여 문맥이 매끄럽지 않거나 연기자가 대사하기에 어려운 어간과 어미를 자주 사용하는 등 연기하기에 어려운 문장을 자주 사용한 대본도 있다. 설령 그러한 대본이라도 마음대로 대사를 바꿔 버린다면 작가의 의도가 훼손될 수도 있다는 점을 잊지 말아야 한다.

또한, 그러한 약속되지 않은 즉흥적 대사 변경은 녹음할 때 스태프들이나 상대 배역들을 당황하게 하기도 한다. 특히 상대 배우는 생각지도 않게 대본과는 다른 대사를 듣게 되어 멈칫할 수도 있고, 또는 대본의 원래 대사를 체크하며 효과음을 준비한 자료, 폴리, 음악 효과맨 등은 갑자기 효과를 삽입해야 할 부분을 혼동하게 되어 난감해하다 엔지를 낼 수도 있다.

'엔지 내면 다시 하면 되지 뭐 생방송도 아닌데~.'라고 생각할 수도 있지만 만일 상대 배우에게는 어렵게 끌어낸 메소드 연기의 순간이었다면 상황은 다르다. 제작하다 보니 갑자기 작가가 작성한 대본에서 자신이 연기해야 할 대사를 좀 더 나은 방향으로 바꾸고 싶은 열의가 생겨난 건 높이 평가하지만, 그럴 땐 피디에게 의사표시를 신속하고 과감하게 하고 동료 연기자들, 그리고 엔지니어나 효과맨 등의 스태프들에게 양해를 구한 후 피디의 승인하에 작가의 의도를 벗어나지 않는 한도 내에서 대사를 바꾸는 것이 현명한 방법이다.

⑦ 대본에 없는 대사, 애드리브(Ad Lib)

대본에 없어도 상황에 따라 융통성 있게 해도 좋은 대사를 애드립이라고 한다. 이러한 애드립 대사는 주로 시트콤이나 코믹, 퓨전드라마 또는 블랙코미디 형태의 드라마에서 허용된다. 하지만 빈번한 애드립은 너무 가볍고 장난스러움만 보이게 되어서 작품의 퀄리티를 손상시키는 경우도 있기 때문에 허용된 상황이라도 어느 정도는 동료 배우와 피디 그리고 스태프들과의 약속이 필요하다. 그렇다고 해서 상의를 하고 애드립을 한다면 즉흥적인 맛이 떨어지기도 하고 상대 배역이 반응하는데 있어서 짜고 치는 고스톱이 되어 재미가 없어진다.

아무리 정통드라마 포맷을 벗어난 장르라고 하더라도 기본적으로 작가가 코믹적인 대사 위주로 스토리를 구성하는데 성우마저 애드립을 너무 과하게 하면 식상해지기 마련이다. 과유불급이라는 말이 있듯이 적절함이 미덕이 될 수 있다는 것을 명심해야 한다. 양념도 적당히 넣어야 맵거나 짜지 않고 제맛을 내듯이 말이다. 물론 정통드라마에서도 어느 정도의 애드립은 허용된다. 코믹, 퓨전드라마가 아닌 일반, 정통드라마에서는 대본에 충실하는 것이 좋고, 작품에 도움을 주기 위해서 애드립을 꼭 하고 싶다면 피디와 미리 상의하고 스태프들에게도 알리고 해야 한다. 그 대신 정통드라마의 분위기를 훼손하지 않는 범위 내에서 연출과 상대 배역과 스태프와의 암묵적인 약속을 한 상태에서 최대한 절제하여 사용하는 자세가 필요하다.

주가 되는 대사가 아닌 주변의 배음적 대사(왈라)라고 하더라도 애드립이 적용되는 경우도 있다. 예를 들어, 오디오드라마의 장면 중 식당신에서 손님들의 소음이나 회식자리 건배사에 화답하는 직원들의 반응을 맛깔나는 애드립으로 한다면 극에 재미를 더할 수 있을 것이다. 또는 사건 현장이나 유세현장의 군중들도 그에 걸맞은 애드립을 만들어 준다면 장면의 상황이 더욱더 풍부해질 것이다.

3) 성우의 진화

성우는 목소리로 연기하는 배우다. 방송이 라디오 매체를 통해 첫 전파를 타고 생겨나 정착하면서 이야기를 좋아하는 사람들의 요구는 무대극인 연극이나 마당극에서 라디오극이라는 새로운 장르를 탄생시켰다. 라디오극은 초창기에 연극배우가 맡아 연기했지만, 점차 라디오드라마의 틀을 갖추어 감에 따라 라디오드라마 전문 배우가 필요하게 되었다. 초기 라디오극에 투입된 배우들은 연극배우들이었는데 연극무대 위에서 관객들에게 대사를 전달해야 했기 때문에 발성법이 컸다. 지금도 연극이나 뮤지컬은 무대 위에서 관객에게 대사를 전달해야 하기 때문에 발성법이 크고 과장되어 있다. 그러나 그러한 발성은 라디오극을 제작해야하는 마이크 앞에서는 어색하고 어울리지 않아서 점차 라디오드라마 전문 배우의 필요성이 대두되었다.

마이크는 작은 소리도 잘 수음하여 전파를 통해 연극이라면 관객에 해당한다고 볼 수 있는 청취자들에게 잘 전달이 될 수 있으므로 크게 발성하는 연기보다는 섬세하게 연기하는 라디오극 전문 배우가 필요했다. 오로지 목소리만으로 마이크 앞에서 연기하는 배우가 필요했던 것이다. 그렇게 자연스럽게 탄생한 직업군이 성우다.

라디오극이 라디오드라마라는 장르로 자리매김하면서 일부 성우는 라디오드라마를 통해서 검증된 연기력으로 영화배우로도 진출하고, 일부는 방화에서 국내 영화배우의 목소리나 수입되는 외국명화 속 배우들의 목소리를 더빙하기도 했다. 지금은 라디오드라마가 매체의 다변화로 오디오로드라마로 불리게 되었고, 여전히 정통 성우의 요람은 오디오드라마에서부터 시작되고 있다. 당시에 성우들이 연기력을 인정받아 TV드라마의 탤런트나 영화배우로 진출하였듯이 다양한 미디어의 발달은 융합의 환경을 기반으로 직업군의 영역을 허물어 TV드라마의 연기자로 진출하는 성우는 더욱더 많아졌고, 비디오와 오디오의 각종 프로그램에서의 내레이션 및 진행(MC, 아나운서, 리포터 등)을 맡아 활동하기도 한다.

또한, 빠르게 변하는 멀티미디어 스마트 환경에서 애니메이션과 게임의 더빙, 광고 및 각종 사회 편의 환경(ARS 녹음, 대중교통의 아나운싱, 안내방송, 키오스크) 등에서 목소리 지원에 앞장서고 있다. 이는 성우가 정확한 발성과 단련된 연기력을 토대로 다양한 표현력을 갖추고 있기에 가능한 성우의 진화과정이다. 앞으로도 계속되어야 할 성우의 진화를 위해서 몇 가지 당부의 말을 남기고 싶다.

(1) 연기자는 연기를 하지 말아라

라디오드라마를 30년 동안 제작해온 본 저자는 성우들에게 '연기자는 연기를 하지 말아라!'라고 말해주고 싶다. '아니 연기자들에게 연기를 하지 말라니 무슨 귀신 씨나락 까먹는 말도 안 되는 소린가?' 하고 의아해하는 분들이 많을 것이다. 하지만 연기자가 연기를 하려고 할 때, 그들 스스로는 억지로 뭔가를 꾸미려고 하는 어색한 몸동작, 표정, 억양과 어투, 만들어진 목소리와 발음을 하게 되어 자연스럽지 못한 감정표현을 할 수밖에 없는 경우를 많이 보았기 때문에 하는 말이다.

특히 연기의 기본인 희로애락애오욕의 외적인 표현인 웃음과 울음 연기는 물론 내면 연기는 기대할 수도 없게 된다. 자! 이제부터는 자신이 연기자임을 망각하자. 대본을 받아들고 배역을 맡게 되는 그 순간부터 연기자가 아닌 자연인으로 돌아가자. 그리고 바로 그 작품 속의 인물 그 자체가 되자. 그러면 연기자로서 그 작품 속의 배역을 연기 하는 것이 아니라 그 시대, 그 상황 속 인물 그 자체로서의 삶의 표현이 우러나오게 될 것이다.

청취자가 '아! 지금 성우가 연기를 하고 있구나!' 하는 느낌을 받았을 때는 이미 그 드라마의 가치는 빛을 바래게 되고 재미없는 드라마가 된다. 청취자가 드라마에 자연스럽게 빠져들어 울고 웃고 감동하도록 하려면 연기자 스스로가 자연스러운 연기를 보여주어야 한다. 대사를 꾸미거나 만들어서 억지스럽게 하는 순간 오디오드라마는 외화나 애니메이션의 더빙물이 된다. 아니 그도 저도 아닌 코미디로 흐를 가능성도 있다. 외화나 애니메이션의 더빙연기는 반토막 보조역할이지만 오디오드라마의 연기는 오롯이 나의 것이기 때문이다.

(2) 대본을 철저히 분석하라

연기자에게 있어서 대본은 악보다. 피아니스트가 악보를 보고 연습을 하면 할수록 실력이 늘듯이 연기자도 대본을 보고 연기연습을 하면 할수록 연기력이 향상되어 자연스러운 연기를 할 수 있다. 대본에는 대사만 있는 게 아니고 음악이 있고 효과음이 있고 지문이 있다. 자신이 연기자라고 해서 나는 내 대사만 충실히 연습하면 된다는 생각에 자기가 맡은 배역의 대사에만 밑줄을 긋고 끊어 읽기 표시, 장·단음 표시, 감정처리 등을 메모해서 새카맣게 표시를 해놓고 연습 다 했다고 의기양양해 하고 있다. 그러나 막상 큐사인을 받으면 실수 연발에 흐름을 못 읽어 당황하게 된다. 대본을 분석할 때는 자기 대사만 보지 말고 대본 전체를 보라는 얘기다.

작가의 작품세계와 방송국이 그 작품을 제작하려고 하는 기획 의도까지 또한 특집극이라면 이 작품이 추석특집인지 설날특집인지 무슨 특집인지는 알고 작품을 분석한다면 훌륭한 분석이 될 것이다. 내 대사뿐만 아니라 대본에 프린트된 모든 내용을 꼼꼼히 읽어보고 특히 내 상대 배역의 대사는 반드시 다 읽어보자. 만일, 자기가 식당 종업원 역할인데 "네! 알겠습니다."라는 한마디 대사밖에 없다고 하더라도 그 작품을 처음부터 끝까지 다 읽어보고 이 작품이 어떤 작품인지를 알고 연기를 한 사람의 "네! 알겠습니다." 하고 딱 자기 대사인 "네! 알겠습니다."만 연습하고 연기한 사람하고는 어디가 달라도 다르다.

(3) 현실적인 대사를 구사하라

오디오드라마에서 쓰는 대사는 생활 속의 언어여야 한다. 또한, 그 드라마 속의 시대 상황에도 맞아야 한다. 누군가 그랬듯이 우리의 인생은 드라마와 같다고 했다. 드라마는 우리가 얽히고설켜서 살아온 삶 그 자체를 스토리텔링으로 꾸민 이야기이기 때문에 대사도 그 속에서 우러나와 있는 그 자체의 꾸밈없는 언어로 표현해야 진짜 드라마라고 할 수 있다.

어떤 피디는 사사건건 장음·단음을 논하고 격음·경음을 꼬집고 띄어 읽기를 지적한다. 그런 피디는 아나운서실이나 국어 선생님으로 가야 한다. 드라마에 있다간 작품을 모두 망치고 만다. 아나운서가 써야 할 정확한 발음은 드라마의 맛을 망치고 만다. 드라마에서도 '자장면,

효과, 건수'라고 발음하라고 한다. 내 개인적으로는 아나운서도 '짜장면, 효꽈, 껀수'라고 발음해주길 바라는데 드라마에서까지 '자장면, 효과, 건수'라고 하란다. 우리가 실생활 속에서 편하게 자주 써온 말이 오디오드라마에서 생활 속의 언어가 되는 것이지 이제부터 나라에서 표준말로 정했다고 해서 어색해도 오디오드라마에서까지 쓰라고 하는 것은 오디오드라마의 발전을 막는 일이 될 것이다.

(4) 캐릭터에 걸맞은 대사를 하라

오디오드라마에서 혹은 다른 장르에서도 캐릭터의 정립은 약속이다. 생긴 대로 논다는 말이 있다. 우락부락하게 생기면 거칠다. 샌님처럼 생기면 샌님 짓을 한다. 하지만 외모가 우락부락해서 거칠게 보이지만 부드러운 사람도 많다. 샌님처럼 생겼어도 음흉한 사람이 있다. 하지만 대부분은 생긴 대로 행동한다. 관상학이 생긴 이유도 조상님들의 통계학적 지혜에서 비롯된다. 그 원리는 연극, 영화, 비디오 드라마, 애니메이션에도 적용된다.

그렇다면 보이지 않고 목소리만으로 표현해야 하는 오디오드라마에서는 캐릭터의 정립을 어떻게 해야 할까? 그 또한 어렵지 않다. 목소리도 천차만별이고 사람의 성격도 목소리의 생긴 대로 놀기 때문이다. 여기서 목소리의 생김새란 목소리의 개성이나 음색, 또는 특성을 말한다. 우락부락 굵고 거친 목소리가 있고 가늘고 부드러운 샌님 목소리도 있다.

하지만 요즘은 고정관념을 파괴하자는 혁신가들이 드라마에도 존재한다. 중저음의 멋진 목소리의 방자도 있을 수 있고 간사한 목소리나 우라부락한 거친 목소리의 이도령도 있을 수 있다는 거다. 거 참, 그러한 궤변은 아방가르드 연극이나 부조리극에서나 써먹으라고 하자. 물론 춘향전의 스토리를 확 바꿔서 잘생긴 하인 방자가 춘향이와 놀아나는 코믹 퓨전 사극으로 변형한다면 그럴 수도 있다. 하지만 일반적인 캐릭터의 정립은 깨지지 않아야 한다.

그런데 무조건 자신의 좋은 목소리를 알리고 싶어서 자신이 어떤 캐릭터를 맡게 되더라도 멋있는 목소리로 마치 주인공처럼 대사를 하는 성우도 있다. 물론 목소리 좋은 하인도 있고 목소리 안 좋은 장군도 있을 것이다. 하지만 작품의 상식적 캐릭터 정립을 위하여 기준이 필요하기 때문에 스스로 그 약속을 지켜야 한다. 스스로를 비우고 주어진 배역에 과감히 빠져든다면 작품 속의 돌쇠가 되어 극의 완성도에 기여하는 자기 자신을 보람있게 생각하는 날이 올 것이다.

오디오드라마는 종합예술이요 단체 활동으로 만들어지는 작품이기에 서로 신뢰하고 협력하고 희생하고 배려하지 않으면 좋은 작품을 만들 수 없다. 자기가 주인공을 맡지 못한다 하더라도 극 속에 한 알의 밀알이 되기 위해 최선을 다할 줄 아는 자세가 필요한 것이다. 영화 노트르담의 꼽추에서도 안소니 퀸이 꼽추 분장을 하고 열연하지 않았던가?

원래는 자신의 목소리가 멋있는 목소리여도 오디오드라마에서 악역을 맡게 되었다면 목소리에도 분장한다는 심정으로 주어진 캐릭터에 맞는 목소리를 연습하여 최대한 그 인물이 되도록 노력하자. 배우는 배역을 먹고사는 게 아니라 연기를 먹고살아야 한다는 마음가짐으로 주어진 배역을 소화하자.

(5) 흐름을 잘 타는 대사를 하라

오디오드라마에서 흘러나오는 성우들의 대사가 청취자의 귀로 전달되는 순간, 청취자는 그 흐름을 타고 스토리에 빠져들게 된다. 나라마다 언어엔 그 나라의 정서에 맞는 고유의 운율과 흐름이 있다. 한 나라 안에서도 지방과 지역, 환경에 따라 독특한 어투와 리듬이 있다. 개인에 따라서도 차이가 있고 사투리도 있다. 그래서 누군가와 대화를 나눌 때 상대방의 말이 느리면 답답하고 빠르면 어수선하게 느껴진다. 발음이 명확하고 고저장단이 뚜렷하고 마무리가 확실하면 듣는 사람도 기분이 좋다. 그런 사람들을 우리는 "언변이 뛰어나다."라고 말하기도 한다. 예전엔 약장사나, 외판원, 정치인들이 언변이 뛰어나 그 언변에 홀딱 넘어가 필요 없는 약이나 물건을 사기도 하고 말만 앞세우는 정치인들에게 투표했다가 실망을 하기도 한다. 하지만 이야기보따리를 풀어놓는 만담가나 무성영화를 설명하던 변사는 우리들을 즐겁게 했다.

이러한 예에서 보듯이 말은 말하는 사람의 것이 아니라 듣는 사람의 것이라는 것을 알 수 있다. 그 말은 오디오드라마에서 연기를 하는 성우는 청취자가 어느샌가 방송의 이야기 속에 빠져들도록 흐름을 잘 타면서 발성을 해줘야 한다는 것이다. 성우의 연기를 듣는 청취자도 마치 가수의 노래를 들으며 감응을 하듯이 오디오드라마에서 들려 나오는 성우의 목소리에 마치 음악에 박자를 맞추듯이 호흡을 맞추기 때문이다. 성우가 호흡을 조절하지 못해 숨 가쁘게 대사를 하며 자꾸 끊어가듯이 대사를 하면 듣는 사람도 숨이 차고 불쾌하게 된다. 또 힘을 잔뜩 주고 대사를 하면 청취자도 힘이 잔뜩 들어간다. 청취자가 숨 쉴 여유를 주면서 편안하고 자연스럽게 대사를 하면 이야기 속에 금세 빠져들게 된다.

성우가 울고 웃고 화내고 즐거워하면 그 대사를 듣고 있는 청취자도 똑같이 울고 웃고 화내고 즐거워한다는 것을 알아야 한다. 그만큼 오디오드라마에서 성우는 듣는 청취자들도 함께 흐름을 잘 탈 수 있도록 재미있고 감칠맛 나게 연기를 잘 해주어야 한다는 얘기다.

(6) 주변음을 신경 쓰며 대사를 하라

오디오드라마는 오디오만으로 이루어진 종합예술이다. 대사, 음악,

효과음이 어우러져서 하나의 예술작품으로 완성된다. 그중에서 대사가 서로 주고받으며 스토리를 이끌어 가기 때문에 가장 비중이 크지만, 음악과 효과음도 스토리의 전개를 위하여 있어야 할 곳에 잘 배치되어야 한다. 그러한 상황에서 함께하는 소리들이 잘 조화를 이루도록 서로 운용의 미를 발휘하여 다른 분야의 소리도 신경 써가면서 요령껏 제작을 해야 하기 때문에 부스 안에서 대사를 주고받는 성우들도 나름대로 주의를 기울여 제작에 임해야 한다.

만일 극중의 다른 소리들을 신경 쓰지 않고 나의 대사만을 신경 쓰다 보면 오히려 나의 대사가 다른 소리에 의해서 간섭을 받아서 상쇄되는 경우가 발생하기도 한다. 효과음과 성우의 대사 간의 간섭이나 상대 배역의 대사와 나의 대사 간의 간섭이 그 한 예다.

예를 들어, 주변음을 신경 쓰지 않고 아무 생각 없이 대사를 하다가 문을 여는 소리에 자신의 대사가 묻혀 버리는 경우도 있고, 노크하고 문을 열고 들어와서 대사를 해야 하는 신에서 아직 노크도 하지 않았는데 마이크 앞에 다가와서 벌써 대사를 하는 우를 범하는 경우도 있다. 또는 천둥소리가 크게 나오는데 대사를 해서 중요한 대사가 사라지는 경우도 있고 상대 배역의 큰 외침 소리에 나의 대사가 간섭을 받아 상쇄되는 경우도 종종 일어난다. 이처럼 나의 대사가 묻혀 버리거나 다른 소리와 엇박자가 날 수도 있으니 주변 소리, 즉 상대방의 대사, 효과음, 효과음악을 신경 쓰며 요령껏 나의 대사를 잘 살려야 한다. 그래야 나의 대사, 상대방의 대사, 효과음, 효과음악 모두 원원할 수 있다.

이처럼 오디오드라마 속의 모든 소리들이 윈윈할 때 그 오디오드라마도 성공할 수 있다. 물론 오디오드라마의 전개와 상황에 따라 오버랩을 필요로 하는 경우의 대사도 있을 수 있다. 오버랩 대사는 상대방의 대사가 미처 다 마무리되기 전에 미리 덮어씌우듯이 하는 대사이기 때문에 오히려 상대방의 대사 말미가 오버랩 대사에 의해 상쇄되어야 좋다. 하지만 때론 오버랩하는 대사가 작아서 효과가 적은 경우도 있다. 그래서 오버랩이 적용되는 상대방 대사의 말미는 중요한 내용을 가급적 쓰지 않는다. 그렇지만 오버랩 대사에서도 상대방 대사의 내용이 최대한 훼손되지 않는 선에서 요령껏 오버랩 대사를 치고 들어가야 한다. 오디오드라마에서 나의 대사는 물론 상대편의 대사, 그리고 효과음이나 음악까지도 잘 표현될 수 있도록 서로 주변음을 신경 쓰며 조심해서 대사를 구사하는 노력이 필요하다.

(7) 희생과 배려, 융통성을 지녀라

오디오드라마 제작 현장에서 동료, 선·후배들이 서로를 위해 작은 희생을 할 줄 아는 마음을 갖는다면 좋은 작품은 저절로 만들어진다. 때론 나의 연기에 대한 욕심을 버리고 상대 연기자의 열정적인 연기에 양보하고 박수를 쳐줄 줄 아는 성우가 되어야 한다.

상대 배역의 배우가 작품 속 배역에 몰입하여 열정적인 연기를 끌어낸 나머지 눈물, 콧물을 흘리고 열연하고 있는데 맞대응하는 자기 대사에 작은 토시 하나가 틀렸거나 발음이 꼬였다고 엔지를 신청해서 최고조에 다다른 상대 배역 연기의 흐름과 맥을 끊는 민폐 성우가 있었다. 이는 자신만을 생각한 이기적인 행동이고 상대연기자를 전혀 배려하지 않는 몰염치한 행동이다. 만약에 상대 배우가 자기로 인해서 다시는 그 감정을 더 이상 이끌어 내지 못한다면 크게는 청취자들에게까지 누를 끼치는 중죄를 저지른 꼴이 되고, 적게는 피디는 물론 스태프, 동료 배우들에게 큰 폐를 끼치는 꼴이 된다. 이럴 땐 노련한 피디는 수신호로 최악의 상황을 모면하기도 한다.

하지만 오히려 피디가 엔지를 먼저 선언하는 경우도 있다. 물론 이런 누를 범하는 성우나 피디는 신입 성우이거나 오디오드라마를 이제 막

시작하는 피디인 경우가 많다. 하지만 신입 성우라고 용서만을 바랄 일은 아니다. 미리 작품에 임하는 희생과 배려의 마음가짐을 준비한다면 이런 실수는 미연에 방지할 수 있을 것이다. 상대 배우의 열연을 재빨리 캐치했다면 나 또한 최선을 다해 열연으로 맞대응해야 하겠지만, 만약 실수했더라도 융통성을 발휘해서 나의 실수로 인해서 상대 배우의 열연이 수포로 돌아가지 않도록 최선을 다해 노력해야 한다. 내 대사에 발음이 조금 꼬였더라도 순간의 재치와 애드립을 이용해서 자연스럽게 위기를 극복할 줄 아는 센스가 필요하다. 그리고 그런 상황에서는 손익분기점을 생각해서 너그럽게 넘어가 주는 피디의 센스도 필요하다.

성우의 희생과 배려의 예는 또 다른 상황에서도 찾아볼 수 있다. 서너 명이 대화를 나누는 장면이 있는데 대본을 보니 자신의 대사가 한참 후에 나온다고 해서 함께 대사를 하다가 뒤로 빠져서 대기 의자에 앉아 있다가 자기 대사 나올 때만 의자에서 일어나 나와 대사를 하는 성우가 있었다. 그러다가 카페트 바닥을 끄는 발소리나 의자 소리가 나는 등의 잡음을 발생시켜 엔지를 유발하기도 하고 다른 생각을 하고 있다가 자신이 대사를 할 차례를 놓쳐서 엔지를 내는 경우도 있었다.

오디오드라마는 단체로 하는 구기 종목과 같이 협동심을 발판으로 제작하는 공동작품이다. 자기 대사가 한동안 없더라도 옆에서 호흡과 추렴을 함께 해주며 분위기를 맞추어 준다면 더 완성도가 풍부한 장면을 만들 수 있을 것이다. 이렇듯 성우들의 자기희생과 배려는 작품을 더욱더 실감 나고 재미있게 만들어 준다는 것을 명심해야 할 것이다.

5. 음향엔지니어(Sound Engineer)

엔지니어는 기술자라는 의미와 공학전문가라는 의미가 일반적인데 방송국에선 방송기술 분야라고도 하며 조금 더 전문성을 띠고 있다. 즉 방송국의 방송장비를 기술적으로 다루거나 유지관리하는 일을 하는 사람을 엔지니어라고 한다. 방송기술 분야엔 영상기술과 음향기술이 있는데 영상기술은 TV에서만 주로 활동하고 음향기술은 TV, 라디오 양쪽에서 모두 활동한다. 오디오드라마에서도 방송음향기술전문가를 일명 음향엔지니어라고 한다.

a. 오디오드라마 제작 중 **b. 메인 콘솔**

그림–6 오디오드라마 제작 중

이 책은 방송엔지니어를 위한 전문서적이 아닌 30년간 오디오드라마 제작에 참여해 온 음향효과 감독의 경험적 시선으로 오디오드라마를 제작할 때는 어떠한 직종의 전문가들이 참여하여 무슨 일을 하는지에 관해 집필한 참고서적이다. 그러므로 각 분야의 깊이 있는 전문성까지는 접근하지 않았고, 다만 오디오드라마를 제작하는 기본적인 업무에 관해 필요한 내용을 다루었다는 점을 말씀드리고 싶다.

1) 기술 업무

음향엔지니어는 각종 녹음장비와 더불어 세팅된 컴퓨터 시스템과 소프트웨어를 사용하여 오디오드라마를 제작, 편집, 송출까지 수행하는 방송업무의 핵심을 맡고 있다. 또한, 방송제작 업무가 항상 원활하게 이루어질 수 있도록 녹음실을 관리하는 총괄 책임을 맡고 있다. 녹음에 사용하는 음향장비를 점검 관리해야 함은 물론, 부조 및 부스 내부의 청결 상태까지도 체크해서 유지해야 한다.

방송국에서 마이크는 최전방에서 연기자의 음성 연기 및 효과맨의 폴리사운드를 수음하기 위한 장비로써 매우 중요하다. 음향엔지니어는 녹음실부스 내의 규모와 공간, 용도 및 여건을 제대로 파악하여 설치할 마이크의 특성을 잘 파악해야 한다. 또한, 부스 내부의 방음 상태를 확인하고 공간에 맞는 음향의 기준값을 잘 측정해서 음의 반사율과 공명현상이 과도해지지 않도록 흡음을 위한 시설을 항상 점검하고 유지관리해야 한다.

두 번째로 중요한 장비는 스피커다. 마이크를 통하여 수음되는 소리를 바로 모니터할 수 있어야 얻고자 하는 소리를 만들기 때문이다. 믹싱 콘솔이나 다른 이펙트 음향장비 및 컴퓨터시스템의 실시간 아웃풋을 확인하고 판단해야 하기 때문에 녹음실 특성을 잘 감안하여 알맞은 스피커를 선정해야 한다. 이를테면 음악을 위주로 제작할 스튜디오에는 중저음과 고음을 아우르는, 악기음이 제대로 표현되는 특성을 가진 스피커가 필요할 것이고, 오디오드라마를 주로 제작하는 스튜디오에는 마이크를 통해 수음된 효과음과 연기자의 대사를 올바르게 모니터링할 수 있는 섬세한 스피커가 필요할 것이다. 또한, 뉴스나 대담프로그램을 위한 스튜디오라면 기술적인 특성의 고려보다는 내구성과 음성전달력이 강한 스피커가 필요할 것이다.

세 번째는 믹싱 콘솔이다. 믹싱 콘솔은 매우 복잡한 메커니즘의 구성체라기보다는 예민한 구성체라고 보는 게 더 적당하다. 믹싱 콘솔은 같은 방식으로 된 여러 라인의 오퍼레이팅 놉과 페이더를 조화롭게 사용하면 되는데, 그 이후의 실력은 순발력과 노하우로 다져진 음향엔지니어의 연륜을 통해서 보이게 된다. 그 밖에 이펙트 장비와 분배기도 필요하고 각종 컴퓨터 시스템과 녹음기(CDP, DAT, MD)도 연결된다. 요즘엔 각 방송사나 녹음실이 자체 개발한 사운드 편집프로그램을 컴퓨터에서 구동하여 사용하는데, 이것은 디지털 환경의 쾌거이며, 모든 방송제작을 파일로 관리할 수 있게 되었다. 방송국에선 이러한 오디오 장비들이 항상 최상의 상태로 유지 관리되고 있어야 실시간으로 문제없이 방송을 제작할 수 있다.

또한, 녹음 스튜디오의 최종 책임자인 음향엔지니어는 부조(방송장비가 설치된 조정실)와 부스(마이크가 설치된 녹음공간)의 청결유지를 위한 공기청정기와 적정온도를 위한 냉난방 시스템도 점검하고 관리한다. 오디오드라마를 만드는 스튜디오의 부조에는 섬세한 음향장비가 설치되어 있고, 부스에는 소음을 방지하기 위한 카페트와 반사현상을 줄여주는 흡음벽이 깔려있기 때문에 청결유지와 온도유지가 다른 스튜디오보다 더 각별해야 한다.

음향엔지니어의 업무는 총괄적이며 광범위하다. 녹음실 관리는 물론 기계적인 녹음장비 관리를 얼마나 적절히 사용하는가 하는 소프트웨어적인 기술업무도 본연의 업무라고 할 수 있다.

2) 비교우위 페이더 컨트롤

오디오드라마 제작 현장에서 음향엔지니어는 믹싱 콘솔을 이용하여 여러 채널을 통해 들어오는 소리들을 조화롭게 녹음되도록 페이더 컨트롤을 하느라 매우 바쁘다. 예를 들어 오디오드라마의 한 장면 중 태평양 한가운데에서 작은 어선이 기상악화로 거의 침몰 직전에 처한 상황이라고 가정해 보자. 천둥 번개가 치고 폭우와 강풍이 몰아쳐 파도가 집채만큼 크게 일어나 금방이라도 배를 집어삼킬 것 같고, 선원들은 배 위의 갑판에서 물을 퍼내고 서로를 독려하는가 하면 겁에 질려 비명 섞인 고함을 외친다. 이처럼 여러 가지 소리들이 동시에 나올 때 자료효과음과 폴리효과음, 대사 중 어떠한 소리를 우선순위로 정할 것인가를 정하여 순서대로 높이거나 줄여가며 순간적으로 강조해야 할 소리를 다른 소리에 의한 간섭현상으로부터 벗어나게 해야 한다.

오디오드라마를 제작하는 음향엔지니어는 성우의 대사와 음향효과의 사운드를 적절하게 믹싱하기 위해서 모든 장면을 그 누구보다 확실히 이해하고 있어야 한다. 왜냐하면, 음향의 조화를 위한 최종 믹싱은 완성도 있는 장면을 만들고, 나아가 오디오드라마의 퀄리티를 높여주기 때문이다. 피디는 전체적으로 연출을 하고 성우는 연기를, 음향효과 감독들은 효과음과 효과음악을 위해 최선을 다하지만, 음향엔지니어는 전체 음향레벨을 다듬고 최종 편집하여 언제 내놔도 손색이 없는 오디오드라마라는 상품을 완성시킨다. 그러한 의미에서 본 장에서는 오디오드라마 제작 현장에서 음향엔지니어가 수행하는 페이더 컨트롤 노하우에 대해서 알아보았다.

(1) 컷인-스닉아웃

오디오드라마를 제작할 때는 연기자의 대사를 기준으로 효과음과 효과음악이 적절히 조화를 이루어야 한다. 그중에서도 연기자와 함께 호흡을 맞추어 소리를 만들어내는 폴리효과는 별도의 마이크를 사용하여 대도구, 소도구, 발소리 등의 소리를 구현한다. 하지만 아무리 연기자와 호흡을 잘 맞추어 적절한 효과음을 만들어 낸다고 해도 음향엔지니어가 마이크 컨트롤을 제대로 해 주지 않는다면 효과적일 수가 없다. 물론 폴리효과맨도 마이크 특성을 잘 이해하고 마이크 위치를 수시로 점검해가며 마이크 디렉션을 기준으로 가깝게 혹은 멀게, 약하게 또는 강하게 소리를 만들어 내야 한다. 그에 걸맞게 음향엔지니어도 폴리효과맨과 긴밀한 소통을 하며 마이크 페이더를 잘 컨트롤해주어야 한다. 즉, 음향엔지니어는 폴리효과맨이 소리를 내줄 시점을 잘 예측해서 미리 해당 마이크 페이더를 올려놔 주어야한다. 그것도 스닉인이 아니라 컷인으로 말이다. 그래야 첫음부터 정상적으로 수음될 수가 있다. 그리고 폴리효과음의 끝나는 여운까지 잘 살려 주어야할 때는 최대한 마이크를 열어두었다가 서서히 스닉아웃으로 페이더를 컨트롤 해주어야 한다. 예를 든다면 사무실문을 박차고 뛰어 들어와 이것저것 사무집기들을 뒤지는 장면에 이어 해설이 들어오는 부분이 있다고 하자. 이럴땐 문을 박차고 들어가는 소리가 강하게 살아야 하고 뛰어 들어오는 발소리와 이것저것 사무 집기들을 뒤적이는 소리가 연기자의 호흡과 잘 어우러지면서 해설이 들어와도 바로 멈추기 보다는 해설 앞부분에 묻히면서 서서히 사라지도록 녹음해야 한다. 그런데 음향엔지니어가 페이더컨트롤을 잘 못해서 스닉인으로 첫음을 수음하고 끝음을 컷아웃으로 끊어버린다면 문 박차고 여는 소리는 앞부분이 약하게 수음되고 사무집기 뒤적이는 소리의 뒷부분 여운은 갑자기 사라져서 어색한 단절감을 자져다 줄 것이다. 음향엔지니어는 장면을 충분히 이해하고 문을 박차고 여는 소리가 나오기 전부터 컷인으로 마이크를 올리고 있어야 다급히 들어오는 문소리와 발소리, 집기들을 뒤적이는 소리가 잘 살아날 것이고 해설이 들어오더라도 스닉인으로 마이크를 줄여주어야 단절감을 줄일 수 있다. 하지만 습관적으로 페이더컨트롤을 스닉인으로 들어 왔다 컷아웃으로 급하게 내리는 게 몸에 밴 음향엔지니어가 종종 있다. 저자와는 다른 전문분야라서 혹여나 월권이 될까봐 조언을 할 수 없고 많은 연습을 통해서 극복하길 바랄뿐이다. 첫음을 살리고 끝음에 여운을 줄때는 컷인 스닉아웃으로 페이더컨트롤을 해 주어야 한다.

(2) 스닉인-컷아웃

오디오드라마 제작 시 장면변환용 배경음(새소리, 파도소리, 비 오는 소리, 거리소음 등)의 삽입이라던가 먼 곳에서 가까운 곳으로 이동하는 사물의 소리(자동차, 수레, 발소리 등등)를 수음하기 위해서는 페이더를 서서히 올려서 스닉인 해 주는 게 좋다. 물론 자료효과음이나 효과음악은 음향효과맨들이 미니콘솔을 직접 사용하기 때문에 알아서 페이더를 컨트롤 하지만 메인 콘솔로도 적당한 조절이 필요하다. 하지만 부스 안에서 마이크를 사용하여 소리를 만들어 내는 성우나 폴리효과맨의 소리는 전적으로 음향엔지니어가 페이더 컨트롤을 해 주어야 한다. 특히 폴리효과맨은 발소리로 연기자의 감정이나 동선을 표현하는데 먼 곳에서 가까운 곳으로 다가오는 발소리나 가까운 곳에서 먼곳으로 멀어지는 발소리를 자주 내야할 때가 많다. 폴리효과맨이 나름대로 마이크를 기준으로 먼 위치에서 시작해서 가까운 위치로 다가오면서 가까워지는 발소리를 표현해 주거나 가까운 곳에서 먼 쪽으로 걸어가면서 멀어지는 발소리로 거리감을 표현해 주기도 하지만 부스 내의 폴리효과 공간이 협소함으로 잘 표현되지 못하는 경우가 있다. 그럴 때는 음향엔지니어가 폴리효과맨이 발소리를 해야 하는 마이크의 페이더를 서서히 올려주거나 내려주며 컨트롤 해 주어야 한다. 성우들의 대사도 마찬가지다. 멀리서 가까이로 오는 대사의 표현을 음향엔지니어가 페이더를 이용해서 협조해 줄 필요가 있다. 그리고 깔리던 효과음이나 성우의 대사를 갑자기 단절해 주고자 할 때나 또는 급격한 장면 전환이 필요할 때는 현재의 효과음이나 연기자의 호흡을 일시에 사라지게 해 주어야 할 때가 있다. 그럴 때도 음향엔지니어가 순발력을 발휘하여 페이더를 컷아웃하여 단절감을 표현해 주어야 한다.

(3) 컷인-컷아웃

오디오드라마 제작 시 컷인-컷아웃 방식은 페이더를 적정수음 레벨 위치로 빠르게 올렸다가 수음 후 빠르게 페이더를 내려주어 필요한 소리만 적정레벨로 수음하는 방법이다. 이러한 페이더 컨트롤 기법은 고도의 순발력을 필요로 하며 극본을 잘 파악하고 있어야한다. 이 기법은 주로 배경음보다는 목적음에 자주 사용하는데 예를 들어 전화벨이 울려서 전화를 받는 장면이라면 전화벨소리는 미리 컷인하여 적정레벨로 삽입시켜야하고 수화기 드는 소리가 나면 잽싸게 컷아웃하여 벨소리가 더 이상 나오지 않게 해 주어야한다. 또한 가까이서 우는 애기우는 소리는 컷인으로 적정레벨까지 페이더를 올려 주어야하며 애기우는 소리가 그쳐야 할 때는 컷아웃으로 멈춰 주어야 한다. 이렇듯 목적음은 배경음과는 달리 어떠한 상황이냐를 파악해서 페이더를 컨트롤 해 주어야 한다. 주로 제자리에서 이동하지 않는 상태로 벌어지는 일이라면 컷인-컷아웃으로 수음해 주어야 하는 경우가 많다. 폴리효과음이 만들어내는 도구효과음이나 성우가 연기하는 대사도 마찬가지다. 음향 엔지니어가 제자리에서 표현되어야하는 효과음이나 대사를 스닉인 스닉아웃으로 페이더 컨트롤을 한다면 엉뚱하게도 폴리효과음이나 대사가 서서히 들리게 되어 멀리서 다가오는 장면으로 착각하게 된다. 물론 제자리에서 벌어지는 일들도 스닉인으로 이전 장면과의 교체를 할 수도 있고 오버랩으로 새로운 장면을 열어줄 수도 있다. 하지만 이미 진행 중인 같은 장면 내에서 제자리에서 벌어지는 일반적인 상황의 목적음은 컷인-컷아웃을 원칙으로 한다.

(4) 스닉인-스닉아웃

오디오드라마를 제작할 때 일반적인 장면에서의 배경음이나 음악은 거의 스닉인해서 서서히 삽입하고 스닉아웃으로 서서히 사라지게 하는 게 원칙이다. 특별한 이유가 없는 한 브릿지음악이나 비지음악은 앞뒤로 스닉인-스니아웃 해주는 게 일반적이다.

스닉인-스닉아웃이 가장 적절히 사용되어야 할 부분은 드라마에서 회상으로 가는 효과음과 회상에서 돌아오는 효과음을 표현해주어야 할 때다. 물론 스닉인 스닉아웃의 시간 차는 그때그때 다르게 사용되어야 한다. 예를 들어, 바닷가마을에서 벌어졌던 일을 회상하는 장면이라면 회상하는 사람의 독백에 바닷가 파도 소리를 묻혀서 스닉인으로 삽입했다가 회상하는 내용이 모두 끝나고 바닷가 파도 소리가 스닉아웃으로 서서히 빠질 때 회상했던 사람의 호흡이나 대사가 겹치게 하면서 현실로 돌아오게 하는 방법이 일반적으로 사용하는 회상 기법이다.

물론, 회상 장면뿐만 아니라 일반적인 오디오드라마의 장면 전환을 위해서는 배경음이나 효과음악을 서서히 등장시켜 장소나 상황을 청취자들에게 알려준 뒤, 그 장면 내내 들릴 듯 말 듯 깔아주다가 장면이 끝날 때 서서히 스닉아웃해서 마무리하는 방법이 일반적으로 많이 사용하는 방법이다. 이러한 음향엔지니어의 페이더 컨트롤 기법은 오디오드라마의 장면들을 충분히 이해한 후에 수행되어야 완성도가 높아진다.

3) 엔지 후 큐점 제시

오디오드라마는 현장에서 각 분야의 전문가들이 모두 모여 동시녹음으로 제작되기 때문에 녹음 중 엔지가 발생하는 경우는 다반사로 일어난다. 물론 오디오드라마는 생방송이 아니고 녹음방송이다. 오디오드라마 제작은 피디를 중심으로 여러 성우들과 음악효과, 자료효과, 폴리효과, 음향엔지니어 등의 스태프들이 함께 전문성을 쏟아내며 시작된다. 이처럼 여러 사람들이 모여서 동시에 제작에 참여하다 보면 성우, 음향효과맨, 음향엔지니어는 물론 피디까지도 누구라도 엔지를 내는 경우가 생긴다. 그래서 요즘은 엔지나는 장면만 모아두었다가 연말 시상식 때 에피소드로 웃음을 주기도 한다.

예전엔 릴테이프으로 방송제작을 했었기 때문에 한번 엔지가 나면 리와인드(Rewind) 포워드(Forward)해서 다시 녹음할 인점을 찾느라고 번거로웠다. 하지만 요즘은 컴퓨터에 디지털 방송제작프로그램이 탑재되어 파일로 관리되고 제작 중 소리를 파형으로 생성시켜 직접 눈으로 소리의 크기나 형태를 보면서 녹음하는 시대다. 그리고 엔지 후 인점을 찾을 때도 테이프를 감아야 하는 게 아니라 마우스로 클릭만 하면 어느 장면의 어느 부분이건 순간적으로 이동할 수 있다. 게다가 소리를 부분적으로 복사하거나 증폭시키거나 지우거나 생성시킬 수도 있다. 더욱 매력적인 것은 아차 잘못 실수를 해도 원상 복귀되는 기능(REDO)과 다시 돌아가는(UNDO) 기능도 있고 그뿐만 아니라 음향편집 기능이 무궁무진하다. 그래서 엔지 후 이어가는 부분을 순식간에 찾아 바로 녹음을 할 수 있다.

요즘엔 트랙별로 대사, 효과음, 효과음악을 따로따로 녹음하기 때문에 사후에 편집할 수 있어서 비지음악이 깔리는 장면이나 무르익은 연기의 호흡을 끊기가 아까운 장면에서는 엔지를 내지 않고 알아서 상황을 이어가도록 권하고 있다. 녹음 후 최종 편집을 통해서 말끔하게 정리할 수 있기 때문이다.

이런 게 디지털의 힘인 것 같고 빨리빨리 녹음을 진행되어 좋은 것 같은데 옛날의 그 여유가 그립긴 하다. 라떼는(저자의 초년생 때) 한 번 엔지 나면 음향엔지니어가 릴테이프을 돌려가며 이어가야 할 인점을 찾느라고 애쓰고 있을 때 잠시 쉬어가며 농담과 잡담을 하며 서로의 정을 돈독히 하던 그 여유가 있었다. 그렇게 그 막간의 시간을 이용해서 쉬는 동안 음향엔지니어는 큐점을 찾고 연기자와 폴리효과맨이 들을 수 있게 부스 안에다 엔지 전 문장의 끝부분 즉, 인점을 다시 한 번 들려준다.

하지만 요즘은 엔지 후 인점을 빨리 잡을 수 있게 되다 보니 재녹음해야 할 큐점을 잘 안 들려주는 음향엔지니어가 있다. 또한, 인점을 들려주지 않고 마이크를 갑자기 올려서 온에어와 큐사인이 느닷없이 들어와 성우와 폴리효과맨은 어느 부분부터 재녹음해야 할지를 몰라서 당황하는 경우도 있다. 이는 음향엔지니어의 오디오드라마를 위한 업무 노하우가 체계적으로 전수되지 않을 때 발생하는 실수다. 녹음 매체가 릴테이프에서 디지털 파일로 바뀌었어도 녹음 중 엔지가 나거나 끊어가는 경우 온에어와 피디의 큐사인 전에 반드시 큐점을 들려주는 센스는 음향엔지니어의 기본이 되어야 한다.

4) 큐사인 전에 집중 신호

음향엔지니어가 페이더를 컨트롤하게 되면 온에어 램프에 불이 들어오게 된다. 온에어가 들어온 상태는 마이크가 열리고 믹싱 콘솔이 모든 녹음장비를 컨트롤하고 마스터 녹음장비는 이미 레코딩 상태가 진행되고 있다는 표시다. 이처럼 온에어의 의미는 크다. 모든 녹음장비와 스태프 및 출연자를 스타트하게 하는 힘이 있다.

거기에다 피디의 큐사인은 액션 그 자체의 의미이다. 그렇기 때문에 음향엔지니어는 페이더를 컨트롤할 때 신중히 해야 한다. 특히 엔지 후 재녹음 시에는 더욱더 그렇다. 엔지 후 재녹음 시, 갑자기 온에어가 들어오고 피디의 큐사인이 떨어지는 경우가 있다. 부스 내의 준비가 미처 안 된 상태인데 말이다. 음향엔지니어가 재녹음할 큐점을 곧바로 잡고 빨리 큐가 들어온다면 부스 안의 연기자나 폴리효과맨은 집중하고 있었을 테지만 부조에서 재녹음 준비가 늦어지고 있었다면 부스 내에서는 성우나 폴리효과맨은 잠시 긴장을 풀게 되고 잠시 쉬는 시간이 된다. 그런데 갑자기 온에어가 들어오면 매우 당황할 수밖에 없다. 온에어 불이 들어온다고 소리가 들리는 것도 아니기 때문이다. 그렇다고 부조에서 뭔가를 의논하고 있고 재녹음 큐점을 잡는 시간이 오래 걸리는

데도 부스 내의 출연자들과 폴리효과맨은 온에어 램프와 피디의 손가락만 뚫어지게 보고만 있을 수는 없는 일이다.

다행히 모두들 피디를 집중하고 있었다면 갑자기 온에어가 켜지고 피디의 큐가 들어와도 순조롭게 녹음이 진행되었을 것이다. 하지만 온에어가 켜지기 전 아무런 신호도 주지 않고 갑자기 온에어와 큐사인이 들어온다면 백발백중 또다시 엔지가 나기 마련이다. 그러나 온에어가 켜지기 전 음향엔지니어가 세심한 배려로 온에어 준비 신호를 해 준다면 짧은 시간 동안이지만 연기자들이나 폴리효과맨은 큐사인을 받을 준비를 신속히 하게 될 것이다. 대본도 고쳐 들고 호흡도 다시 가다듬고 정신도 집중하고 말이다.

이처럼 엔지 후 재녹음 시 온에어 램프를 켜기 전에 미리 집중 신호를 꼭 준다면 온에어 램프가 켜지고 피디의 큐가 들어올 때 준비 미흡으로 엔지가 발생하는 상황은 벌어지지 않을 것이다. 집중 신호는 소리로 내주어야 하며 그다지 클 필요는 없다. 왜냐하면, 엔지 후 재녹음 인점 포인트를 잡는 시간이 길어지면 성우들이나 효과맨들은 대본을 보거나 시선을 다른 곳에 두고 있기 때문에 소리로 신호를 주어야만이 바로 다시 집중할 수 있다. 그렇다고 큰 소리가 필요한 게 아니다. 녹음 부스는 조용하기 때문에 그냥 작은 소리로 '딸깍'이나 '뚝'하는 소리면 된다. 그 방법으로 음향엔지니어는 재녹음 전, 즉 피디의 큐사인이 들어오기 전에 페이더를 살짝 한번 올렸다 내려주거나 PFL 버튼을 짧게 눌러주어 집중 신호를 주면 된다.

음향엔지니어는 큐점 잡느라고 애썼음에도 불구하고 부스 안에서 그 짧은 시간에 짬을 내어 벌어지는 연기자들의 잡담 시간을 인정하고 이해한다고 말이라도 하듯 "자 이제 준비 다 됐으니 다시 녹음합시다."라는 의미로 집중할 것을 알리는 표시를 부스 안에 해준다. 오디오드라마 제작 중 엔지 후 재녹음 상황에서 음향엔지니어가 할 수 있는 이러한 배려는 음향엔지니어가 해야 할 여러 가지 다른 일들과 함께 기본적으로 철저하게 이루어져야 하는 프로페셔널한 작업이다.

5) 온에어 램프 컨트롤

오디오드라마 제작 중에 녹음 부스 안에서는 성우들과 폴리효과맨이 서로 호흡을 맞추어 소리 연기를 펼치고 있다. 녹음 부스 안에 있는 사람들은 온에어 램프가 켜지면 모두 긴장하며 숨도 제대로 크게 못 쉬고 재채기가 나와도 눈물이 나도록 참아야 한다. 온에어가 켜졌다는 것은 성우들이 연기를 하고 있는 시간이기 때문이다. 내가 내는 숨소리나 재채기로 인하여 혼신을 다해 연기를 하고 있는 성우들의 연기를 망쳐서는 안 되기 때문이다.

어찌 보면 부스 안에서 일하는 성우들이나 폴리효과맨은 숨도 제대로 못 쉬는 극한 직업의 소유자가 아닐까 생각한다. 때로는 숨 쉬는 것도 조심하고 재채기도 참으며 폴리효과 연기를 펼치다가 언뜻 바라본 큐사인 창밖의 조정실(컨트롤룸)에서 피디와 스태프들끼리 자유롭게 웃으며 의논도 하고 때론 재채기도 하는 모습을 보며 눈물 나도록 부러워하기도 했다.

겨우 재채기도 하고 크게 숨도 쉬고 주변 성우들에게 잠깐의 이야기를 할 수 있는 시간은 온에어 램프가 꺼지는 순간이다. 온에어 램프는 부조에서 일하는 음향엔지니어의 페이더 컨트롤에 의해서 켜지거나 꺼진다. 온에어가 켜지는 순간은 녹음실 내의 마이크가 활성화되어 녹음이 시작된다는 의미이기 때문에 연기자는 부스럭거리는 잡음도 내지 말고 오로지 호흡과 대사만 해야 한다. 그래서 움직일 때 소리가 나는 외투는 반드시 벗어 놓고 녹음을 해야 한다.

온에어가 꺼지는 순간은 브릿지음악이 나오거나 포즈 순간에 음향엔지니어가 페이더를 내려서 부스 내의 연기자 마이크가 비활성화되는 순간이라서 그 순간을 놓치지 않고 성우들은 발성도 다시 고르고 재채기도 하고 이동도 하기도 한다. 폴리효과맨도 참았던 재채기도 하고 헛기침도 하고 다음 도구를 세팅하기도 하는 시간이기도 하다. 또는 온에어램프가 꺼진 순간, 도구 중에 소리가 요란하게 나는 유리 또는 사기그릇 제품이나 종이나 방울 같은 소도구를 재빨리 치우고 다른 도구를 세팅해야 한다. 그래서 부스 안에서 일하는 성우나 폴리효과맨은 온에어 램프가 꺼지는 순간이 사막의 오아시스다.

그런데 가끔 음향엔지니어가 브리지 음악이 나오거나 포즈의 순간인데도 페이다를 완전히 내리지 않아서 성우나 폴리효과맨이 온에어 램프만 쳐다보며 간절한 눈빛으로 애절하게 손짓하며 온에어 램프를 꺼달라는 신호를 온몸으로 보낸다. 하지만 음향엔지니어는 대본을 보거나 피디랑 또는 다른 스태프와 얘기하느라 부스 안을 쳐다보지도 않는다. 그러다가 다시 다음 장면이 시작되면 성우는 음성을 가다듬을 시간을 놓치게 되고, 재채기가 나오려던 사람은 계속해서 참아야 하고, 폴리효과맨은 소리 나는 도구를 놓지도 치우지도 못한 채 다음 장면을 맞이하게 된다. 그런데 평소엔 온에어 램프를 잘 꺼주다가도 꼭 필요할 때 깜박하고 안 꺼주는 음향엔지니어도 있고 습관적으로 페이더를 끝까지 안 내려서 온에어램프를 잘 안 끄는 음향엔지니어도 있다.

음향엔지니어에게 간절히 부탁하고 싶다. 온에어 램프의 소등시간은 비록 잠깐이지만 성우나 폴리효과맨에게는 간절한 시간이므로 철저하게 켜줄 땐 켜주고 꺼줄 땐 꺼주시기를 바란다고 말이다.

6. 피디(PD: Producer)

피디는 프로듀서(Producer)의 약자이며 방송국에서 프로그램의 제작·기획·연출을 총괄하는 사람이다. 외국에서는 제작·기획(Director)과 연출(Producer)을 따로 구분하여 업무를 세분화하는 곳도 있지만 우리나라의 경우엔 포괄적인 업무를 한다.

또한, PD는 방송제작의 전반적인 책임을 지는 CP(책임프로듀서: Chief Producer)의 지휘 아래 제작 현장을 총괄하는데, 그 밑에 AD(조연출: Assistant Director)가 있어 PD를 보조하는 역할을 하며, 주로 사무적인 일이나 행정적인 업무를 수행한다. TV드라마 제작 현장에서는 FD(무대감독: Floor Director)가 있어서 야외촬영현장이나 세트촬영현장에서 피디와 연기자를 소통하며 방송제작에 필요한 일을 도맡아 하는 역할을 한다. 나아가 요즘엔 EP(총괄 프로듀서: Executive Producer)라고 하여 여러 CP를 총괄하는 프로듀서제도까지 두고 있다. PD가 10년 이상의 연출경력을 쌓으면 책임 피디(CP)가 되고 CP 중에서 EP가 선정된다.

방송국에서는 피디들을 방송국의 꽃이라고 부른다. 그만큼 방송국에서는 피디에게 프로그램의 편성, 기획, 캐스팅 등 막강한 권한을 준다. 하지만 그 권한을 올바르게 쓴다면 힘이 될 수도 있지만 잘 못 쓴다면 독이 될 수도 있다. 그 해법의 일환으로 피디가 방송국의 꽃이라면 차라리 자신의 꽃을 떨구고야 열매를 맺을 수 있는 유실수의 꽃이 되라고 말해 주고 싶다.

PD가 좋은 프로그램을 만들기 위해서는 연기자나 스태프들이 최고의 컨디션으로 작품제작에 참여할 수 있도록 희생과 헌신의 마음가짐을 가지고 배려해주어야 한다. 그리고 작품의 최종 책임자인 만큼 프로그램을 위해서 참여하는 사람들에게 항상 고마운 마음을 가져야 한다. 오디오드라마를 만드는 사람들은 오디오드라마제작 현장에서 피디, 음악효과, 자료효과, 폴리효과, 성우들 모두 동등한 사람인데 자신이 대장이고 우위에 있다고 착각하고 마치 부하직원 다루듯이 호통치고 선배나 원로 선생님들에게까지 반말 비슷하게 함부로 하는 피디가 있었다.

피디도 월급 받는 직원이고 다른 사람도 직원이기도 하고 프리랜서이기도 한 인격체다. 본인만 회사의 주인인 것처럼 착각하고 사장도 아니면서 유난 떠는 피디가 있다. 옛날 피디들은 그랬을지 몰라도 21세기의 방송현장에서는 신사적인 모습으로 동료 스태프들과 출연자들을 대할 줄 아는 인격을 갖추어야 한다. 연기자들과 스태프들이 있기에 오디오드라마가 제작될 수 있고 그들의 역량에 의해서 오디오드라마가 영원히 빛을 발할 수 있다는 것을 명심해야 한다.

1) 피디의 자세

오디오드라마 제작을 위해서 제작 전, 제작 중, 제작 후까지 가장 바쁜 사람이 바로 PD다. 작품의 기획과 편성시간 설정, 작가 선정, 연기자 캐스팅 및 녹음 스케줄 세팅, 스태프진 컨트롤 등 신경 써야 할 부분이 너무 많다. 오디오드라마는 소리로만 표현하는 드라마라서 나름대로 손이 많이 가는 부분이 많다. 물론 각 분야의 전문가로 구성된 스태프들이 자신이 맡은 일을 충분히 소화해 주기 때문에 PD는 스태프들을 믿고 방송제작을 원활하게 해 나갈 수 있지만, 그들을 작품에 헌신할 수 있도록 리드하는 능력은 작품의 완성도로 인정받게 된다.

오디오드라마 제작 현장을 보면 피디를 중심으로 일사불란하게 움직이는 모습이 마치 오케스트라 연주를 연상케 한다. 피디는 바로 라디오드라마라는 오케스트라의 지휘자인 것이다. 지휘자는 연주자들 앞에서 항상 겸손하고 근엄하며 부드러우면서도 예리하다. 그리고 언제나 단정하고 신사적이며 예의 바른 모습으로 흐트러짐이 없다. 연주자들을 리드하지만 군림하려고 하지 않는다. 피디들이 오케스트라의 지휘자를 모델로 삼고 방송에 임한다면 훌륭한 피디로 존경받을 것이다. 지금 방금 생각난 아이디어인데, '피디도 지휘자의 지휘봉을 가지고 큐사인을 하면 어떨까?' 하는 생각을 해본다.

하지만 라디오드라마가 인기를 끌기 시작하던 때인 1960년대부터 일부 피디들이 자신을 군주로 착각한 적이 있었다. 지금도 그렇지만 연기자들이나 작가도 피디에 의해 캐스팅되고 연기자는 그 중요배역에 따라 인지도가 올라갈 뿐만 아니라 스타 반열에 까지도 오를 수 있고, 광고출연도 많이 하고, 팬클럽도 생기는 등 수반되어 얻는 이익이 커지게 된다.

작가도 마찬가지다. 자신의 작품과 이름이 방송을 타고 인기 작가가 될 기회가 피디의 손에 달려있기 때문이다. 그렇기 때문에 연기자들이나 작가들은 피디들에게 마음에도 없는 아부를 하게 되고 굽신거리게 되어 스스로가 왕인 줄 착각하는 피디도 많았다. 하지만 아직도 1960년대에 머물러 착각에 빠져 있는 피디들이 종종 있다. 모든 피디가 다 그렇다는 것은 아니다. 결코 오해하지 않기를 바란다. 그래도 예전 피디들은 자기 작품을 완성시켜 주는 음향효과맨이나 음향엔지니어 등 스태프들에게는 공손하고 깍듯하게 대우하고, 술도 많이 사주고, 고마워할 줄 알았다. 하지만 요즘은 스태프들에게까지도 권위를 부리는 피디가 있다.

이처럼 피디가 작가나 연기자는 물론 스태프진들 위에 군림하려고 할 때 바로 그 순간부터 그 피디는 자가당착에 빠져 작품을 망치게 된다. 특히 연기자들에게는 최대한 자유롭고 편안하게 대해줌으로써 그들이 갖고 있는 열정과 끼를 최대한 발산시키도록 해 주는 피디가 능력 있는 피디다. 피디는 자신의 생각과 조금 다르더라도 스태프들이나 연기자의 의견이 충분히 가능성 있는 발상이라고 여겨지면 월권이라 생각지 말고 충분히 반영하여 작품제작에 임해야 한다.

스태프들에게는 전문성을 연기자들에게는 연기 흐름을 최대한 끌어내도록 대내외적으로 도와야만 한다. 현명한 피디라면 그 드라마가 추구하는 목표를 향해서 우선순위를 잘 따져 아쉽지만 버릴 건 버릴 줄도 알아야 한다. 사소한 욕심을 버릴 때 연기자나 스태프들의 사기가 올라 생각지도 않았던 보물을 캐낼 수도 있다.

오디오드라마는 실생활의 표현인데 마치 국어 시간처럼 연기자 대사의 작은 토시와 장단음, 문법까지 일일이 다 지적하고 효과음과 효과음악에 주관성을 대입시키는 피디가 있다. 피디는 각각의 전문 분야에 있는 연기자나 음향효과, 음향엔지니어 등의 역량을 믿고 맡길 줄도 알아야 한다.

이 시대의 피디는 오디오드라마의 완성도를 위해서라면 스스로 작가나 연기자, 스태프들의 심부름꾼이자 머슴이 되어야 한다. 좋은 작품을 만들기 위해서라면 권위를 부리고 군림하기보다는 작가의 집에 삼고초려라도 할 각오가 되어 있어야 하고, 그 작품에 걸맞은 연기자나 스태프를 모시기 위해서 어디든지 찾아갈 수 있어야 한다. 또한, 스태프들에게는 먼저 다가가 긴밀한 관계를 유지해야 하며, 항상 고마운 마음을 가져야 한다. 제작 시간 이외에도 스태프들과 자주 대화하고 어울려야 한다. 그들에게서 더 나은 끼와 열정, 신들린 전문 기술력을 끌어내어 오디오드라마를 멋지게 잘 만들기 위해서라면 말이다.

2) 오디오드라마 기획·편성

오디오드라마를 기획하기 위해서는 '왜 이 오디오드라마를 기획해야 하는가?'부터 따져봐야 할 것이다. 해당 시간대에 방송하던 기존의 오디오드라마가 갑자기 막을 내리는 바람에 공백이 생겨서 긴급히 편성, 기획해야 하는 경우와 그 시간대에 계획되었던 기존 드라마가 종료되어 뒤를 이어 편성되는 드라마, 또한 어떠한 목적을 가지고 현재 진행 중인 오디오드라마의 막을 내리면서까지 새로 기획해야 하는 경우가 있다.

오디오드라마 기획단계에서 편성은 매우 중요하고 신중하게 결정된다. 청취자층의 분석은 제일 중요하며, 예산의 정도와 시간의 안배와 개편의 시기도 고려해야 한다. 그러한 자료를 참고로 일일연속극이냐, 주간극이냐, 월간극이냐, 특집극이냐 등의 방송시간을 결정해야 한다. 일일연속극인 경우에는 장기적인 안목을 갖고 풍부한 소재를 염두에 두어야 한다. 주간극은 주 단위로 방송되면서 연속성도 고려해야 한다. 월 단위 기획드라마는 특별하게 편성되는 경우가 많기 때문에 아주 상징적인 기획이 되어야 하고, 거의 특집 수준으로 제작되어야 한다. 특집극은 말 그대로 상징성을 가진 주제를 위해 특별하게 기획되는 드라마다. 다음으로는 장르를 결정해주어야 하는데, 다큐멘터리냐, 홈드라마냐, 정통드라마냐, 시트콤이냐 하는 장르를 결정해주어야 한다.

무엇보다 중요한 것은 청취자층에 대한 고려다. 최우선으로 청취 층을 고려하여 시간대와 극의 종류와 작품 장르를 결정해야 한다. 이 모든 것이 결정되면 작품 선정으로 넘어간다.

3) 작품 선정

청취대상을 고려하여 기획의도와 편성일정을 잡고 장르와 형식을 결정하면 방송으로 만들어질 작품을 선정한다. 그다음으로 오디오드라마로 창작 또는 각색을 할 작가를 결정하고 출연진과 스태프진을 선정하게 된다.

창작으로 갈 경우에는 새로운 작품의 발견과 신인 작가를 발굴할 수 있다는 장점이 있지만 검증된 작품이 아니기 때문에 작품의 수준이 들쭉날쭉하여 프로그램의 신뢰에 문제가 생길 수도 있다. 물론 극본공모를 통해 엄격한 심사를 거쳐 작품을 채택하기도 하지만, 적극적인 홍보가 지속되지 않는다면 응모작의 부재로 좋은 작품을 찾기 어려울 수도 있다. 하지만 창작을 선정하는 시도는 오디오드라마의 발전을 도모하고 드라마작가 육성에도 큰 기여를 하게 될 것이다.

각색으로 갈 경우에는 이미 검증된 훌륭한 작품 중에서 기획의도 된 주제와 연관성 있는 작품을 선정하면 되기 때문에 작품의 신뢰도가 높고 인지도와 접근성도 높아서 프로그램의 성공률 또한 높다는 게 장점이다. 그렇다고 늘 장점만 있는 것은 아니다. 요즘은 저작권제도가 강화되어 검증되고 인정된 유명작가의 작품이나 신인작가의 유명작품은 선정하기도 어렵고 작가나 출판사가 거절하는 경우도 많다. 다행히 저작권에서 자유로운 작품을 선정하거나 소정의 저작권료를 지불하여 작품을 선정하게 되더라도 기획의도에 걸맞은 주제를 연관 지을 때 억지스럽게 각색되는 바람에 기획의도에서 벗어난 어색한 스토리 구조를 갖게 될 수도 있다는 단점도 있다.

훌륭한 작가를 만난다면 기획의도 된 주제를 최대한 반영한 새로운 걸작을 만들어낼 수 있기 때문에 창작 작품으로 모험을 해볼 만하다. 창작이냐 각색이냐를 결정한 후에는 작가 선정의 방향이 달라지는데 창작에 뛰어난 작가가 있고, 각색에 두각을 나타내는 작가도 있기 때문이다. 물론 창작이 경지에 오른 유명 작가는 각색도 뛰어나겠지만, 다행히 장르에 따라 주제에 따라 강점이 있는 작가를 찾는다면 오디오드라마의 완성도가 높아진다.

요즘에는 오디오드라마를 기획할 때 아예 착장 작품만을 다루는 프로그램과 각색 작품만 다루는 프로그램으로 나누어 제작하고 방송하기도 한다. 예를 들어, 현재 KBS에서 방송하고 있는 오디오드라마 중 KBS무대는 창작 작품을 위주로 하고, KBS문학관은 각색 작품을 위주로 방송하는 프로그램이다.

4) 캐스팅

드라마의 캐스팅은 피디의 중요한 권한 중의 하나다. 그래서 곧 적절한 캐스팅은 피디의 능력이라고 까지 말하곤 한다. 또는 그와 반하여 '미스 캐스팅은 죄악이다.'라고도 말한다. 그처럼 드라마에서 캐스팅은 작품의 완성도와 직결된다. 적절한 캐스팅은 연기자의 연기력을 충분히 끌어내어 작품에 녹아들게 할 수 있고 숨겨진 끼를 최대한 발산할 수 있게 해준다. 그래서 피디는 캐스팅을 함에 있어 연기자 저마다의 색깔을 정확히 파악하여 적합한 인물을 캐스팅해야 한다.

그러기 위해서는 피디 스스로 엄청난 트레이닝이 필요하다. 기존 여러 다양한 작품들을 모니터링하여 다양한 연기자들의 캐릭터 특성을 완전할 정도로 섭렵하는 것이 중요하다. 그리고 해당 연기자의 주력 연기종목에서부터 특기까지 꿰뚫어 볼 정도로 연기자 파악하기 공부를 게을리해서는 안 된다. 그런 노력을 하지도 않았으면서 자기가 작품상의 캐릭터에 적합하지 못한 연기자를 캐스팅하는 잘못을 해놓고서 오디오드라마 제작 중에 원하는 연기가 나오지 않는다고 “저 연기자는 안돼~.” 하며 노발대발하는 피디가 있다.

하지만 안 되는 건 안 되는 거다. 자기만의 고유한 독특하고도 매력적인 색깔이 있는데 무리를 해서 요구하는 것은 연출자의 억지다. 미성이 강한 사람을 산적두목으로 캐스팅해놓고 걸걸하고 포악하게 연기해달라고 한다면 그게 가당키나 한 일인가? 요즘 상식파괴가 트랜드인 시대니까 가능하다고? 그건 변명이 될 수 없다. 등장인물의 캐릭터에 가장 알맞은 연기자를 캐스팅하는 것은 연출자로서 중요한 책무다.

(1) 공식적인 캐릭터의 정립

오디오드라마에서 인물의 성격을 공식화하는 것은 일종의 법칙이다. 말하자면 캐릭터의 정립이라고 할 수 있다. 캐릭터의 정립은 청취자로 하여금 극중 인물의 성격과 극중 인물이 극에 기여하는 중요도, 극중 인물의 내적 표현인 선과 악, 그리고 외적 표현인 미, 추, 거, 소 등을 상상하여 정립함으로써 극의 재미를 더욱 느끼게 하고 극의 전개에 맞게 흐름 속으로 빠져들게 함을 목적으로 해야 한다. 캐릭터의 정립은 올바른 캐스팅을 돕기 위해서 설정해 놓은 일종의 공식이다. 특히 소리로만 만들어지는 오디오드라마에서는 철저한 대본 분석을 토대로 더욱더 공식에 따르는 캐릭터의 정립이 이루어져야 누구나 인정할 수 있는 캐스팅을 할 수 있다.

캐릭터의 정립은 상식적인 선에서 등장인물이 체격이 크고 우락부락하면 저음으로 울리며 거친 목소리로, 날씬하고 약삭빠르면 고음이며 날카로운 목소리로, 젠틀하고 잘생긴 경우엔 중저음의 맑고 온화한 목소리로, 못생기고 어리석으면 느리고 어눌한 목소리로 표현하는 방법을 말한다. 남녀노소도 마찬가지로 이러한 기본적인 캐릭터의 정립에 따른다.

오디오드라마의 캐스팅 내용은 대본의 첫 장에 기록된다. 등장인물에 맞는 배역의 특징을 성별, 나이, 직업, 외모, 얼굴, 성격, 환경, 극중의 역할 등을 간략하게 기록한다. 이러한 캐스팅 내용을 적은 표를 캐스팅 시트라고 한다. 캐스팅 시트를 통한 간략한 배역의 특징은 연기자로 하여금 극을 이끌어가는 방향과 자신이 맡은 배역의 극 중 중요도를 파악하는 데 도움을 주고 음향효과맨들이나 음향엔지니어들에게도 오디오드라마 제작을 준비하는 데 도움을 준다.

예를 들면 폴리효과맨이 등장인물의 성별을 알아야 남자 발소리를 해야 할지 여자 발소리로 해야 할지 준비를 하고 외모, 성격, 나이를 알아야 가볍게 걸어야 할지 묵직하게 걸어야 할지 활기차게 걷는 젊은 발소리인지 힘없이 느리게 걷는 노인 발소리인지 준비할 수 있다.

(2) 잘못된 캐스팅은 죄악

오디오드라마에서 미스 캐스팅은 의사로선 잘못된 진료요, 약사로선 잘못된 처방이요, 정비사로선 잘못된 점검이요, 판사로선 잘못된 판결이라는 말이 있다. 과장된 표현이겠지만 피디가 의사, 약사, 정비사, 판사였다면 사람을 죽일 수 있을 정도로 위험하므로 종교적으론 큰 죄악이라고 할 만큼 중요한 실수를 저지른 셈이다. 잘못된 캐스팅으로 말미암아 작품의 첫 단추는 잘못 끼워지게 되고 잘못 선정된 연기자는 연기자대로 스태프는 스태프대로 매우 힘든 작업이 될 것이다. 그보다 더 심각한 것은 그 작품을 접하게 될 청취자들이 감내해야 할 몫이다. 그래서 잘못된 캐스팅은 죄악이다.

피디도 사람인지라 캐스팅이 잘못될 수도 있다. 하지만 자주 반복되어서는 안 된다. 캐스팅이 잘 안 될 때는 선배나 동료 피디가 아니더라도 스태프 중에서도 경력과 연륜이 있는 선배한테 도움을 청할 줄 아는 열린 마음이 필요하다. 어떤 피디는 잘못된 캐스팅을 해놓고 연기자라면 어떠한 배역을 맡겨도 소화해 내야지 왜 못하냐고 우기는 경우를 보았다. 그렇다면 캐스팅할 때 성우 수첩을 보고 그냥 순서대로 배역을 맡기지 뭔 고민을 하냐고 말해주고 싶었다.

언젠간 캐스팅이 잘 안 되는 피디에게 선의의 마음으로 도와주려고 했다가 월권하지 말라는 소리를 듣고 매우 당황했던 적이 있다. 만일 미스 캐스팅이 느껴진다면 차라리 잘못을 시인하고 올바른 캐스팅을 신속히 다시 하는 모습이 연기자나 스태프들에게 신뢰를 준다. 물론 미스 캐스팅된 연기자 당사자도 당황하지 말고 넓은 마음으로 체인지 캐스팅을 수용할 필요가 있다. 연기자도 의욕만 앞세우지 말고 PD가 캐스팅 섭외를 위해 보내주는 극의 시놉시스를 받았을 때 자신의 연기 영역과 가능성을 판단하여 신중하게 선택해야 한다.

피디가 연락을 주어 고마운 마음에 자신의 연기 영역과 맞지 않아도 거절하기 힘들어 캐스팅을 받아들인다면 작품에 해를 끼치게 되고, 함께 참여하는 연기자들이나 스태프들에게도 심려를 끼치게 될 수 있다. 이처럼 PD의 일방적 캐스팅이 잦은 실수로 이어질 수도 있기에 이러한 폐단을 막기 위해서는 객관적인 캐스팅 방법이 필요하다. 즉, PD, 작가, 스태프, 중견 연기자 대표 등의 협의에 의한 캐스팅 방식도 연구해 볼 필요가 있다.

5) 시그널 제작

극본 중에서 시그널 부분은 연극에서 막을 열어주거나 닫아주는 커튼과 같아서 매우 중요하다. 오디오드라마의 커튼은 주로 음악으로 표현하거나 가끔은 효과음으로 표현하기도 하는데, 극의 특징을 가장 잘 표현하는 사인이라고 볼 수 있다. 극을 시작하는 시그널은 앞 시그널, 극을 닫아주는 시그널은 뒤 시그널이라 한다. 작품을 시작하는 시그널 음악은 주제음악이라고도 하는데, 작품의 주제를 함축하고 있는 음악이라는 뜻이기도 하다. 이처럼 주제음악을 들으면 이 드라마가 추리극인지, 멜로 드라마인지, 극의 장르와 주제까지도 짐작할 수 있게 된다.

시그널은 타이틀과 함께 이루어지는데, 요즘은 음악만으로 표현하지만 예전엔 노래를 삽입시킨 주제가가 있어서 인기를 끌곤 했었다. 어린이들을 위한 만화영화에도 주제가가 있어서 어릴 적 따라 부르곤 했던 기억이 난다. 시그널은 주로 피디가 음악 효과 담당자와 상의하여 최종적으로 결정하여 제작한다. 그렇지만 피디는 음악 효과 전문가가 제시하는 의견을 충분히 수용할 자세를 갖추어야 한다. 연출자와 스태프가 느낄 수 있는 감상과는 다를 수 있기에 음악효과맨의 의견이 우선되어야 한다.

오디오드라마의 시그널은 책에 비유할 때 책의 겉표지이며 상품에 비유할 때 상품의 포장이다. 그만큼 작품의 의도를 함축적으로 정확히 전달되어야 할 부분이기 때문이다. 작가가 음향효과 전문가보다는 음악의 종류나 효과음을 모른다 할지라도 이러한 느낌으로 해달라고 피디에게 충분히 요구할 수 있으므로 피디는 음악 효과맨과 상의할 때 코멘트할 필요가 있다. 하지만 최종결정은 해당 오디오드라마의 작품 선정부터 제작의도까지 염두해 두고 작품전체를 철저히 분석한 피디의 몫이라고 생각한다.

6) 타이틀

타이틀도 시그널과 마찬가지로 작품의 시작을 알리는 앞타이틀과 끝을 마무리하는 끝타이틀로 이루어진다. 앞 타이틀은 성우가 드라마의 제목과 부제목, 원작자와 각색작가의 이름과 연출의 이름을 시그널음악의 운율을 타고 소개하는 대사의 일종이다. 끝(뒤) 타이틀은 작품을 마무리하며 등장인물과 스태프를 소개하는 대사다.

특히, 앞 타이틀에서 제목과 부제목을 정하는 일은 기획단계에서 피디의 최종 판단으로 결정되지만, 작품을 집필하며 고뇌한 작가의 의견도 중요하기 때문에 충분히 반영하여야 한다. 또한, 오디오드라마에서는 타이틀을 성우의 음성으로 낭송하여 극의 분위기를 짐작할 수 있도록 해야 하기 때문에 타이틀을 해줄 성우를 정하는 일도 중요하다. 타이틀을 읽는 성우를 남자로 정해야 할지 여자로 정해야 할지, 타이틀을 읽는 성우의 목소리가 굵은 저음이 좋을지 맑은 고음이 좋을지, 타이틀을 읽는 성우의 감정이 근엄하고 장중하게 또는 슬프고 우울하게 또는 밝고 명랑하게 해야 할지 결정해야 한다.

오디오드라마의 모든 부분이 다 중요하지만 이처럼 타이틀은 작품의 주제를 함축하고 있기 때문에 피디와 작가가 긴밀히 협의해서 결정해야 할 매우 중요한 부분이다.

7) 대사를 바꿀 때는 신중하게

오디오드라마 제작 중에 피디의 묵인하에 연기자가 주로 범하는 우가 있다. 그중 가장 흔한 것은 대본의 분량이 방송 분량에 못 미칠 것을 연기자가 미리 걱정해서 마음대로 대사를 늘리기 위해 어색한 호흡이나 애드립을 넣는다거나 그 반대로 대본분량이 방송 분량을 초과할 것을 염려해 어간이나 어미의 일정 부분을 바꾸거나 생략하는 경우가 있다. 더 심각한 경우는 자기 마음대로 '이게 더 괜찮겠지.' 하는 마음으로 대사의 어미나 억양, 때로는 문맥과 문장 일부분을 마음대로 바꿔버리는 경우도 있다. 물론 내용 전개과정에서는 커다란 문제가 없도록 신경을 쓴다고는 하지만 이러한 행동들은 작품의 진정성을 크게 훼손하게 될 수도 있다는 것을 알아야 한다.

이때 피디는 연기자가 임의로 고치는 대사가 문맥상 대충 통한다고 할지라도 작가가 그 글을 쓸 때 떠오른 감응과 설렘을 간과하지 말아야 한다는 것을 상기시켜 줄 의무가 있다. 그냥 대충 뜻이 통하고 말이 된다고 생각하고 넘어간다면 훌륭한 작품과 작가는 나올 수가 없다. 제작할 때 마음대로 고쳐서 대사를 하는데 작가는 무슨 이유로 밤을 세워가며 하나의 단어와 하나의 문맥과 한 줄의 문장을 위해서 고뇌하겠는가?

작가가 산고의 고통을 겪으면서 쓴 글을 가능한 한 최대한 존중해주어야 한다. 하지만 신인 작가나 오디오드라마를 처음 써본 작가는 대사를 대화체보다는 문어체를 위주로 사용한다거나 현실에 맞지 않는 설정이나 잘못된 정보를 대사로 표현하는 경우도 있다. 이러한 대본은 피디가 작가와 충분히 상의하여 수정하고 연습(리허설, 리딩)시간에 성우들에게 숙지시키고 스태프 회의 때 스태프들에게도 전달하여야 한다.

이렇게 철저히 준비해도 제작 현장에서 어색한 대사가 발견될 수도 있다. 연기자가 스스로 대사를 수정하여 연기하도록 방치하지 말고 반드시 피디와 상의하고 수정하도록 주의를 주어야 한다. 자기 마음대로 대사를 바꾸는 연기자를 방치하면 대사의 뉘앙스가 작품의 의도와는 다르게 변질되고, 그러한 일이 누적되면 오디오드라마가 산으로 갈지 바다로 갈지 모를 일이다.

8) 오디오드라마다운 연출

오디오드라마는 뉴스나 아나운싱이 아니라 실생활을 그대로 그려낸 바로 우리의 삶의 이야기다. 실생활에서 말을 하다 보면 더듬을 수도 있고 장음, 단음이 틀릴 수도 있고 경음, 격음도 틀리게 발음할 수도 있는데 아나운서 멘트도 아닌 오디오드라마인데 그걸 용납 못 하는 피디가 있다. 드라마는 말 그대로 감동과 재미가 중요한 거지 국어학적인 측면에서 정확한 발음과 어법이 중요한 것이 아니다. 그런데 어떤 피디는 장음, 단음, 토씨 하나하나 틀리면 그때마다 엔지를 내가며 끊는다. 오디오드라마는 삶의 정취가 묻어나는 드라마 그 자체여야 하는 것인데 국문학과 강의실로 착각하는 경우가 있다.

오디오드라마의 최고의 고객은 청취자들인데 자신의 흥과 의욕에만 빠져서 장르를 혼동하며 자기만의 작품을 제작하는 피디가 있다. 오디오드라마는 소리만으로 스토리를 전개함으로써 청취자들이 작품을 이해하도록 만들어져야 하는데 극본 자체가 TV드라마 콘티 대본인지 오디오드라마 대본인지 모호한 경우도 있다. 작가가 그러한 대본을 보내왔다면 오디오드라마에 맞도록 수정해줄 것을 요구해야 하는데 "해설은 확 줄이고 영상처럼 그려봐."라고 오히려 더 부추기는 경우도 있다. 그러한 대본을 대할 때 대본을 보는 연기자와 스태프들은 텍스트를 보면서 제작을 하니 무슨 소리인지 안다고 하지만 청취자들이 어떠한 상황의 소리인지 알 수 있을지 걱정되곤 했다.

예를 들면 연속되는 장면들이 대사도 없이 이어지는 경우다. 명확한 소리의 연속이라면 모르지만 아무리 섬세하게 소리를 표현해도 청취자가 매우 집중하지 않으면 이해하기 힘든 소리의 연속도 있다. 오디오드라마는 적절한 해설을 통해서 스토리 구성상 연속된 장면을 설명해 주어야 소리로만 듣는 청취자가 이해하기 쉽다. 그래서 오디오드라마에서는 해설의 역할이 매우 중요하다. 오디오드라마에서는 해설을 적절히 삽입하고 꼭 필요한 중요한 소리를 짜임새 있게 연출하여 스토리를 이끌어가야 한다.

언젠가 어느 방송사에서 라디오 방송으로 TV드라마를 편성해서 소리만을 송출한 적이 있다. 장거리 운전 중 카오디오 채널을 돌리다가 우연히 듣게 되었는데 뭐가 뭔지 통 모르는 소리의 연속을 이해할 길이 없어서 얼른 다른 채널로 돌려버린 적이 있다. 오디오드라마는 오디오드라마에 걸맞은 기법을 적절히 활용하여 대사와 해설, 효과음과 효과음악의 적절한 구성으로 진정으로 오디오드라마다워야 한다. 피디가 자기만족과 의욕만을 앞세워 오디오의 시각화를 위한 과감한 도전을 한다든지 실험적 방송을 만든다면 오디오드라마(Audio Drama)도 아니고 비디오 드라마(Video Drama)도 아닌 오비디오 드라마(Au-Video Drama)가 될 것이다.

마지막으로 한 가지 더 조언하자면, 편성시간대와 채널과 청취 층의 특성을 고려한 작품 선정이 오디오드라마를 오디오드라마답게 만든다는 것을 말하고 싶다. 과장된 예인지 모르지만 해외 동포들도 청취하는 채널에 국내의 청취층이나 이해할 만한 난해하고 복잡한 작품을 만들어 방송한다거나 청소년층을 대상으로 한 편성시간대에 성인들을 위한 멜로드라마나 잔인한 폭력물을 선정한다면 청취층을 고려한 작품 선정이 될 수 없을 것이다. 이러한 실수들이 오디오드라마를 오디오드라마답지 못하게 만드는 일이 될 수 있다는 점을 명심하여 신중하게 준비해야 한다.

9) 오디오드라마 암호 4321

오디오드라마 제작과정에서 피디가 수행해야 할 일들은 작품 선정, 연기자 캐스팅, 스태프와의 협력, 제작상황 컨트롤 등이 있는데 그 제작에 필요한 여건에 대해 중요도를 4, 3, 2, 1이라는 숫자로 결부시키곤 한다. 4, 3, 2, 1이라는 숫자는 10을 만점으로 보았을 때 중요도를 점수별로 나눠본 숫자다. 작품의 완성도를 10이라고 볼 때 4는 대본의 가치, 즉 작품 선정에 있기 때문에 작가와의 폭넓은 교류를 통한 훌륭한 작품 선정이 가장 중요하다는 점에서 가장 높게 부여된 점수다. 다음으로 3은 적절한 캐스팅이 작품에 주는 영향이 크므로 연기자에 관한 끊임없는 연구 및 발굴이 두 번째로 중요하다는 점에서 부여한 점수다. 2는 스태프들과의 하모니를 PD가 챙겨야 할 세 번째 중요한일로 여긴다는 점에서 부여된 점수다. 마지막으로 1은 제작 현장의 상황이다. 작품에 임하는 날 날씨나 주변 상황도 도와주어야 하고 특히 연기자나 스태프들도 모두 최상의 컨디션을 갖고 있어야 하며 녹음실의 분위기를 PD가 얼마나 잘 이끌어 가느냐에 따라 좋은 작품을 만들 수 있느냐 없느냐의 성패가 좌우된다는 점에서 부여된 점수다. 하지만 1이라 하여 소홀히 했다가는 작품을 망칠 수도 있다.

그런데 요즘은 조금 견해가 달라졌다. 캐스팅을 4에 두고 싶은 경우가 많아졌기 때문이다. 작품을 잘못 선정했더라도 성우들을 잘 캐스팅하면 의외로 좋은 작품으로 탄생되는 경우를 자주 보았기 때문이다. 물론 좋은 작품 선정에 캐스팅까지 잘 되면 그보다 더 금상첨화가 없지만 말이다.

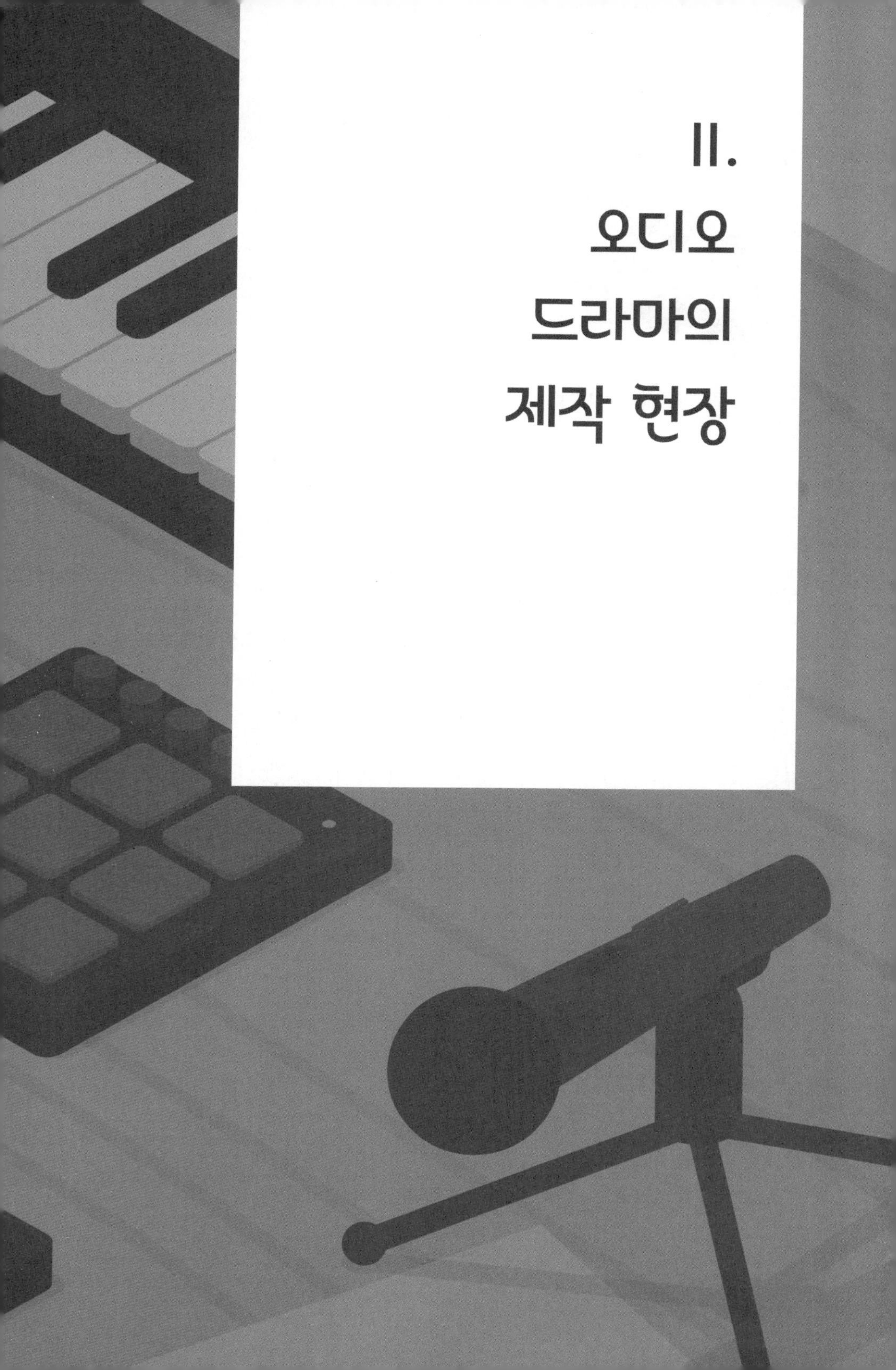

II. 오디오 드라마의 제작 현장

오디오드라마는 스토리를 기반으로 소리만으로 만들어지는 음향의 종합예술 장르다. 오디오드라마를 제작하는 녹음시간이 가까워지면 제작 현장은 소리의 연기자와 소리를 다루는 스태프들로 분주하다. 작가의 대본은 제작 현장에 모이기 전에 각 오디오드라마 제작전문가들에게 배포되어 이미 저마다 철저하게 분석된다. 오디오드라마의 전문가들은 연출을 중심으로 연기자와 스태프인 음악효과, 자료효과, 폴리효과, 그리고 전체적인 음향을 조율하는 음향엔지니어다. 앞 장에서 오디오드라마를 만드는 각 전문가에 관해서 설명한 바 있다. 이번 장에서는 각 전문가가 어떠한 과정을 거치면서 어떠한 능력을 발휘해서 오디오드라마를 만들어 가는지 오디오드라마 제작 현장을 찾아가보기로 한다.

장의 구성에서 오디오드라마의 전체적인 제작순서를 대본 분석, 연기자 리허설, 마이크세팅, 음향효과준비, 스태프 회의, 녹음, 편집 등의 순서로 플로우차트를 그려서 짜임새 있게 설명해 보았다.

1. 오디오드라마 제작 순서

전체적인 오디오드라마 제작 순서는 다음과 같다. 선정된 작품이 작가에 의해서 대본으로 완성되어 1차적으로 피디에게 전달되면 피디는 기획의도에 적합한 내용이며, 오디오드라마 형식으로 잘 구성되었는지 철저하게 검토한다. 검토가 완료된 대본은 캐스팅된 연기자들과 각 스태프인 전문 분야 담당자들에게 전달된다. 대본을 전달받은 전문 분야 담당자들은 오디오드라마 제작 현장에서 각자 자신이 맡은 작업에 임할 때 수월하게 일할 수 있도록 대본을 분석하고 자기만이 알아볼 수 있는 메모 또는 기호를 표시한다.

드디어 오디오드라마 기획, 편성과정에서 미리 정해진 제작 당일이 되면 약속된 시간에 약속된 스튜디오로 모인다. 스튜디오에 모두 모이면 이제부터는 두 부류로 나누어 제작 전 사전 리허설을 한다. 그 한 부류인 연출과 연기자들은 오디오드라마 연습실에 모여서 연출자의 조력 하에 실제 제작과 마찬가지로 연기자들이 서로 대사를 나누며 연습을 한다. 이 과정에서는 서로 오해할 수 있었던 내용 및 대사의 톤이나 감정, 발음 등에 대한 의견을 교환하고 정정한다.

또 다른 한 부류인 스태프(음향엔지니어, 음악효과, 자료효과, 폴리효과 담당자)들은 피디가 연기자들과 연습을 하는 동안 스튜디오에서 제작에 필요한 각자의 분야에 관한 준비를 한다. 엔지니어는 부스 내의 연기자들이 사용할 마이크와 폴리효과맨이 사용할 마이크와 이펙트(필터, 에코, 리버브 등)를 설정해 놓은 마이크를 점검하고 그와 연결된 메인 콘솔과 각종 장비를 점검하여 제작준비를 완료한다. 자료효과나 음악효과 담당자도 메인 콘솔에 연결된 서브 콘솔을 점검하고 제작할 오디오드라마에 사용될 자료효과나 음악효과를 업로드 시켜 사운드의 레벨과 위상 등을 점검한다. 폴리효과맨은 부스 내에서 성우들과 호흡을 맞춰서 소리를 만들어 낼 대도구와 소도구를 준비하고 점검한다. 그동안 연기자들과 연습실에서 연습을 마치고 돌아온 피디는 스튜디오의 부조에서 음향엔지니어, 음악효과, 자료효과, 폴리효과 담당자와 연기자에게 전달할 성우를 소집하여 스태프 회의를 주관한다.

<오디오드라마 제작 순서도>

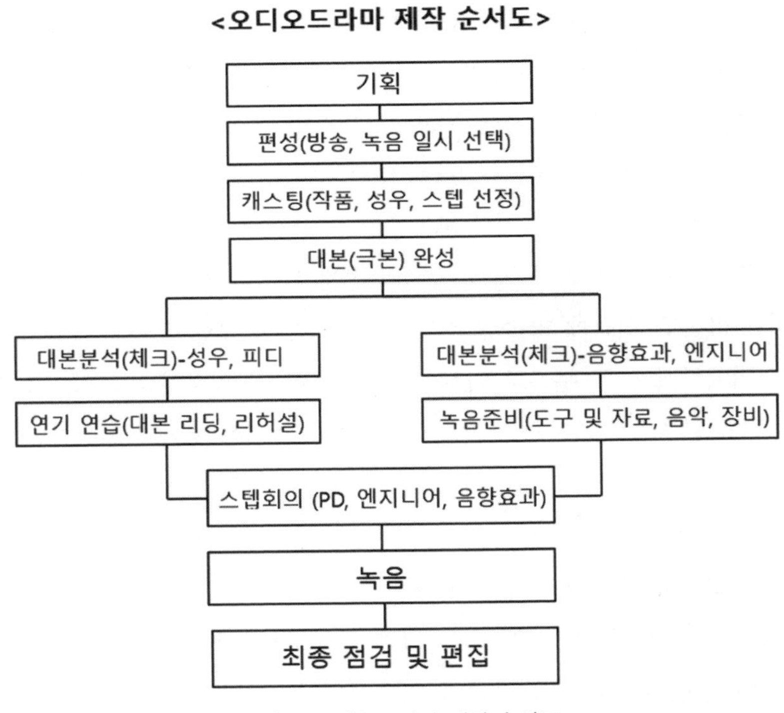

그림 7. 오디오드라마 제작 순서도

1) 대본 분석(작품 분석)

대본 분석은 문자로 적혀있는 스토리를 오디오드라마라는 입체적인 사운드 콘텐츠로 재탄생시키기 위한 첫 과정이다. 대본을 작가로부터 전달받고 분석하는 과정은 마치 건축가가 건축의 설계도를 보고 실제 건축을 진행하기 전에 분석하는 과정과 같다. 작품을 분석하기 위해서는 제일 먼저 작가의 작품 세계와 작품 의도를 파악하고 나서 전체적인 그림을 그리는 것이 좋다.

구체적인 대본 분석 방법은 연기자와 스태프들이 각각 염두에 두어야 할 부분에 따라 서로 다르지만, 공통적인 면에서 크게 육하원칙에 의한 분석과 기승전결에 의한 분석으로 나눈다. 먼저 육하원칙에 의한 분석은 언제 분석, 어디서 분석, 누가 분석, 무엇을 분석, 어떻게 분석, 왜 분석 등 여섯 가지 분석으로 나눈다.

먼저 언제 분석은 작품의 시대적, 계절적, 시간적 분석을 말한다. 어디서 분석은 작품의 스토리 전개에 맞게 바뀌는 장소를 참고해서 배경을 스케치하는 데 필요한 분석이다. 누가 분석은 작품에 나오는 인물 분석으로 등장인물의 극중 중요도(주인공인 주연급부터 소음을 맡은 엑스트라까지)에 따른 캐릭터의 개성분석을 통한 인물의 활동을 순간순간 그려내기 위한 중요한 분석이다. 무엇을 분석은 마치 미술 용어의 크로키같이 작품에 등장하는 등장인물의 전체적인 활동들을 확인하는 분석이다. 어떻게 분석은 작품을 제작하기 위해서 연기자는 연기자대로, 스태프는 스태프대로 어떻게 제작에 임해야 할지를 설계하는 방법론적 분석이다. 왜 분석은 작가의 작품세계와 제작의도를 분석해서 오디오드라마 제작 현장에서 반영하기 위한 분석이다.

다음으로 스토리 전개를 파악하기 위한 분석으로 기승전결 분석이다. 기승전결 분석은 오디오드라마에서 기승전결로 이어지는 작품전개 속에서 크로즈업되고 오버랩되는 장면들의 중요성과 상징성의 정도에 따라 제작에 임해야 할 표현기법을 준비하기 위한 분석이다. 오디오드라마 제작에 참여하는 사람들은 모두 화가가 되어야 한다. 마음속의 도화지에 상상의 물감으로 입체적인 그림을 그리는 입체파 화가가 되어야 한다.

배경과 환경, 장소와 시간과 계절 등을 그려야 하고 대본에는 그 그림을 바로바로 떠올릴 수 있게 간단한 키워드를 기록해 두어야 한다. 얼마나 그림을 잘 그렸느냐에 따라 작품이 명작으로 길이길이 남느냐, 졸작으로 잊혀지느냐의 명운이 갈리게 된다. 그만큼 대본 분석과 함께 마음속에 그리는 그림은 오디오드라마 제작에 참여하는 피디는 물론 연기자나 모든 스태프들에게 매우 중요한 일이다.

PD가 그린 그림은 연기자 캐스팅에도 많은 도움이 될 것이고 작품의 제작 방향을 정립할 때도 새로운 시각으로 바라볼 수 있는 심미안이 될 것이다. 연기자가 그린 그림엔 주로 인물의 크로키가 많을 거라고 본다. 인물의 외모와 성격에 따라 대사의 억양과 어투가 결정되고 호흡과 움직임, ON, OFF 설정, 스테레오 제작 시 마이크 선택에 능동적인 활동을 할 수 있도록 해줄 것이다.

오디오드라마를 분석할 때 너무 현실적인 상황과 결부해서 매달리다 보면 오디오드라마적인 독특한 요소인 간결성과 압축성, 상징성을 살리지 못한다. 예를 들면, 고가(옛 가옥)의 안채 문이 마당 쪽으로 난 쪽은 이중창으로 되어 있다고 하여 드라마에서도 매번 이중창을 모두 연다면 드라마의 흐름을 망칠 수가 있다. 물론 문을 주제로 한 드라마라면 번거롭더라도 반드시 이중창문의 소리를 내주어야 하겠지만, 일반적인 주제의 드라마라면 생략하여 표현할 수도 있다는 말이다. 즉 드라마를 현실과 꼼꼼히 결부시켜 가부를 결정하는 어리석음은 버리자는 말이다. 드라마는 현실과 다르기 때문이다. 드라마에서는 드라마의 여건과 분위기에 맞춰 상식에서 크게 벗어나지 않게 설정해주면 된다.

대본 체크는 모든 스태프와 연기자에게 있어서 드라마 제작을 위한 준비과정 중의 하나다. 연기자는 드라마 속 자신의 배역에 대한 인물적 캐릭터를 설정하는 단계(연습과정: 목소리 점검, 문장의 고저장단 완급체크 등)가 된다. 음향효과맨들 중 주로 녹음실의 부조에서 작업하는 자료효과맨들은 대본 체크를 통해서 효과자료를 준비하고 음악효과맨은 시그널, 브릿지, 비지음, 코드음, 등을 준비하고 음향엔지니어는 콘솔, 컴퓨터 시스템, 마이크 및 모니터 스피커 등을 점검한다. 녹음실의 부스 안에서 활동하는 폴리효과맨들은 대도구와 소도구를 점검하고 성우들과 호흡을 맞추어야 할 부분들을 체크한다.

(1) 작가의 작품 세계와 작품 의도 파악

제작해야 할 작품의 대본이 스태프과 연기자에게 전달되면 그때부터 각 분야의 전문인력들은 자신이 갖고 있는 능력과 역량을 최대한 발휘하여 작품을 분석하기 시작한다. 먼저 작가가 누구인지를 살펴본다면 작품 분석에 많은 도움이 될 수 있다. 왜냐하면, 그 작가의 경력과 작품세계는 그 작품을 이해하기에 충분한 나침반이 되어주기 때문이다.

그다음으로 작품의 종류를 파악해보자. 다큐멘터리인지, 시대극인지, 코미디물인지, 현실 드라마인지, SF공상과학 드라마인지, 그 밖에 여러 가지 극의 종류를 파악해보고 작품의 패러다임을 구상해보는 것도 작품 분석의 한 수단이다. 대본을 얼마나 잘 분석했느냐에 따라서 나의 기여도가 그 드라마를 걸작으로 만들 수도 졸작으로 잊혀지게 할 수도 있다는 책임감으로 철저한 대본 분석을 해야 한다.

먼저 오디오드라마 극본을 대할 때 우리는 작가의 작품세계와 의도를 정확히 파악하고 최대한 존중해줄 필요가 있다. 물론 신입작가나 역량이 조금 부족한 작가들의 작품도 있겠지만 그런 경우에도 작가와 충분한 토론을 거쳐 오디오드라마다운 극본으로 수정하여 제작에 임해야 한다. 작가는 그 작품을 쓰기 위해 열정을 불태웠을 텐데 함부로 마음대로 대본을 뜯어고치는 건 예의가 아니기 때문이다. 그 대신 작가도 스태프나 연기자에게 공통적인 그림을 그릴 수 있도록 명확한 대본을 제시해야 한다.

쌍둥이의 생각도 서로 다르듯이 인간의 상상력은 제각기 다를 수 있다. 하나의 작품에 대한 각자의 상상력의 차이를 최소화하는 것이 작가의 작품 구성력과 표현 기법이다. 나머지 다른 부분은 리허설(연기자 연습)이나 스태프 회의에서 통일된 그림을 만들어야 한다.

(2) 육하원칙에 따른 작품 분석

분석하고자 하는 오디오드라마의 육하원칙에 따른 작품 분석에는 시대와 인물이 두각 되며 사건이 전개되고 그 속에 계절과 시간이 흘러 사건은 점차 절정으로 치닫고 때론 반전에 반전을 거듭하다 마침내 어떤 결과이든 결말을 지으며 막을 내리게 되는 드라마의 흐름을 파악하는 분석이다. 가끔은 결말 없이 끝나 관객들로 하여금 많은 여운을 남겨주는 작품도 있지만 여기서는 아주 교과서적으로 작품을 분석해 보고자 한다.

① 언제(시대적/계절적/시간적 분석) 분석

작품을 대본으로 받아들고 제일 먼저 살펴봐야 할 것은 시대적 배경이다. 한 작품이라고 해서 반드시 한 시대에 종속되는 것만은 아니다. 한 작품 속에서도 과거와 현재와 미래를 수없이 오갈 수도 있다. 너무 많이 왔다 갔다 하면 정신이 없어 작품이 제대로 만들어지지 않겠지만 잘 만드는 사람도 있을 것이다. 시간적인 분석이니만큼 계절의 변화도 눈여겨보아야 할 것이다. 우리나라처럼 사계절이 뚜렷한 복 받은 나라에선 계절적 감성이 풍부하다.

〈표-5〉 언제 분석에서 각 분야의 역할

분석 구분	효과담당자	PD/기술	연기자(성우)
시대적 분석	각종 배경음의 선택과 목적음을 적절히 활용하는데 필요한 분석이다. 예: 인력거나 전차가 다니는 거리는 현대와 구분된다. 다이얼 전화기는 80년대 초 버튼식으로 바뀌었다.	해당 시대의 정치·사회·문화적 의식구조와 생활환경을 토대로 작품의 완성도를 이끌어 가고 엔지니어도 시대에 맞는 적절한 공간음 또는 스튜디오 잔향음을 창출해 내기도 한다.	그 시대에 맞는 어법이나 말투, 억양을 구사하고 예절, 관습에 어울리는 호흡법과 감정표현에 시대적 감각을 살려 연기한다.
계절적 분석	계절적 분위기를 살리기 위해서는 효과음은 상당히 중요한 역할을 한다. 계절에 맞는 음향효과는 작품의 감칠맛을 내주곤 한다. 예: 시골 늦은 여름밤의 풀벌레 소리와 부채질 소리, 장마철의 빗길 발소리	PD는 작가가 보여주는 계절적 의미와 계절특성에 맞는 작품 속 배경과 환경을 스태프와 연기자가 간과하지 않도록 살펴야 하고 엔지니어는 계절별로 소리의 피치가 달라진다는 점을 감안하여 음질에 계절감을 실어본다.	연기자의 연기도 계절에 관계가 있을까? 계절마다 느끼는 인간의 감성은 성별과 나이별로 다를 것이다. 그런 점을 연기에 접목할 수 있을 것이다.
시간적 분석	시간의 흐름은 계절과 시대를 만들어가는 요소로써 구체적인 효과음을 요구한다. 예: 새벽에 수탉이 홰를 치며 운다든지 초조한 시계 초침 소리나 여름 한낮의 매미 소리, 가을 저녁 풀벌레 소리와 밤 개 소리, 야경꾼의 딱딱이 소리 등	해당 작품 속에서 사용된 시간의 적절한 묘사가 극의 흐름과 완성도에 미치는 영향을 분석하여 자연스럽게 표현되도록 연출을 이끌어 가야 하고 시간대에 맞는 효과음(주로 배경음)과 연기자의 대사 음색을 아침, 점심, 저녁, 밤, 새벽을 다르게 한번 표현해 본다.	시간 즉 하루 중의 어느 때는 연기자가 정말 잘 분석해야 할 부분이다. 새벽엔 조금 잠이 덜 깬 듯, 아침엔 바쁜 듯 낮엔 활동적인 듯 저녁, 밤엔 그에 걸맞게 연기를 하면서 시간적 관심 연기를 연구해보자.

작품 속에선 종종 봄은 시작과 희망을 나타내기도 하고, 여름은 열정과 사랑을, 가을은 결실과 성공을, 겨울은 안식이나 종말을 나타내주기도 한다. 또한, 모든 계절의 의미에 성공한 자에겐 평화와 성취감을 실패한 자 또는 어려움에 처한 자에겐 고통과 시련을 부여할 수도 있다. 하지만 그 틀에 전적으로 얽매이는 것은 바람직하지 않다. 겨울에도 시작할 수 있고 봄에도 결실을 맺을 수 있다. 고정관념을 버릴 때 창작은 싹트는 것이다.

다음은 시간이다. 몇 시, 몇 분, 몇 초를 말하는 시간이 아니라 하루 중의 어느 때를 분석하는 것이다. 때론 정확한 시각이 적절한 분석으로 요구되어 질 때도 있다. 예를 들면, 밤 12시에 괘종시계가 종을 울리며 스산한 바람과 함께 귀신이 나타난다는 납량 특집처럼 말이다. 이러한 시대적, 계절적, 시간적 분석이 음향효과맨에게는 절대적으로 필요하다. PD, 음향엔지니어, 연기자도 이 '언제 분석'을 철저히 하고 작품에 임한다면 각자의 분야에서 더욱더 작품의 완성도에 기여할 수 있을 것이다.

② 어디서(환경적) 분석

극이 전개되는 전체적인 배경에서 장면별로 옮겨가는 장소와 환경적 변화를 분석하는 작업이다. 예를 들면 감옥이나 동굴 속, 광장이나 홀, 복도나 사무실, 더 나아가 사후의 세계나 어느 우주 공간 속의 별나라 등의 현장감 넘치는 음향을 제작하기 위해서는 철저한 분석이 필요하다. 그 철저한 분석에 따라 따라 음향엔지니어는 메인 콘솔과 각종 주변 음향기기 등을 이용해 연기자의 대사에 가장 적합한 장소의 음장감을 찾는 데 주력할 수 있다.

자료효과맨에게 이 어디서 분석은 각 장면, 장면의 배경음 선택에 중요하고 폴리효과맨에게는 등장인물의 심리상태와 감정표현을 하기 위한 가장 기본적이고도 중요한 발소리 표현에 필수적이다. 도심 속이냐, 숲 속이냐, 바닷가냐에 따라 배경음이 다르고 발소리가 달라진다. 해변에도 자갈 해변이냐, 백사장이냐, 부둣가냐에 따라 배경음과 발소리는 달라진다.

자갈 해변에서는 파도가 밀려왔다 쓸려 내려갈 때 자갈들이 서로 부딪치며 물속에서 맑은 진동을 일으키는 아름다운 소리가 난다. 그 길을 걷는 등장인물의 발소리는 물론 자갈 밟는 소리여야 한다. 백사장은 또 그 나름의 파도 소리가 있고 사각사각 걸어오는 모래 발소리가 듣는 이로 하여금 현장감을 만끽하게 한다. 부둣가의 배경음은 분주하다. 멀리 큰 배들의 중저음 뱃고동 화음은 이국으로 향하는 동경과 호기심, 오랜 이별을 느끼게 하며, 갑자기 외로움과 그리움의 감정이 솟구치게 하기도 한다. 가까이 작은 여객선에서 육지에서 돌아오는 사람들과 육지로 떠나는 사람들의 걸쭉한 사투리가 들려 훈훈한 정과 생동감을 느끼게도 한다. 산속 숲길엔 계절에 따라 아름다운 새소리나 스산한 낙엽 바람이 불 수도 있다. 도심 속 어느 거리엔 오가는 차들의 배기음과 경적 소리가 가까이서 혹은 멀리서 빠르게 가까웠다, 지나쳐 사라져 간다. 그리고 빌딩숲 사이로는 바쁘게 어디론가 걸어가는 시민들의 발소리들이 있을 것이다. 지하도와 건물 내부의 복도 발소리는 다르게 표현되어야 하고, 사무실의 바쁜 사람들의 대화와 수시로 울리는 전화벨소리도 배경음이 될 수도 있다. 이처럼 모든 효과음은 장소나 환경을 파악하기 위한 분석인 어디서 분석에서 시작된다.

③ 누가(인물적 분석) 분석

이 분석은 인물 위주의 분석이다. 먼저 각각의 등장인물들의 신상명세를 파악한다. 남자인지 여자인지의 성별, 노인인지 어른인지 청소년인지 아이인지의 연령대, 사업가인지, 실업자인지, 직장인인지, 학생인지의 신분 등을 파악하고 뚱뚱한지, 날씬한지, 근육형인지 키가 큰지 작은지의 외모도 인물의 성격을 뒷받침해주는 중요한 요소이므로 자세히 파악해야 한다. 작품 속에서 가장 세심하게 파악해야 할 사항은 등장인물들의 성격과 행동이기 때문이다.

그 자료들을 토대로 작품을 이끌어갈 인물들의 내면 갈등과 행동반경, 인물과 인물 상호 간의 이해관계와 연결고리를 분석해 내는 것도 중요하다. 착한 사람인지, 착하다 못해 어눌한 사람인지, 야비한 사람인지 잔인한 사람인지 나쁜 사람인지, 나빠도 근본은 선한 사람인지, 터프한 사람인지, 정의감에 불타는 사람인지, 부드러운 사람인지, 앙칼진 사람인지, 사람의 성격은 천차만별이다. 또한, 다중인격을 가진 사이코패스도 연기해야 하며, 그의 행동에 의한 소리도 표현해 주어야 한다. 극의 내용을 기반으로 한 흐름인 전개, 결말을 통해 극이 사회에 시사하는 내용은 등장인물들의 성격에 잘 나타나야 하고, 그 드라마를 이끌어가야 하는 주체는 등장인물들이므로 등장인물의 분석은 그만큼 중요하다.

그 누구보다 성우들은 등장인물과 동화되어야 하므로 더욱 철저한 누가 분석이 필요할 것이다. 자기 배역 이외에도 상대역 또는 영향을 주는 다른 배역의 성격과 행동도 함께 파악하여 극의 전체를 본다면 더욱 농축된 연기가 우러나오게 되어 준비된 성우가 될 수 있지 않을까 싶다. 특히 폴리효과맨은 주인공이나 등장인물의 심리상태를 작가의 의도에 따라 알아내야 하고, 그때그때 변하는 등장인물에 관련된 소리들을 잘 표현해 주어야 한다.

④ 무엇을(주제 분석) 분석

작품이 주는 메시지는 정치, 경제, 사회, 문화, 스포츠, 연예, 예술, 기타 등등의 범주를 넘나들며 자유롭다. 하지만 이 자유 속에도 절제가 있다. 절제 속의 자유가 진정한 자유라고 생각해도 좋다면 긍정적으로 평가한 지금의 자유는 과거 암울했던 시대에 잉크가 엎질러지고 펜이 꺾여도 절대 놓지 않던 작가들의 신념이 밑거름되지 않았나 싶다.

여기서는 작가에 의해 쓰인 작품, 즉 극본이 말하고자 하는 주제를 파악해보고, 작가가 연기자와 스태프들에게 무엇을 요구하고 있는지 분석하고, 잘못된 요구라면 과감히 상의하고 수정하는 것도 중요하다. 이 분석은 극이 추구하는 목적을 완수하기 위해 연기자들과 스태프들이 무엇을 해야 하는지 고민하는 시간을 갖게 한다.

⑤ 어떻게(방법론적) 분석

극이 결말을 향해 어떻게 전개되고 있는가의 큰 흐름을 파악하고, 작가가 이 작품을 위해 어떠한 연출기법과 기술적 기법, 효과기법 등의 제작 기법을 제시하고 요구하고 있는가를 분석한다. PD는 제작 총 책임자이므로 대본을 철저히 분석하여 오디오드라마 극본으로 사용하는데 부족한 면은 보완하고 작가가 제작 현장 경험 미숙으로 인하여 놓친 부분은 다시 협의하여 오디오드라마 장르에 맞는 제작 기법을 최대한 반영하여 제작될 수 있도록 철저한 준비를 해야 한다.

음향엔지니어는 작가가 자기만의 독특한 작품세계를 돋보이고자 대본을 통해 기술적 기교를 요구했을 경우, 대본 분석을 통해 작가의 의도를 파악하고 최대한 협조하는 한편 부족한 점이 있다면 더욱 업그레이드된 기교를 충고하여 PD와 상의한 후 제작에 응용해야 한다. 효과맨도 마찬가지로 음향효과가 오디오드라마의 제작 기법에 맞게 적절하게 사용되고 있는가를 전문가적 견지에서 분석해 보고, 그 작품에 가장 알맞은 음향효과를 사용하기 위한 플랜을 짠다.

이 방법론적인 분석은 오디오드라마의 합리적인 작품제작 방법을 세우는 데 꼭 필요한 요소이며, 작품의 질을 향상시키는 데도 크게 기여하게 될 것이다.

⑥ 왜(제작의도) 분석

작가의 작품세계의 제반 사항을 이루는 작품 의도에 대한 이유를 꼬치꼬치 따져보는 시간을 가져보는 분석이다. 해당 작품의 시대, 장소, 계절의 변화와 주인공 또는 등장인물의 성격이나 외모 그들의 주변 환경은 왜 이렇게 묘사해야만 했을까? 대사나 내레이션, 독백, 회상 및 극의 구성과 전개는 그리고 결말은 왜 이렇게 처리해야 했을까? 꼼꼼히 살펴본다면 작가의 작품세계와 해당 작품의 작가적인 의도를 더욱 심도 있게 파악해 볼 수 있으며, 극의 완성도를 높이는데도 밑 걸음이 될 수 있다.

음향효과맨들은 극에 사용된 음향효과를 작가의 입장에서 바라보고 전문가적인 입장에서 면밀히 검토하여 작가의 작품제작의도를 최대한 파악해 보아야 한다. 피디는 물론 연기자와 스태프들은 작가의 작품을 오디오드라마로 승화시키기 위해 각자의 전문적인 분야에 따른 합리적인 분석방법으로 심도 있는 분석 시간을 갖는다. 작품에 '왜?'라고 질문을 자꾸 던질수록 제작에 필요한 좋은 방안이 더 많이 눈에 띄게 될 것이라고 확신한다.

(3) 기승전결에 따른 작품 분석

오디오드라마는 새롭게 창작된 작품이나 기존문학작품들을 오디오드라마의 극본으로 각색해서 만들어진다. 각색을 위한 대본화 작업은 시나리오 작업이라 하며, 시나리오 작업도 작가의 영역에 따라 각색 전문 작가로 명성을 날리는 작가도 있다. 오선지 위에 작곡된 작품이 악기를 통해 연주되듯이 시나리오 작가에 의해 각색되거나 창작된 글은 오디오로 연주 아닌 연출이 되어 청취자들을 울리고 웃기고 감동을 주는 오디오드라마가 된다.

앞서 설명한 작품 분석방법인 육하원칙에 의한 분석이 구조적인 분석이라면 지금부터 말하고자 하는 기승전결 분석방법은 내용적인 분석이라고 볼 수 있다.

① 기(극의 발단 부분에 관한) 분석

이 부분은 작품이 만들어지기 위한 스케치 또는 소개 부분이라고 볼 수 있다. 종종 형식의 틀을 파괴하는 작품도 있지만, 주로 일반적인 '기' 부분에선 작품의 시대적, 공간적 배경과 주인공과 등장인물들이 서서히 구체화되고 작품의 장르와 성격도 뚜렷하게 드러나는 부분이다. 이를테면 처음 만난 독자나 청취자들에게 작품이 자기소개를 한다고나 할까? 또는 연극무대에서 막이 오르면 처음 등장하는 무대장치와 세트 그리고 조명, 등장인물이 입고 나온 의상이나 말투나 행동이 바로 연극에서의 '기' 부분이라고 말할 수 있다.

이렇듯 '기' 부분에선 시대가 어느 시대인지 장소는 어디인지 그리고 계절적 시간적 배경이 언제쯤인지를 알 수 있다. 물론 작품이 전개되면서 시대가 변하고 장소와 시간을 넘나들게 되지만, 작품 시작 부분이면서 작품 전체와 연관된 스케치 부분이므로 구성의 중요성에서 의미 있게 분석해 두어야 한다. 또한, 등장인물의 외모나 성격, 의상이나 말투도 앞으로 전개될 작품의 성격을 결정지을 수 있으므로 '기' 부분의 분석은 매우 중요하다. 이러한 모든 분석이 종합되어 시대와 장소, 계절과 시간에 따른 배경을 묘사할 수 있는 음향효과(자료효과, 폴리효과, 음악효과)도 준비될 수 있고 연기자들도 자기가 맡은 캐릭터의 말투나 억양, 사투리의 필요성, 성격이나 그밖에 표현방법 등을 준비할 수 있다.

② 승(극의 전개 부분에 관한) 분석

'기' 부분이 작품을 만들기 위한 기초적인 터파기 작업이라면 '승' 부분은 주춧돌과 뼈대를 세우고 벽채를 붙이는 등, 열심히 건물을 완성해가는 작업이라고 볼 수 있다. 사건이 발생할 수 있는 요소요소를 만들어 독특한 작품의 세계를 유도하고 흥미로운 재미를 유발할 수 있게끔 하는 중요한 단계다. 효과음도 그에 걸맞게 명료하고 감칠맛 나게 만들어 삽입해야 한다. 다양한 음향효과의 기교가 선보이게 되고, 작품의 전개에 직접적인 영향을 미치는 중요한 효과음이 선택적으로 사용되기도 한다.

기교적인 면에서 볼 때 음향효과를 선행으로 미리 표현해야 할 때는 과감하게 치고 나가고 부드럽게 표현해야 할 때는 섬세하고 능숙하게 사용한다. 장면 전환이나 시간 경과에서는 음향효과음을 잠시 멈추었다가 서서히 크게 내주든지 정상 볼륨 레벨의 효과음을 빠르게 배열하며 긴박한 작품의 전개를 표현할 수도 있다.

연기자의 대사도 마치 토론회에서 자기소개를 마친 토론자들이 열띤 논쟁을 하듯 이야기를 이끌어가는 부분이다. 이처럼 '승' 부분은 클라이맥스, 즉 절정 부분을 향해 여러 가지 사건이 만들어지고 또 진행되면서 이루어지는 부분이다. 그에 따라 많은 효과음이 사용되는 부분이기 때문에 철저한 분석을 토대로 그 작품이 의도하는 최적의 효과음을 구현해야 한다.

③ 전(극의 절정 부분에 관한) 분석

이 '전' 부분은 작품의 꽃이요 클라이맥스 부분이다. '승' 부분에서 열심히 지은 건물을 완성하여 멋진 인테리어와 장식으로 한껏 뽐내는 부분이기도 하다. 나무라면 튼실하게 자라온 나뭇가지에 물이 올라 맺혀졌던 꽃망울들이 활짝 피어 온통 꽃으로 만발한 나무처럼 절정에 다다른 부분이라고 볼 수 있다. 이렇듯 '전' 부분은 그 작품 속에서 최고의 부분이어야 한다. 희극이라면 최고로 즐겁게, 비극이라면 최악의 비극을, 스릴러물이라면 가장 스릴 있게, 미스테리물이라면 영원히 풀리지 않음을 보여주는 부분이 되어야 한다. 여러 장르의 작품은 바로 이 '전' 부분에서 그 색깔을 명확히 해야 한다. 물론 작품 전체가 그 작품이 전하려고 하는 향기를 뿜어 내야하지만 작품의 처음부터 끝까지 너무 그 장르에 묶여 그것을 나타내고자 한다면 작품의 가치와 흥미는 떨어지게 되므로 다른 부분에서는 속내를 거의 드러내지 않다가 꽃을 만개하는 '전' 부분에서 작품이 말하고자 하는 진면목을 아낌없이 보여주는 것이 더욱 효과적이다.

효과음도 다른 부분에서 더욱 레벨도 조금 크게, 음감이나 음색도 더욱 상징적으로 표현해 주어 작품 속에서 차지하는 최고 절정 부분에 걸맞게 표현을 해 준다. 연기자의 연기도 '기'와 '승' 부분에서 응축되고 응어리진 모든 것을 끌어내어 발산해야 하는 부분이다. 이 '전' 부분에서는 연기자나 스태프 모두 작품의 성패를 걸어야 한다는 심정으로 심혈을 기울여야 하는 부분임을 명심하고 집중해야 한다.

④ 결(극의 결말 부분에 관한) 분석

이 '결' 부분은 작품의 대단원의 막을 내리는 결말 부분이 된다. 건축물에 비유한다면 분양이 완료되어 사람들이 입주하고 행복하게 살아가는 부분이며, 나무에 비유한다면 화려했던 꽃이 열매를 맺고 탐스러운 과일을 수확하는 시기에 비유할 수 있을 것이다. 작품 속에서의 여러 사건의 발단과 전개, 해결의 과정을 거쳐 마침내 하나의 돌파구를 찾아내어 주제에 걸맞은 결론을 추구하는 부분인 것이다.

또한, 이 작품을 접하는 모든 사람들이 작품의 끝맺음에 동의하고 수긍할 수 있게끔 자연스러워야 한다는 게 필자의 지론이다. 이 '결' 부분을 작품의 엔딩 부분이라고 하는데, 우리가 가장 좋아하고 희망하는 해피엔딩이 있고 슬프고 애틋하지만 감동의 도가니를 불러일으키는 언해피엔딩이 있다.

요즘 엔딩은 현실과 상식을 파괴하고 개성을 존중하는 시대 기류에 의해 정석이라는 건 없다. 사건이 해결되지도 않았는데 아무런 결론도 없이 작품이 끝난다든지 사건이 해결되어 끝나는가 했더니 다른 사건이 터지면서 작품을 끝내는 미완성 작품도 많다. 한때는 여운을 남기면서 청취자들에게 상상의 보너스를 주는 작품들이 유행했던 적이 있었다. 이렇듯 작품을 결론짓는 방법도 여러 가지가 있기 때문에 작품의 성격을 제대로 파악하여 그에 잘 어울리는 음향효과와 연기를 표현하는 것이 중요하다.

2) 음향효과맨의 녹음 준비

성우가 목소리로 연기하는 연기자라면 폴리효과맨은 온몸으로 연기하는 소리 연기자다. 또한, 오디오드라마에서 자료효과맨은 시대와 장소와 배경을 만들고 폴리효과는 세트와 소품이 되어 드라마를 입체적인 공간으로 만들어 주고 등장인물들의 생동감을 나타내어 준다. 음악효과맨은 오디오드라마의 틀을 잡아주고 감동을 이끌어 준다. 이러한 음향효과를 위해선 채음되었거나 만들어진 음향자료와 음악자료, 다양한 폴리효과 도구들이 필요하다.

효과음과 효과음악, 폴리 도구들이 준비되었다면 대본을 다시 한 번 더 점검하고 제작상황에서 녹음이 원활히 진행될 수 있도록 배치하고 리허설을 해보는 것도 중요하다. 리허설은 제작상황에서 벌어질 수 있는 문제점을 미리 점검할 뿐만 아니라 엔지를 줄여 연기자의 메소드 연기를 보호하고 순조롭게 제작을 완료하는 데 큰 도움이 된다.

(1) 음향효과의 준비

완성된 대본을 받아 분석을 마친 음향효과맨들은 오디오드라마 녹음을 위해 각자의 위치에서 오디오드라마 제작을 위한 녹음 준비를 한다. 자료효과맨은 자료화된 음향을 배경음과 목적음으로 구분해서 준비한다. 폴리효과맨은 효과도구를 대도구와 소도구로 구분하여 배치하고 마이크 디렉션을 점검하는 등 세팅작업을 마친다. 음악효과는 작곡, 편곡하여 선곡된 음악을 시그널, 브릿지, 비지, 코드, 앤딩 등으로 구분하여 준비한다.

① 폴리효과의 도구 준비

폴리효과는 스태프이지만 스튜디오의 녹음 부스에 들어가서 성우들과 함께 오디오드라마를 만들어내는 분야다. 성우들이 목소리로 대사를 연기한다면 폴리효과맨은 도구를 가지고 연기하여 적절한 소리를 만들어내므로 소리 연기자라 칭하기도 한다.

앞에서도 설명했지만 폴리효과맨이 사용하는 도구는 대도구와 소도구로 나누는데, 제품으로 만들어진 물건이 도구인 경우도 있고 원재료 그 자체가 도구인 경우도 있다. 예를 들면 소도구의 전화기나 키보드가 제품으로 된 도구라면 돌이나 자갈, 나무토막은 원재료 자체의 효과도구라고 할 수 있다. 대도구로는 다양한 문들이 있고, 나무계단, 철계단, 자갈이나 흙, 모래를 쌓아 놓은 발소리 구역이 있다.

가. 대도구 준비

대도구는 말 그대로 너무 커서 옮길 수 없는 도구를 말한다. 예를 들자면, 문이나 가구 종류가 대도구에 속한다. 문종류로 사극에서는 나무대문, 장지문(미닫이문), 토방문(덜컥문), 사립문을 주로 사용하게 되고, 현대극에서는 가장 많이 쓰이는 도어(주로 방문이나 사무실문으로 사용)를 비롯해서 철대문, 현관문, 아파트문, 베란다문 등이 있고 건물 입구의 문으로 쓰이는 강화유리 스윙문이나 자동문이 있다. 나무로 된 스윙문은 주로 시골 다방문이나 작은 카페문으로 쓰이고, 예쁜 소리가 나는 종을 흔들어 주면 색다른 효과를 낼 수 있다. 나무틀에 유리가 끼워져 있고 레일에 얹혀져 밀어서 여닫는 유리 미닫이문은 규모가 작으면 창문으로 규모가 크면 시골이나 변두리 마을의 대포집(정취 있는 술집) 문이나 작은 가게 문으로 쓰인다.

TV나 냉장고, 오디오와 같은 전자제품과 책상, 서랍장, 장식장 같은 가구도 드라마에서 현실적인 소리를 내는 데 필요한 대도구다. 더 나아가 철계단이나 나무계단도 축소 제작하여 생동감 있고 입체감 있는 효과를 구현하기 위한 대도구로 사용하고 있다.

a. 철 계단

b. 도어

c. 아파트 현관문

그림 8. 대도구 사진

오디오드라마 제작일이 도래하면 폴리효과맨은 스튜디오 부스에서 폴리효과에 필요한 도구를 준비한다. 오디오드라마 제작 현장에서 폴리효과맨이 다룰 수 있는 도구의 종류는 그 한계가 정해져 있지 않으며 그날 제작할 오디오드라마의 대본에 따라 정해진다. 폴리효과맨에게 있어서 다양한 종류의 도구를 얼마나 많이 확보하느냐도 중요하지만, 그 도구를 적재적소에 잘 배치해 두었다가 성우의 연기와 호흡을 잘 맞추어 소리 연기를 펼치는 숙련도를 기르는 것이 더 중요하다.

나. 소도구 준비

소도구는 대도구를 뺀, 소리가 날 것 같은 모든 도구를 말하며, 손으로 들거나 몸에 부착하거나 책상이나 탁자에 올려놓고 사용할 수도 있을 정도로 작거나 가벼운 도구를 말한다. 예를 들면, 좁쌀 한 톨이라도 소중한 효과소도구가 될 수 있는 것이다. 엿장수 가위라든가 썰매, 제기, 굴렁쇠 등의 추억의 소리를 내는 도구처럼 사라져가는 소도구도 있고, 수갑, 권총, 무전기 잭나이프같이 국가에서 위험물로 취급되어 구하기 힘든 소도구도 있다. 그런 소도구는 경찰서에 허가를 득하여 사용하고 있다. 특히 칼이나 무기 종류는 담당 폴리효과맨 관리하에 엄격하게 통제하여 안전사고가 절대 일어나지 않도록 하고 있다.

그런가 하면 우리가 자주 사용하는 물건들도 폴리효과 소도구로 자주 이용한다. 휴대폰, 지갑, 시계, 안경 등도 섬세한 소리를 얻을 수 있다. 특히 휴대폰은 시대를 반영하듯이 오디오드라마에 많이 쓰인다. 시대가 반영된 소도구는 휴대폰뿐만 아니라 일반전화기도 마찬가지다. 옛날 교환기식 전화기부터 다이얼식 전화기, 버튼식 전화기, 유무선 자동응답 전화기까지 개화기부터 첨단 디지털시대를 말해주는 소도구다.

농촌에서 볼 수 있는 호미, 낫, 가래, 쇠스랑, 같은 농기구들도 있다. 그릇 종류도 자주 쓰이는 효과 소도구다. 나무그릇, 놋그릇, 사기그릇, 스테인리스 그릇에서 도자기, 항아리, 범랑 제품까지 다양하게 사용된다.

그 밖에 효과 소도구는 인간이 만들어 놓은 물건 이외에 자연에서 얻을 수 있는 것도 많다. 대나무, 통나무, 조개껍데기, 자갈, 바윗돌 등도 소리를 만들 수 있는 소도구로 손색이 없다.

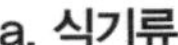

a. 식기류 **b. 국악기류** **c. 농기구류**

그림 9. 소도구 장

다. 발소리

소리로만 표현되는 오디오드라마에서 인간의 발소리는 효과음의 기본이요 인물심리묘사 표현을 위한 중요한 방법으로 사용되고 있다. 빠르거나 느리게, 작거나 크게 걷거나 뛰는 발소리에서 살금살금 걷는 도둑이나 자객의 발소리, 비틀비틀 술 취한 취객의 발소리는 인간의 감정을 나타내는 중요한 역할을 한다. 발소리효과를 낼 때 발이 디뎌지는 바닥면은 오디오드라마 장면에서 장소의 정보를 내포하기 때문에 다양하게 구분하여 선정되어야 한다.

발소리를 내는 곳은 실내냐 야외냐에 따라 시멘트바닥, 대리석 바닥, 자갈길, 흙길, 모래사장길, 낙엽길, 풀숲길 등으로 구분하여 발소리 틀을 만들어 놓고 사용하기도 한다. 계단 오르내리는 발소리는 철계단과 나무계단을 만들어 놓고 직접 오르내리면서 발소리 표현을 해주기도 하고, 기술적인 발소리 방법으로 상황에 맞는 발소리를 내고 있다.

가능한 한 발소리는 일어서서 체중을 싣고 내주어야 하는 게 정석이지만 폴리효과담당자 혼자서 여러 명의 발소리를 표현해야 할 때는 의자에 정자세로 앉아서 발목, 무릎, 골반에 힘을 풀고 적당한 세기로 불특정면을 불규칙하게 두 명 또는 여러 명 걷는 것처럼 디뎌주면서 소리를 낸다. 발소리 표현에는 신발의 종류에 따른 발소리유형과 상황에 따른 발소리유형, 장소에 따른 발소리 유형, 걷는 면의 각도에 따른 발소리 유형으로 크게 나눈다.

가) 신발의 종류에 따른 발소리 유형

신발의 종류에 따른 발소리 유형은 남녀 구두 발소리를 기본으로 하고 군화나 등산화 발소리, 운동화 발소리로 분류하는데 그중에서 여자 발소리의 기본은 하이힐 발소리로 표현한다. 하이힐 발소리는 직접 하이힐을 신고 표현하는 것이 기본이나 폴리효과맨이 대부분 남자이기 때문에 사이즈가 맞는 구두가 없어서 특수제작하거나 맞추어 신는다. 하지만 폴리효과맨이 홀로 투입되었을 경우에 오디오드라마 내용상 남녀가 함께 걷는 장면이나 남녀가 수시로 번갈아 등장하는 장면에서는 구두를 갈아 신을 시간적 여유가 없다. 그럴 땐 남자 구두를 신고 여자 하이힐 소리도 표현해야 하는데, 남자 구두 중에서 소리가 잘 나는 구두를 엄선해서 사용한다. 만일 평지를 걷는 발소리라면 남자 구두 발소리는 뒷굽부터 디뎌주고 여자 하이힐 발소리는 앞굽으로 스냅을 주어 소리를 낸다.

군화 발소리나 등산화 발소리는 바닥면이 비슷한 재질과 디자인으로 만들어져 있어서 오디오드라마의 장면 중에 군인이나 등산객이 등장하는 경우 동일한 신발을 신고 표현한다. 실제 군화나 등산화는 신고 벗기가 힘들기 때문에 장면 장면마다 다른 발소리를 연출해야 하는 효과담당자로서는 군화나 등산화를 신고 할 수가 없다. 그 대신 그와 비슷한 소리를 내는 신발을 찾을 수밖에 없는데 다행히도 요즘 유행하는 우레탄으로 바닥과 굽을 만든 트래킹화가 군화나 등산화 발소리와 비슷해서 유용하게 사용할 수 있다.

운동화 발소리도 자주 등장하는데 요즘은 기능성 운동화 등 다양한 종류의 운동화가 많으므로 상황에 맞는 운동화를 준비해서 표현해 준다. 운동화로는 사극의 발소리를 표현하기도 하는데, 사극의 발소리로는 가죽신 발소리와 짚신 발소리가 있다. 가죽신의 표현은 바닥면에 모래와 흙을 깔고 실내화처럼 밑창이 얇은 운동화를 신고 디뎌 표현하고, 짚신은 바닥에 릴테이프 조각을 살짝 깔고 디뎌 표현한다. 고무신 발소리도 가끔 나오는데 시장에서 고무신을 구입해서 준비해 놓고 실감 나는 발소리를 표현한다.

나) 상황에 따른 발소리 유형

상황에 따른 발소리 유형이란 등장인물의 극적인 상황을 표현하는 발소리를 말한다. 여기서 상황에 따른 발소리의 구분은 크게, 걷는 발소리와 뛰는 발소리로 나눈다. 세부적으로는 기분 좋을 때와 나쁠 때의 발소리, 급할 때와 화날 때의 발소리가 있고, 더불어 독특한 발소리 표현으로 술 취한 발소리, 겁먹은 발소리, 건방진 발소리 등 다양하다. 이처럼 상황에 따른 발소리 유형은 해당 인물의 심리적인 상태를 효과적으로 묘사해주기 위한 발소리다. 성우는 감정을 목소리로 표현하지만 폴리효과맨은 발소리로 등장인물의 심리상태나 처한 상황을 표현해 준다.

다) 장소에 따른 발소리 유형

오디오드라마에선 자료효과로 장소의 배경을 설명해주기도 하지만 폴리효과맨의 발소리로도 장소를 표현해서 청취자의 상상력에 도움을 준다. 장소에 따른 발소리 유형에는 사무실, 복도, 건물 로비, 홀, 강당 등을 설명하는 실내 발소리와 보도블럭길, 흙길, 자갈길, 산길, 숲길, 바닷가 백사장 등을 설명하는 야외 발소리로 구분하여 표현한다.

실내 발소리는 깨끗한 바닥에서 발소리를 내야 하며 실내 공간의 크기에 따라 약간의 크고 작은 공간의 울림을 준다. 사무실도 규모에 따라 다른데, 책상과 의자 등의 사무집기가 많이 있는 곳이기 때문에 아주 큰 사무실이 아닌 이상 그다지 울림이 없다. 복도도 규모에 따라서 다르지만, 건물 로비보다는 울림이 적다. 건물 로비의 울림보다 울림이 큰 곳은 홀이나 강당인데 홀에는 주로 카펫이 깔려 있고 강당은 무대장치나 집기가 있을 수가 있어서 발소리로는 건물 로비가 단연 울림이 크다.

집 안의 거실 등은 맨발로 발소리를 내거나 거실 슬리퍼를 신고 발소리를 내주어 장소를 표현한다. 야외 발소리는 실내와는 달리 길의 노면 상태에 따라 거칠게 내는데, 모래나 흙의 양을 조절해 가면서 표현해 준다. 보도블럭길을 묘사하기 위해서는 콘크리트 바닥에 살짝 모래를 깔고 발소리를 내주고, 흙길은 실제 흙을 두껍게 깔아놓은 발소리 구역에서 표현해준다. 산길 중 바위산은 바위를 밟는 둔탁한 소리를 묘사하고 일반적인 산길은 흙과 풀이 섞인 발소리로 표현한다. 숲길은 풀이 우거진 발소리로 표현하는데, 풀이나 잔디밭 발소리는 릴테이프을 깔고 밟아가며 발소리를 만들어 준다. 바닷가 모래사장 발소리는 모래를 많이 쌓아 놓은 발소리 틀에 충분히 물을 뿌려 모래를 적신 다음에 마이크 디렉션을 가깝게 하고 발소리를 내준다. 비가 오는 아스팔트길이나 보도블럭은 물을 흥건하게 뿌려가며 발소리를 내주고 포장이 안된 진흙길은 걸레또는 봉걸레에 물을 듬뿍 적셔 밟아가면서 발소리를 내준다.

라) 걷는 면의 각도에 따른 발소리 유형

드라마는 사람이 존재하는 장면에 대한 공간을 다양하게 표현한다. 특히 오디오드라마에서는 소리만으로 다양한 공간표현을 해줘야 한다. 사람이 살아가는 공간은 평지만 있는 것이 아니기 때문엔 평지를 기준으로 올라가는 길의 발소리와 내려가는 길의 발소리를 구분하여 표현한다. 평지를 기준으로 기울어진 길을 언덕길이라고 하는데 일상생활에서 생활하다 보면 언덕을 올라가기도 하고 내려가기도 한다. 계단이 있다면 계단을 올라가는 발소리도 필요하고 계단을 내려오는 발소리도 필요하다. 계단이 없는 언덕의 비탈길이라면 걷는 면의 각도에 따라 발소리를 다르게 표현해 줘야 한다.

평지를 걸을 때 발소리는 정상적으로 신발의 뒤꿈치를 먼저 딛고 앞쪽 바닥면을 딛는다면 올라갈 때는 앞쪽 바닥을 먼저 딛고 뒤꿈치를 나중에 딛게 되며 내리막길에서는 거의 동시에 디디게 된다. 그 정도의 차이는 걷는 면의 각도의 차와 비례한다. 거기에 앞에서 설명한 신발의 종류나 장소와 상황이라는 변수가 합쳐진다면 발소리는 더욱 더 다양하게 표현할 수 있다. 발소리는 신발과 지면의 마찰로 일어나는 소리도 중요하지만 연기자와 호흡을 맞추어 만들어지는 표현력이 더 중요하다.

급하게 걷거나 뛰어오는 발소리, 등산할 때의 지친 발소리는 연기자의 실감 나는 호흡연기와 잘 어우러져야 더욱 사실감 있게 묘사된다는 것을 알아야 한다. 평지를 걷고 있는 장면의 연기자도 실생활에서는 필요 없겠지만, 오디오드라마이기 때문에 걷는 듯한 호흡을 내면서 대사를 해야 걷는 상황이 실감 나게 연출된다.

발소리 효과를 위한 구두 바닥 딛는 순서

⑥→⑤: 평지를 걷는 발소리의 발 딛는 순서는 뒷굽 먼저 딛고 구두 바닥면을 디딘다.

⑤→⑥: 뛰는 발소리나 오르막 언덕길을 걸어 올라갈 때의 발 딛는 순서는 바닥면을 먼저 딛고 뒷굽을 디딘다. 뛰는 속도와 언덕의 각도에 따라 빠르기와 세기를 달리한다.

⑤+⑥: 언덕을 내려갈 때의 발소리는 뒷굽과 바닥면을 거의 동시에 디딘다.

⑤: 계단 올라갈 때는 거의 바닥면만을 디딘다.

①: 여자 하이힐 발소리는 직접 하이힐을 신고 소리를 내는 게 원칙이나, 차선책으로 남자 구두로 흉내 낼 때 딛는 부분이다.

②→③, ②→④: 남자 구두로 아이들 운동화 소리를 차선책으로 만들어 내야 할 때 디디는 순서다.

a. 구두바닥도 **b. 발소리틀**

그림 10. 구두바닥도와 발소리 구역

② 자료효과맨의 자료준비

자료효과는 채음을 통해서 편집되어 축적된 음향자료와 수입된 라이브러리 효과음, 특수효과음 등으로 아카이브화 되어 관리하고 있다. 특수효과음도 자료효과에 포함되어 관리되는데 샘플러나 신디사이저, 전자악기 등으로 직접 만들거나 자료효과와 마찬가지로 수입된 라이브러리를 관리하며 사용하기도 한다. 자료효과맨은 전달받은 오디오드라마의 대본을 분석하여 자기만의 방법으로 체크한 후 작품에 가장 필요한 자료를 아카이브에서 검색한다.

자료를 검색할 때는 같은 부류의 소리를 일일이 들어가면서 가장 적절한 자료를 찾게 되는데 다년간의 경력이 쌓이면 점점 더 쉽게 찾을 수 있다. 자료효과는 오디오드라마 장면의 장소와 공간, 시간과 날씨, 계절 등을 표현하는 배경음과 등장인물의 신체적 동작과 심리적 상황을 나타내는 목적음으로 구분하여 디자인할 수 있다.

제작할 오디오드라마의 자료효과를 디자인하여 스튜디오에 온 자료효과맨은 피디와 연기자들이 리허설을 하는 동안 부조의 서브 콘솔과 사운드 오퍼레이팅 프로그램을 점검하고 준비한 자료효과를 플레이하기 쉽게 채널을 나누고 트랙에 순차적으로 업로드하여 녹음을 준비한다.

현재의 오디오드라마 제작여건은 동시녹음제작 환경이기 때문에 대본을 기반으로 성우들의 대사와 폴리효과, 음악효과와 잘 어우러지도록 순발력 있게 오퍼레이팅해야 한다. 하지만 한 장면에 여러 가지의 자료효과음이 나올 경우에는 오퍼레이팅 시스템의 채널의 한계성을 극복하기 위해 몇 가지 소리를 미리 믹싱해서 준비해야 한다. 그 대신 제작 현장에서 벌어질 수 있는 성우의 대사와 자료효과음의 큐점 변동성과 피디의 즉흥적 상황변경이 예상되는 장면이라면 미리 믹싱을 하지 않도록 한다.

오디오드라마의 장면이 너무 복잡한 설정으로 현재의 동시녹음 상황에서 큐점 변동성이 예측되더라도 어쩔 수 없이 제작 현장에서 오퍼레이팅해야 한다면 스태프 회의 때 피디에게 미리 어필하고 연기자와 자료효과 부분에 관련된 대사를 맞추어 줄 것을 요구해야 한다. 제작 전에 해당 부분에 대사를 해야 하는 연기자를 불러서 믹싱된 소리를 미리 들려주어 대사와 호흡의 길이와 속도를 서로 맞추어 보는 것도 좋은 방법이다.

이러한 어려움들은 향후 후시녹음 제작 방식으로 변화되어 가면서 모두 해소될 내용이라고 말할 수 있다. 후시녹음 제작 방식에서는 모든 자료효과음을 멀티트랙으로 믹싱할 수 있기 때문이다.

③ 음악효과맨의 음악준비

오디오드라마에서 음악효과는 작곡이 원칙이나 우리나라 대부분의 오디오드라마 제작여건(극본 수급, 제작비, 장비) 상 편곡, 작곡, 선곡이 병행된다. 그 대신 선곡과 편곡 시에는 소정의 저작권료를 지불하여야 한다. 특집 등 특별기획을 위한 작품의 경우엔 장기간의 계획으로 특별 예산을 수립하여 준비하기 때문에 작곡을 위한 시간적 여유를 확보하고 작품에 대한 음악을 작곡할 수 있다.

오디오드라마 초창기에는 주로 외국에서 들여온 LP음반에서 음악자료를 발췌해서 많이 사용했는데 주로 클래식이나 영화음악 OST(Original Sound Track)에서 많은 자료를 얻을 수 있었다. 그 당시에는 음악 저작권 제약이 없어서 자유롭게 음악을 발췌해서 사용할 수 있었으나, 우리나라가 WTO(세계무역기구: World Trade Organization)에 가입한 후부터는 저작권 제약의 테두리에 놓이게 되었다. 그때부터 방송국에서는 세계저작권협회에 가입하여 저작권료를 일괄 지불하는 방식으로 음악을 사용하고 있다.

요즘은 디지털 연주 장비인 미디의 발전으로 작곡을 손쉽게 할 수 있는 환경이 구축되어 드라마에 활용이 활발히 이루어지고 있다. 오디오드라마를 위한 음악효과의 자료유형은 각종 시그널음악, 배경음악, 브릿지, 코드, 엔딩음악 등을 장르별로 나누고 그에 맞는 곡을 작곡 및 편곡을 하여 자료화한다. 오디오드라마 제작 현장에서 음악효과맨은 자료효과맨과 마찬가지로 스튜디오의 부조정실에 비치되어 있는 음악효과 전용 미니콘솔을 이용하여 자료를 미리 세팅하고 제작 중에 오퍼레이팅할 수 있다.

3) 음향엔지니어의 마이크 준비

음향엔지니어는 오디오드라마 녹음 전에 녹음 부스 내에서 연기자와 폴리효과맨이 사용할 마이크를 점검한다. 마이크의 종류와 특성에 따라 폴리효과 중 대도구와 소도구, 발소리에 어울리는 마이크, 연기자의 마이크 중 일반대사, 해설, 독백, 회상, 기사나 방송, 편지, 전화 속 대사에 사용하는 마이크의 점검이 필요하다. 음향엔지니어는 곧 제작할 오디오드라마의 장면에 따른 상황과 대사 내용에 알맞은 마이크를 배치하고 에코나 리버브, 필터 등 이펙트 기능을 적용할 부분 체크하여 준비한다. 또한, 부조의 메인 콘솔과 각종 장비를 점검하고 오디오드라마 제작을 위한 동시녹음을 준비한다.

(1) 마이크 선택

마이크는 녹음을 위해 최 일선에 놓이게 되는 소리 입력장치를 말한다. 마이크의 종류에는 소리를 수음하는 동작 원리에 따라 크게 다이내믹 마이크와 콘덴서 마이크가 있고 소리의 수음 범위를 정하는 방식에 따른 지향성에 의해 단일 지향성, 쌍지향성, 무지향성으로 나뉘게 된다. 스태프들뿐만 아니라 연기자들도 기본적인 마이크 특성을 알아두어야 마이크에 믿음을 갖게 되고 해당 마이크를 수음 방법과 수음 범위(디렉션)에 맞게 활용하여 자신이 의도 했던 연기를 펼칠 수 있다.

① 마이크의 동작 원리에 의한 분류

마이크는 소리를 전기신호로 바꾸어 앰프로 증폭시켜 스피커로 내보내는 순서 중 가장 첫 번째 음향 녹음용 입력 장비로써 소리를 수음하는 기술적인 동작 원리에 따라 다이내믹 마이크와 콘덴서 마이크로 나뉜다.

가. 다이내믹 마이크

다이내믹 마이크는 폴리에스테르나 플라스틱 필름으로 된 얇은 진동판과 연결된 전자석 보이스코일이 소리의 진동에 의해 흔들리며 전류를 발생시켜 소리를 전기신호로 바꾸어 준다. 다이내믹 마이크는 진동판에 비해 보이스코일이 상대적으로 무겁기 때문에 아주 섬세한 소리에 대해 충실도가 떨어지지만 튼튼하고 다루기 편하여 큰 소리에 강할 뿐만 아니라 온도, 습도에도 강하여 PA(실내외 무대 공연장)용으로 주류를 이룬다.

소리의 충실도를 보완하기 위해 진동판이 리본처럼 생긴 리본형 다이내믹 마이크를 선보였으나 강한 음압에 진동판이 쉽게 손상되고 모양도 크고 무겁고 출력도 낮아 인기를 끌지 못했다.

나. 콘덴서 마이크

고정 전극막과 진동판 필름이 워낙 얇고 가볍고 정밀하게 제작되어 있기 때문에 소리의 충실도가 뛰어나 섬세하고 자연스런 음질을 얻을 수 있을 정도로 성능이 우수한 반면, 가격이 비싼 데다가 온도나 습도, 충격에 약하고 따로 48볼트의 구동 전원이 필요하다는 점이 단점이다.

이 단점을 보완하기 위하여 마이크 자체에 반영구적인 고전압을 축적하여 만들어진 일렉트릭 콘덴서 마이크가 소형이며 가격도 저렴한 데다 성능도 좋고 온도나 습도변화 및 진동에도 강하기 때문에 실제 업무용으로 충분한 역할을 하고 있다. 단 성극 전압을 주지 않아도 된다고는 하지만 내장 헤드 앰프용의 전원(팬텀 파워)은 여전히 필요하다.

② 마이크의 지향성에 의한 분류

마이크가 소리를 수음하는 방향에 따른 특성을 지향성이라고 한다. 음의 분산을 방지하고 각각의 목적에 따라 원하는 소리를 합리적으로 수음하기 위해 필요 없는 방향을 절제하고 필요한 방향의 소리를 양질의 감도로 수음하기 위하여 분류한 마이크 특성이다. 가장 많이 쓰이는 지향특성으로는 단일 지향성이 있고 쌍(양) 지향성과 무 지향성이 있다.

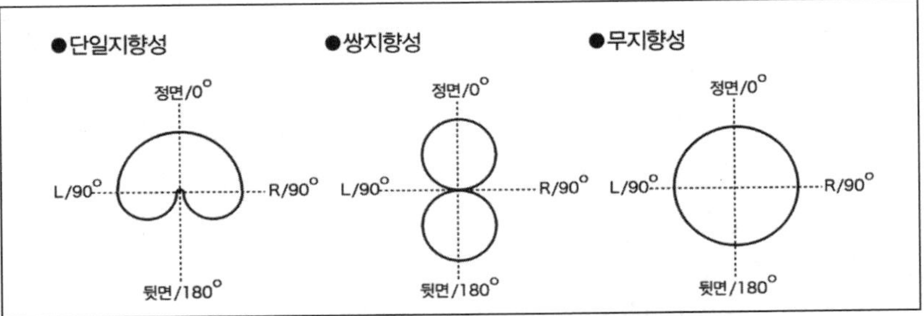

그림 11. 마이크의 지향성에 의한 분류

가. 단일 지향성

마이크의 주로 앞쪽 한 방향(단일 지향)의 소리만을 수음하는 특성을 가지는 마이크 지향성으로 뒤쪽이나 옆쪽의 소리는 종류에 따라 약간의 차이가 있지만 정면으로 부터의 소리를 수음하기 위한 마이크다. 수음 범위를 그림으로 표현할 때 하트 모양이기 때문에 심장이라는 뜻의 카디오이드(Cardioid)라는 용어를 사용해서 일반적인 카디오이드와 특수목적으로 사용되는 슈퍼 카디오이드(Super Cardiioid), 하이퍼 카디오이드(Hyper Cadioid), 초지향성인 울트라 카디오이드(Ultra Cardioid) 등으로 분류하고 있다.

슈퍼 카디오이드는 일반적인 카디오이드보다 더욱 옆쪽 수음에 약한 반면, 뒤쪽 수음이 약간 가능하고, 하이퍼 카디오이드는 뒤쪽 수음이 더욱 강해진 형이다. 초지향성인 울트라 카디오이드는 거의 카디오이드 형태를 벗어나 오직 정면의 소리만을 지향하는 완벽한 단일 지향성 특성을 가지기 때문에 원거리에 있는 목적음의 수음용으로 주로 쓰이며 건 마이크, 라인 마이크라고도 부른다. 특정 새소리 수음이나 스포츠에서 역동적인 소리를 수음할 때 사용한다.

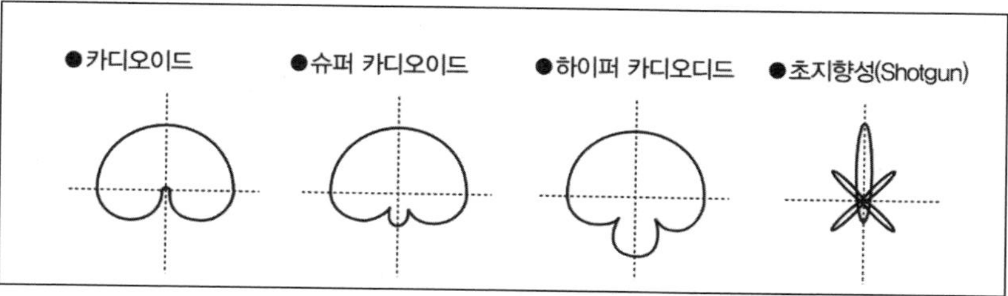

그림 12. 단일 지향성의 4가지 패턴

나. 쌍(양) 지향성

양쪽 다 수음할 수 있는 마이크의 지향성 형태로 주로 앞쪽과 뒤쪽의 소리를 동등하게 수음하는 형태를 말하며, 수음 범위를 그림으로 표현할 때 숫자 8과 비슷하다고 해서 8자 패턴(Figure of Eight) 마이크라고도 한다. 주로 대담 프로, 악기, 코러스 등에 사용된다. 앞뒤 양방향이 아닌 좌우 양방향의 소리만을 수음하도록 하는 마이크 지향성도 있다.

다. 무지향성

지향성이 없는 게 지향특성인 마이크다. 마이크가 향하는 방향과 상관없이 360도 모든 방향의 소리를 균등하게 수음할 수 있는 마이크 특성을 말하며, 주로 배경음, 즉 공간적인 주변음 또는 스튜디오의 잔향을 녹음할 때 사용한다.

③ 녹음 대상에 따른 마이크 점검

음향엔지니어는 오디오드라마에서 원하는 소리를 가장 효과적으로 녹음하기 위해 마이크의 동작 원리와 지향성 특성을 응용하여 연기자 마이크와 폴리효과의 대도구와 소도구의 소리를 녹음할 마이크를 점검한다. 튼튼하지만 소리의 충실도가 조금 떨어지는 다이내믹 마이크와 충격에 약하지만 섬세한 콘덴서 마이크를 적재적소에 지향특성을 고려해 배치한다면 훌륭한 녹음성과를 얻을 수 있을 것이다.

마이크의 성능과 특성을 결정하는 주요 기술적 요소는 주파수 응답 특성과 지향성, 감도, 내부 잡음, 왜곡 등을 들 수 있다. 이 중에서도 지향성과 감도는 원하는 소리를 녹음하기 위해 마이크를 결정하는 데 큰 영향을 미친다.

가. 폴리효과의 대도구 수음용 마이크 점검

대도구란 각종 문소리와 계단 등 큰 구조물들이 이에 속한다. 대도구는 대부분 높고 크고 고정되어 있기 때문에 마이크 설치는 붐형 마이크 스탠드를 이용하는 게 좋다. 그래야 수음 범위와 효과맨의 행동범위가 넓어진다. 큰소리에 강하고 튼튼하고 다루기 편한 다이내믹 단일 지향성 마이크를 선택하는 것이 대도구에서 발생하는 소리를 집중해서 효과적으로 수음할 수 있기 때문에 중요하다.

나. 폴리효과의 소도구 수음용 마이크 점검

오디오드라마에서 폴리효과맨이 다루는 소도구는 손으로 쉽게 이동하거나 조작할 수 있는 도구로서 각종 그릇, 공구(농기구, 목공구, 전동구 등), 전자기기 등 다양하다. 음향엔지니어는 소도구의 효과음을 녹음하기 위하여 플로어용 스탠드나 탁상용 스탠드에 마이크를 설치해 탁자 위 정도의 높이로 맞춘다. 단 탁상용 스탠드는 탁자의 진동에 유의하여 설치해야 한다. 소도구는 주로 탁자 위나 폴리효과맨 손의 위치에서 다루어지기 때문이다. 성우들과 호흡을 중요시하는 폴리효과음은 직접 성우들 옆에서 성우들과 함께 연기자 마이크를 사용(필드효과)하기도 한다. 소도구를 사용하는 효과음은 아기자기하면서 정밀한 소리를 주로 구사하기 때문에 소리의 충실도가 뛰어나 섬세하고 자연스런 음질을 얻을 수 있는 단일 지향성 콘덴서 마이크가 적당하다.

다. 폴리효과의 발소리 수음용 마이크 점검

폴리효과음의 기본이라고도 할 수 있는 소리는 바로 발소리다. 특히 오디오드라마에서의 발소리효과는 등장인물의 다양한 상황표현을 해 줄 수 있기 때문에 매우 중요하다. 발소리는 남녀노소가 다 다르고 시대별, 나이별로 다 다르고 장소에 따라 다르고 인간의 희로애락이 묻어 나오기까지 하기 때문이다. 실내인지 야외인지 발소리를 구분하고 슬프거나 외로울 때 터벅터벅 걷거나 급해서 뛰어가거나 술에 취해서 비틀거리는 발소리는 그 자체가 드라마다.

그만큼 발소리는 섬세하게 표현되어야 하기 때문에 마이크 스탠드를 최대한 낮추어 지면에 가깝게 설치하고 진동을 최소화할 수 있도록 주의를 기울여 점검해야 한다. 발소리 수음용 마이크 지향성은 다가오고 멀어지고 지나가는 발소리를 실감 나게 수음해야 하기 때문에 음역이 넓고 길게 설정해야 한다. 오디오드라마에서 폴리효과맨의 발소리효과는 등장인물의 이동이나 동작을 표현할 뿐만 아니라 감정표현까지 섬세하게 묘사해야 하기 때문에 단일 지향성 콘덴서 마이크를 사용해야 한다.

또한, 걷는 소리를 비롯해 뛰거나 격투신에서 불규칙하게 디디는 발소리를 내야 하기 때문에 마이크 진동에 최대한 신경을 써야 한다. 발소리 수음용 마이크 지지대의 가장 합리적인 방법은 천정에 달아 아래로 늘어뜨려 사용하는 방법이 좋지만, 부스의 천정이 매우 높거나 약해서 설치하기에 여의치 않다면 플로어용 마이크 스탠드 아래 스펀지와 같은 충격방지 패드를 깔고 마이크에는 쇼크 마운트(Shock-Mount)와 같은 진동 방지용 장치를 꼭 설치해 주는 것이 좋다.

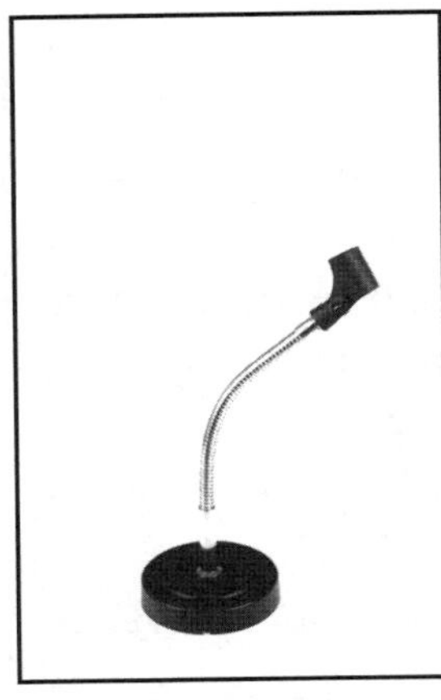

a. 탁상용 스탠드

b. 플로어용 스탠드

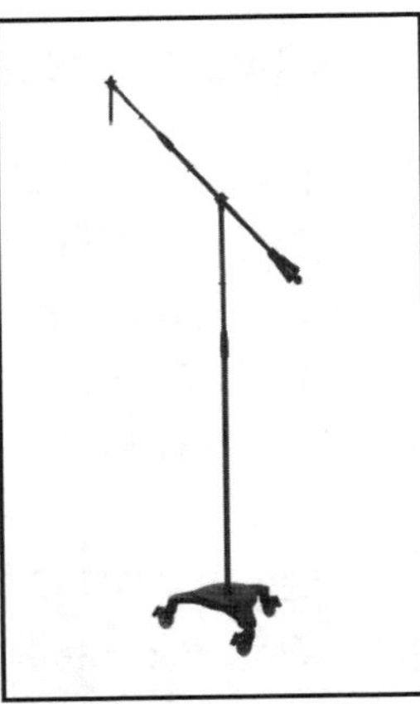

c. 붐형 스탠드

그림 13. 마이크 스탠드 종류

a. 서스펜션(쇼크 마운트)

b. 팝필터

c. 윈드스크린

그림 14. 마이크 액세서리

라. 성우의 연기용 마이크 점검

성우가 연기해야 하는 대사는 오디오드라마에서 핵심이라고 할 수 있다. 대사는 오디오드라마의 스토리를 전개하면서 연결하고 이해시키고 해결하는 주요 요소이다. 연기자가 대사를 할 때는 그야말로 작품의 인물에 심취되어 울고 웃고 화내고 괴로워하고 그리워하고 슬퍼한다. 때로는 속삭이다가도 어느 순간 소리를 지르기도 한다. 이렇게 복잡 미묘한 인간의 감정을 마이크에 대고 절규하듯 타이르듯 호소하듯 아양 떨듯 연기를 한다.

음향엔지니어는 이러한 연기자의 연기상황을 예측하여 미세한 호흡 하나까지도 놓치지 않고 수음될 수 있도록 적절한 마이크를 선정하고 점검한다. 대사 마이크에 적합한 마이크는 한 방향의 적정한 범위를 섬세하게 수음할 수 있는 단일 지향성 콘덴서 마이크다. 단일 지향성은 방향성을 확실히 구분해 주고 원근감도 느끼게 해주므로 오디오드라마 연기에서 공간감과 입체감을 연출해 주기에 효과적인 마이크다.

또한, 대사 마이크는 큰소리에서부터 작은 호흡 소리까지 수음해야 하기 때문에 작은 소리까지도 섬세하게 받아들여야 함은 물론, 큰소리에 대한 충실도도 확보되어야 한다. 또한, 성우가 연기에 심취하다 보면 마이크 가까이에서 크게 소리를 질러서 충격을 받을 수 있고 침과 이물질이 튈 수도 있기 때문에 윈드 스크린이나 팝필터를 설치해 마이크를 보호해 준다. 이와 같은 마이크의 액세서리는 파핑현상도 막아주고 마이크를 위생적으로 보호해 주며 수명도 오래가게 해준다.

4) 피디와 연기자의 리허설

대본을 작가로부터 전달받은 피디는 대본을 최종 점검하는 시간을 갖는다. 대본이 전반적으로 오디오드라마 장르에 맞게 잘 구성되었는지, 작품의 시대적 배경이나 역사적 사실, 이름이나 지명, 용어 등 상식적인 내용에 오류가 없는지, 등장인물의 특징과 캐스팅 사항이 올바르게 기록되었는지, 문장이 구어체로 잘 정리되었는지를 비롯해서 문맥이 매끄러운지 오타는 없는지 확인하고 수정사항이 있다면 작가와 의견 조율을 다시 해서 대본을 완성한다.

대본이 최종 완성되면 피디는 오디오드라마를 만드는 각각의 전문인력들에게 메일이나 SNS를 통해서 전달한다. 대본 전달과 함께 오디오드라마 녹음 제작 일시도 다시 한 번 점검하고 당부 사항이 있다면 다시 한 번 더 안내한다.

피디로부터 연기자들과 스태프들에게 대본이 전달되면 나름대로 그 분야의 전문인력들은 개인적으로 대본을 분석하고 자기가 알아보기 쉽게 체크하고 궁금한 점이 있으면 피디에게 문의한다. 약속된 오디오드라마 제작 날이 되면 피디는 연기자들과 연습실에 모여 연기 리허설(리딩)을 갖고 스태프들은 제작 스튜디오에 모여 각자 녹음 준비를 하는 등 두 파트로 나뉘어 제작 준비를 한다.

(1) 대사 리딩(연기 리허설)을 통한 연습

피디와 연기자들은 따로 마련된 연습실에서 리허설을 하게 되는데 약간의 다과와 음료를 곁들이기도 한다. 오디오드라마 연기자인 성우들도 피디로부터 사전에 대본을 전달받고 작품에서 자신의 배역과 역할, 상대 배우와의 관계 등 자신이 맡게 된 캐릭터에 대한 전반적인 분석을 한다. 자신이 맡게 된 등장인물의 캐릭터 분석을 통해서 성격의 정립을 하고 언어적으로 사투리나 속어, 비어 등의 소화 가능성, 문장에서 띄어 읽기, 장음, 단음 등 오묘한 감정변화의 부분까지 구체적으로 분석하고 연습실에 모이게 된다.

특히 내 상대 배역의 대사와 내 대사가 없는 장면이라도 반드시 읽어서 전체적인 스토리의 흐름을 파악하고 상대 배역과의 조화로운 연기를 표출해 낼 방법을 모색하는 것도 매우 중요하다. 또한, 대본을 보면서 의문사항이 있다면 그때그때 꼼꼼하게 표시해서 리허설 때 피디에게 반드시 물어보고 확인해야 한다.

피디와 연기자들이 연습실에 모여 리허설이 진행되면 연기자들은 실제 녹음처럼 서로 대사를 주고받게 되는데, 대본의 상호 이해도 점검, 장면마다 상대 배역은 물론 등장인물 모두의 대사와 나의 대사와의 연관성을 미리 확인하고 숙지하기 위함이다. 피디는 출연자들이 서로 주고받는 대사를 들으며 연기자들이 작품의 장면구성에 대해 어느 정도 이해를 하고 있는지 확인하고 매 장면의 상황에 맞는 감정을 잘 살리고 있는지 점검하여 수정사항이 있으면 서로 의견을 종합해서 조정한다.

이때 이미 개인적인 대본 분석과정에서 연구하고 고뇌에 빠졌던 성우들이 제시하는 의견이 오히려 작품의 완성도에 더 도움이 될 수 있다고 판단되면 열린 마음으로 과감하게 연기자의 뜻에 따르는 것도 현명한 피디의 태도가 된다.

(2) 공간 활용과 마이크 특성, 음향효과와의 관계 등의 숙지 사항 전달

피디가 성우들과 연기연습 즉, 리허설을 진행하면서 연기자들에게 숙지시켜야 할 내용 중에 또 하나의 중요한 점은 성우들이 연기하는 오디오드라마 제작스튜디오의 부스 내에서 공간을 활용하는 방법과 마이크를 활용하는 방법에 관한 내용이다. 오디오드라마는 소리로만 만들어지는 드라마라서 오디오드라마만의 제작 기법이 필요하다. 오디오드라마 제작 기법 중 가장 기본이자 핵심인 기법은 입체적인 제작 기법으로서 녹음 부스의 공간 활용과 마이크를 중심으로 한 움직임의 표현이다.

피디는 소리로 공간을 표현하는 방법인 마이크를 기준으로 멀거나 가깝게 또는 좌측공간과 우측공간의 위치를 고정하거나 이동하는 방법을 연기자들에게 잘 숙지시켜 주어야 한다. 또한, 피디는 연기자들에게 자료효과맨의 장면을 묘사하는 배경음, 폴리효과맨과 호흡을 통해 구사해야 할 액션, 음악효과맨의 음악에 동화되는 감정 등 각종 음향효과와의 적절한 어울림의 연기에 대해서도 이야기해야 한다.

따라서 피디는 리허설을 진행하면서 대본에 나타난 장면과 상황을 토대로 연기자들이 녹음 부스에서 그때그때 어떻게 공간과 마이크를 활용해야 하는 지, 음향효과와는 어떠한 호흡으로 조화를 이루어야 하는지를 약속해야 한다. 그러기 위해서 피디는 먼저 오디오드라마를 녹음할 녹음 부스의 공간 개념과 마이크 특성은 물론 음향효과의 적용 부분을 사전에 점검하여 이해하고 머릿속에서 설계해 두었다가 연습을 이끌어 가야 한다.

(3) 방송 분량 시간 체크 및 안배

리허설이 진행되는 동안 피디는 작품의 전체적인 흐름에 따른 시간을 방송시간에 대응하여 점검할 필요가 있다. A4용지의 글자 12포인트, 줄 간격 160의 대본이라면 1페이지가 평균 2분 정도 분량이 되는데, 음향효과가 많은 부분이나 대사에 호흡이 많고 느린 감정으로 이끌어 가는 장면에서는 시간이 더 소요될 수 있으니 리허설 때 시간을 적절히 안배하여 체크해야 한다. 시간의 안배 없이 녹음을 진행했을 때 시간이 넘쳐서 자칫 작가가 작품 속에 꼭 남기고 싶었던 내용을 삭제해야 하는 누를 범 할 수도 있고 내용이 모자라서 작가에게 보충대본을 요청하는 상황이 생기기도 한다.

또는, 그와는 반대로 적절한 호흡과 대사의 속도, 음향효과의 적용을 안배해서 리허설을 했음에도 불구하고 시간이 모자라거나 남으면 제작 전에 미리 작가에게 보충대본을 부탁할 수도 있다. 그만큼 리허설 때 피디가 해야 할 작품의 시간 안배 작업은 순조로운 제작을 위해서 필요하다. 숙련된 피디는 대본 분석만으로도 확인 가능하지만 오디오 드라마에 투입된 지 얼마 안 된 피디일수록 연습 때 시간 안배에 관한 내용을 각별히 유념해야 한다.

(4) 연습은 실전처럼

연습은 실전처럼, 실전은 연습처럼 하라는 말이 있다. 이는 연습은 철저히 하고 실제 상황에서는 너무 긴장하지 말라는 의미일 것이다. 오디오드라마 리허설도 실제 녹음처럼 진지하게 진행한다면 실제 녹음실에서 제작될 작품의 완성도가 높아질 것이다. 리허설 때, 피디는 연습실에 오기 전까지만 해도 자신이 완벽하게 작품을 분석했다고 생각했는데 연습을 진행하다 보면 '자신이 잘못 이해하고 있었구나.' 하는 부분을 발견하게 되는 경우도 있다. 또는, 미처 생각하지 못한 기발한 아이디어가 불현듯 떠올라 조금만 보완하면 더 좋은 작품이 될 것 같은 부분도 발견하게 된다.

혼자서 대본 분석을 할 때는 보이지 않던 내용이 보이고 오타나 잘못된 표현 등 여러 가지 점검사항들도 보이게 된다. 그럴수록 피디는 더욱더 귀를 쫑긋 세우고 연기자 한 명 한 명이 주고받는 대사를 점검해야 한다. 주어진 캐릭터에 맞는 사투리나 억양을 잘 맞게 구사하고 있는지, 상대 배역과 대사를 주고받을 때 호흡은 자연스러운지, 장면의 상황에 맞게 감정을 잘 이끌어내는지 등 작가가 작품에서 의도하는 숨겨진 뉘앙스까지 잘 찾아내어 조언해주어야 한다.

이처럼 리허설 시간에 연습을 철저히 하면 제작 현장에서 엔지가 적게 발생하여 스태프인 음향효과맨과 음향엔지니어의 작업도 원활해지고 제작 시간도 단축되고 작품의 완성도도 높아진다.

a. 성우연습실

b. 연기 리허설 중

그림 15. 성우 연습(연기 리허설)

5) 스태프 회의

피디는 성우들과 연기 리허설을 마치고 스튜디오로 오는 즉시 오디오드라마 제작을 위한 녹음 준비를 마치고 기다리던 스태프들과 스태프 회의를 한다. 오디오드라마에서 스태프는 피디, 음향엔지니어, 음향효과맨들(자료효과, 폴리효과, 음악효과)이다. 그들은 오디오드라마 제작을 위해서 각자 중요한 역할을 하며 자기 분야에 색깔이 강하고 아주 전문적이다. 그만큼 스태프 회의 시간은 긴장감이 맴도는 시간이기도 하다. 그들 나름대로 충분한 작품 분석을 하고 모인 자리이기 때문에 더욱더 그렇다. 때로는 거친 설전이 벌어지기도 하고 기발한 아이디어가 도출되기도 한다. 그래도 결국은 좋은 작품을 제작하기 위한 진통이라고 생각하고 서로의 의견을 경청해야 한다.

PD가 총책임자이긴 하지만 작품을 스튜디오에 가져온 이상 그 순간부터는 스태프 모두에게 최선을 다해야 할 작품인 것이다. 내 전문분야를 침범했다고 노여워한다거나 일부러 상대방의 실수를 들춰내서 자존심을 상하게 해서는 안 된다. 작품의 완성도를 위해서라면 내 전문 분야지만 내가 미처 분석하지 못한 것을 다른 분야 스태프가 알려줄 수도 있는 것이고, 나도 다른 분야의 스태프에게 내 분야가 아닌 내용까지도 조언해줄 수 있어야 한다.

선배는 후배의 번뜩이는 아이디어를 칭찬해주며 적극적으로 반영하고 자신의 실수가 있다면 과감히 인정할 수 있어야 한다. 후배는 겸손한 자세로 선배를 대할 줄 알아야 하고 선배가 설령 실수했더라도 자존심 상하지 않도록 최대한 배려하며 조언을 해야 한다. 그렇기 때문에 스태프 모두는 알량한 자존심을 버리고 스태프 회의에 임해야 한다.

〈표-6〉 드라마 제작 시 스태프들의 업무 분장

단계	폴리효과	자료효과 음악효과	엔지니어	PD
준비	대본 체크 대·소도구 준비 마이크와 도구위치 및 소리 확인	대본 체크 자료, 음반 준비 기계별 콘솔 분담 음향 레벨 체크	대본 체크 기계, 콘솔, 마이크 음향효과 장비확인 EQ, Filter 등 체크	대본 체크 연습실에서 리허설 연습 중 대본 수정 방송 분량 시간 안배
스태프 회의	연기자별 배역 확인 후 마이크 설정.	IN-OUT(cut/sneak),BG에 대한 점검	상황별 마이크 지정	대본수정내용 전달 (삭제, 추가, 보완)
녹음	대본의 흐름과 연기자의 호흡에 맞추어 제작.	자료 세팅 후 플레이	콘솔 조작 (에코, 필터 등의 음성 변조)	각 스태프와 연기자 큐사인으로 컨트롤

피디는 성우들과 리허설을 하면서 새롭게 발견된 내용을 스태프들에게 전달하고 음향효과와 연기자가 호흡을 맞춰야 하는 부분을 상의하고 점검한다. 음향엔지니어와는 오디오드라마의 입체적인 제작을 위해서 부스 내에서의 마이크를 기준으로 한 성우들의 위치와 동선에 관한 내용과 성우들이 사용해야 할 마이크에 관한 내용을 확인한다. 또한,

특별한 상황에서 사용해야 할 오디오드라마 기법과 이펙트의 설정에 관해서도 논의한다.

피디는 스태프 회의를 마무리하면서 마지막으로 성우들에게 스태프 회의에서 확인된 음향효과와 호흡을 맞춰야 할 내용과 녹음 부스의 입체적인 활용, 마이크를 기준으로 한 거리감(ON, OFF) 설정 및 구분해서 사용해야 할 마이크 선정에 관해 이야기하고 오디오드라마 제작을 위한 준비를 완료한다.

(1) PD와 작품제작에 대한 전반적인 의견 교환

PD는 오디오드라마제작을 위해 기획과 작품 선정에서부터 시간대 편성과 배역에 의한 연기자 캐스팅 및 스태프 선정까지 전반적인 업무를 수행한다. 연기자들과 함께 리허설을 마치고 스튜디오에 도착한 피디는 제작준비를 마치고 기다리고 있던 스태프들과 스태프 회의를 진행한다. 스태프 회의는 제작에 들어가기 전에 각 스태프들이 오디오드라마의 장면을 어떻게 설정해야 할지에 관해 서로 각자 전문분야에 맞게 준비한 내용을 점검하는 시간이다.

음악효과맨에게는 오디오드라마에 삽입될 음악의 준비사항을, 자료효과맨에게는 배경음과 목적음과 관련된 효과음에 대한 준비사항을, 폴리효과맨에게는 성우와 호흡을 맞추어야 하는 소리 연기에 관련된 준비사항을 확인한다. 음향엔지니어에게는 성우의 대사 중 상황에 따라 사용할 마이크와 이펙트를 주어야 할 대사를 어떻게 표현해야 할지에 대해서 준비사항을 확인한다.

물론, 스태프들은 각자 전문영역의 담당자들이라서 작품을 나름대로 철저히 분석했고 이미 녹음 준비를 완료한 상태이기에 믿고 곧바로 제작에 들어간다고 해도 문제 될 것은 없다. 하지만 제작 중 엔지를 줄이고 더 완성도 있는 제작을 위해서 스태프 회의를 운영해야 한다.

(2) 스튜디오 점검

스튜디오는 조정실(Control Room)과 녹음 부스(Recording Booth)로 나뉘어 있다. 조정실에는 녹음 부스 안에 있는 각종 마이크를 컨트롤하기 위한 메인 콘솔과 녹음 및 편집과 저장을 위한 컴퓨터 시스템, 제작되는 사운드를 모니터링할 수 있는 스피커 시스템이 갖추어져 있다. 부가적으로, 녹음되는 사운드에 효과를 주는 이펙터 장비와 자료효과 담당 서브미니콘솔과 음악 효과 담당 서브미니콘솔, 멀티트랙 에디팅을 위한 프로툴 시스템을 갖추고 다양한 사운드 디자인을 연출하고 있다. 녹음 부스도 넓은 공간에 적절한 방음시설과 조명을 갖추고 성우의 연기공간과 폴리효과의 공간을 구분하여 여러 대의 다양한 마이크가 설치되어 있다. 특히 녹음 부스 내에는 필터박스라고 하는 방음부스를 하나 더 마련하여 음향 컨트롤을 다양화하고 있다.

오디오드라마 스튜디오의 모범적인 모델로 현재 오디오드라마를 활발하게 제작하고 있는 KBS의 대표적인 스튜디오 RS-15를 소개하고자 한다. 그림은 KBS의 오디오드라마 스튜디오(RS-15)의 부스 내부 요약도로써, 성우와 폴리효과 담당자의 라디오드라마 제작 시 알아두어야 할 동선을 표시해 두었다. 그 내용은 다음과 같다.

<마이크 세팅 현황과 기능>

①, ② – 연기자 및 프론트 효과 마이크: 연기자의 호흡과 폴리효과의 프론트효과 담당자가 함께 연기하는 공간. (전화, 편지, 책, 신문, 식사, 찻잔 등의 소도구 연기)
③, ④ – 독백 및 내레이션 마이크: 드라마 제작 시 혼잣말(독백)과 해설(내레이션)에 사용.
⑤ – 해설 전용 마이크: 다큐멘터리나 낭독 위주의 프로그램 제작 시 장시간 해설을 해야 할 때 해설 전용으로 사용하는 마이크.
⑥, ⑦ – 필터박스 내의 마이크: 드라마에서 전화 수화기 속의 대사나 스피커를 통해서 나오는 소리, 기사나 방송 매체 속 대사를 연출할 때 사용하는 공간과 마이크.
⑧, ⑫ – 대도구 용 붐 마이크: 우측과 좌측의 대도구(각종 문, 수돗가) 전용 마이크로 연기자와 동선을 함께한다.
⑨, ⑪ – 발소리와 소도구용 마이크: 좌·우측 발소리(자갈, 모래, 흙, 풀, 마루, 계단)와 몸동작에 의해 발생하는 소리를 만들어내는 공간.
⑩ – 필드효과 공간의 소도구 전용 마이크: 연기자 공간인 프론트효과 공간에 들고 나가지 못하는 소도구의 소리를 만들기 위한 마이크 공간.

<드라마 제작 시 동선 연출>

㉠, ㉡ – 전후의 거리감을 위한 동선: 연기자, 폴리효과 담당자가 프론트와 필드 공간에서 동선을 함께하며 앞(ON)뒤(Off)로 이동하며 거리감을 연출하는 동선이다.
㉢, ㉣ – 좌·우로 공간변화를 위한 동선: 연기자, 폴리효과담당자가 프론트와 필드 공간에서 동선을 함께하며 좌·우로 이동하여 공간변화를 연출하는 동선이다.
㉤, ㉥ – 대각선 공간변화를 위한 동선: 연기자, 폴리효과 담당자가 프론트와 필드 공간에서 동선을 함께하며 대각선 공간변화를 연출하는 동선이다.
㉠, ㉡, ㉢, ㉣ – 전·후·좌·우, 대각선 공간변화를 위한 동선: 연기자, 폴리효과 담당자가 프론트와 필드 공간에서 동선을 함께하며 전체적인 공간변화를 연출하는 동선이다.

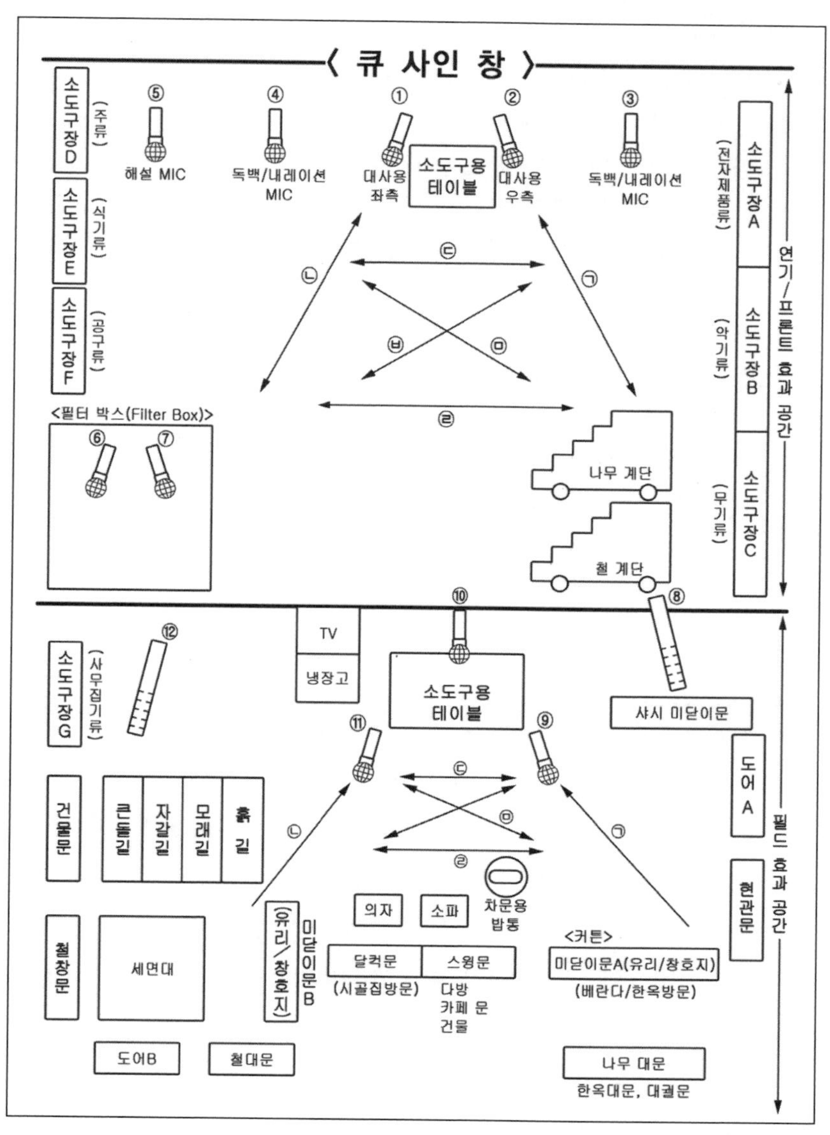

그림 16. KBS 오디오드라마 스튜디오의 부스(RS-15) 내부 요약도

〈특이사항〉

① 운전 연기: 차 안에서 대화하는 장면에서는 운전자는 좌측 마이크를 사용해야 맞다. 우리나라(미국) 자동차의 구조는 좌측에 핸들이 있기 때문이다. 영국이나 일본을 표현할 때는 반대로 표현해 준다.

② 대도구 연기: 스테레오 제작이므로 좌측 문, 우측 문 등 문의 방향에 따라 성우도 같은 위치에서 거리감을 생각해서 앞뒤로 이동해가며 연기해야 한다.

③ 장면 변환: 장면이 변하면서 장소가 이동되었지만 앞 장면의 등장인물이 그대로 등장할 때 성우의 위치를 바꾸어줌으로써 변화를 유도하며 상황을 환기한다. 특정 대도구와 특별한 관련이 없다면 말이다. 하지만 고정된 특정 대도구와 연기자의 상관관계를 우선으로 하여 연기자는 마이크 위치를 선택해야 한다.

① 오디오드라마 스튜디오의 조종실(Control Room)

스튜디오의 조종실은 흔히 컨트롤룸이라고 부르며 메인 콘솔과 좌우 서브 콘솔을 이용하여 부스 내부의 마이크와 서브 콘솔에 딸린 자료효과 장비, 음악효과 장비, 모니터용 메인 스피커, 그밖에 각종 음향기기 등을 컨트롤한다. 또한, 컨트롤룸은 부스 내부에 설치된 여러 대의 연기자용 마이크와 폴리효과용 마이크, 필터박스 내의 마이크를 컨트롤하며 폴리효과 구역 모니터용 스피커와 연기자용 모니터 스피커, 헤드폰용 미니콘솔을 제어하는 등 이른바 총 지휘본부라고 볼 수 있다.

KBS 오디오드라마 녹음실 컨트롤룸에서 제어할 수 있는 장비는 메인 콘솔 부분과 자료효과의 서브 콘솔 부분, 음악효과의 서브 콘솔 부분으로 크게 나뉜다 자료효과 부분에는 오퍼레이팅 서브 콘솔용 미니믹서와 DAT(Digital Audio Tape) 데크 3대, CD(Compact Disc)

데크 2대, Reel 데크 1대가 있고 음악 효과 부분은 미니콘솔 1대와 CD(Compact Disc) 데크 2대로 이루어져 운영되어 오다가 현재는 자료 효과 부분의 DAT 데크 3대와 REEL 데크 1대와 음악효과 부분의 CD 데크 1대는 폐기되고, 각각 서브 콘솔용 미니믹서와 연동되는 달렛 소프트웨어 시스템을 운영하고 있다.

그림 17. KBS RS-15의 조정실 (컨트롤룸)

음향엔지니어가 운용하는 메인 콘솔 부분은 부조의 자료효과 부분, 음악 효과 부분, 녹음 부스 내의 각종 장비를 컨트롤한다. 또한, 컨트롤룸에서 메인 콘솔이 별도로 컨트롤하는 장비는 DAT데크 2대와 CD-R 1대 및 CD-P와 카세트 데크, Effect 장비, 분배기 각 1대씩이 있다.

2003년 리모델링 이후 편집장비로 D-CART라는 컴퓨터 시스템이 도입되어 완벽한 디지털 환경을 이루게 되었으며 2018년에는 달렛 시스템이 설치되어 운용되어 오고 있다. 장비의 디지털화로 인한 컴퓨팅 시스템은 Reel 데크를 이용하여 녹음, 편집하던 시스템을 종식시켜 Reel 장비와 테이프에 들어가던 비용을 절감하게 되었고, 편집 작업도 편리하고 정밀하게 할 수 있게 되었다. 송출도 ON-LINE화 되어 테이프을 들고 뛰던 때, 방송시간에 쫓기거나 시간을 못 맞춰 방송사고를 내던 폐단을 줄이게 되었다. 프로툴(Pro-Tool: Multi-track Sound Editing Program)시스템도 운영하고 있는데, 앞으로의 완전한 후시녹음(대사와 음향효과를 각각 따로 녹음하여 후반 작업으로 믹싱하는 방법)체제를 준비하기 위한 장비라고 할 수 있다.

② 오디오드라마 스튜디오의 부스(Recording Booth)

오디오드라마제작 전용 스튜디오의 녹음 부스는 그야말로 무한한 가능성의 공간이다. 옛날 어느 마을이 될 수도 있고 현대인이 바쁘게 뛰어가고 있는 도심 속 한복판이 될 수도 있다. 그뿐이랴 먼 미래의 우주공간도 될 수 있다. 녹음실 특유의 잔잔한 잔향이 흐르는 조용한 공간은 오디오드라마를 제작하는 한 우리에게 언제나 가능성을 주는 공간이 된다.

녹음 부스는 밀폐된 공간으로서 특수 방음시설로 설계되어 있다. 오디오드라마에 최적화된 음장감을 유지하기 위해 부스 천정과 벽면을 과학적으로 산출해 부스 내의 반사율, 굴절률, 잔향율을 극소화하고 음의 울림이라든지 퍼짐 또는 왜곡을 줄였다. 또한, 입체적인 공간감을 극대화하기 위하여 음원과 마이크 지향성과 부스 내부 벽체와의 상관관계를 면밀히 검토하여 인테리어를 했다. 오디오드라마 제작 시 여러 명의 성우가 움직이면서 발생할 수 있는 소음을 줄이기 위해서 부스 내부 바닥엔 카펫을 깔고 벽체는 흡음용 스펀지나 특수재질의 흡음

판넬을 붙여서 인테리어하였다. 또한, 성우들이 대본의 작은 글씨를 보는 데 어렵지 않도록 간접 조명를 설치하고, 자기 차례가 아닌 성우는 앉아서 기다릴 수 있도록 잡음이 나질 않는 의자를 설치하였다. 또한, 음성 전문 연기자들인 성우들의 목 관리를 위해 청결한 공기가 순환될 수 있도록 공조설비를 완비하였다. 더불어 녹음환경의 최적화를 기반으로 가장 자연스러운 음원을 만들어낼 수 있도록 음향엔지니어는 녹음실을 철저히 관리하여 최적화하고 있다.

그림 18. 녹음실 부스

참고로 KBS 오디오드라마 스튜디오 녹음 부스의 제작환경을 살펴보면 녹음 부스 내부의 마이크는 연기자 마이크 5개, 폴리효과용 마이크 5개, 필터박스용 마이크 2개 등, 총 12개가 설치되어 있으며, 모니터용 스피커는 연기 모니터용 스피커 1쌍, 효과 모니터용 스피커 1조가 설치되어 있으며, 그리고 헤드폰 컨트롤 콘솔이 연기자 마이크 공간의 해설용 탁자 위에 1조, 필터박스 내부에 1조가 설치되어 있다.

6) 녹음(온에어 On-Air)

오디오드라마 제작을 위한 모든 준비가 완료되면 녹음스튜디오는 북적인다. 성우들과 폴리효과맨은 부스 안에서 피디, 음향엔지니어, 자료효과맨, 음악효과맨은 조정실의 메인 콘솔과 각각의 서브 콘솔 앞에서 녹음 준비를 마친 후 카운트다운을 기다린다.

드디어 약속된 시간이 되자 잔잔한 긴장이 흐른다. 성우의 테이프 사인을 신호로 녹음 15초 전, 녹음실 타임코드가 카운트되기 시작하고, 피디의 시그널 큐사인과 함께 시그널이 흐르며 붉은색 〈ON AIR〉 램프가 점등된다. 아차, 요즘은 디지털 환경이 된 이후로 성우의 테이프 사인이 필요 없게 되었고, 당연히 녹음 15초 전 카운트다운도 필요 없게 된 걸 깜빡했다. 그냥 피디의 신호와 함께 시그널음악이 흐르며 피디의 큐사인에 맞춰 성우가 타이틀을 읽으면서 오디오드라마 제작은 시작된다.

필자가 오디오드라마를 30년 넘게 제작하다 보니 자꾸만 라떼가 떠올라서 실수했으니 양해하시라. 이렇게 오디오드라마 제작이 시작되면 녹음 부스 안의 성우들과 폴리효과맨, 조정실의 피디, 음향엔지니어, 음악효과맨, 자료효과맨은 작품 속에 몰입되어 모두 하나가 된다. 녹음 부스 안에서는 연기하고 있는 성우의 대사와 폴리효과 소리 외에 대기 중인 다른 연기자들은 숨을 죽이고 나오는 기침도 참아야 하고 침도 맘대로 삼켜선 안 된다.

성우는 마이크에 혼신의 열정을 불어 넣어 연기하고 폴리효과맨은 효과음 수음용 마이크 앞에서 연기자와 호흡을 맞춰 대도구, 소도구를 손에 익은 악기처럼 다루며 온몸으로 소리 연기를 한다. 큐사인 창 너머 조정실은 부스 내부보다는 조금은 자유롭지만 손놀림은 모두 바쁘다. 피디의 독특하고 개성적인 큐사인은 오케스트라 지휘자의 그것과 같이 엄숙하고 장엄하다가도 부드럽고 치밀하고 때론 빠르고 강하다가도 느리고 여리다.

조정실 정 중앙의 메인 콘솔 앞에 자리 잡고 있는 음향엔지니어와 우측과 좌측에 배치된 각각의 서브 콘솔 앞에 앉은 음악효과맨과 자료효과맨의 손놀림도 바쁘다. 드디어 긴장되고 숨 막혔던 한판의 굿판은 후시그널음악을 끝으로 OK 사인을 주고받으며, 〈ON AIR〉 램프가 꺼짐과 동시에 끝이 난다. 이처럼 오디오드라마 제작은 성우들의 넘치는 끼와 스태프들의 뜨거운 열정과 연출자의 리더십 속에 완성되고 마무리된다.

그림 19. 오디오드라마 녹음 중

(1) 부스 내에서 마이크 사용

녹음 부스 내에서 마이크 사용은 무척 흥미로운 작업이다. 오디오드라마 녹음을 위한 부스 내에서의 마이크 사용법에 대해서 알아보기로 하자. 녹음 부스 내에는 여러 대의 연기자용 대사 마이크들과 폴리효과용 마이크들이 설치되어 있다. 대사 마이크는 주로 사람의 음성을 수음하기 위한 마이크로써, 단일 지향성 콘덴서 마이크를 주로 사용하게 된다. 한 방향의 수음특성을 가지면서 호흡이나 감정표현이 정확히 전달되기 위해서는 충격에는 조금 약하지만 음의 충실도가 섬세한 콘덴서 마이크를 주로 사용하는 것이다.

성우들이 가끔 연기에 몰두하여 ON 마이크(근접 마이크) 상태에서 큰 소리로 외치는 바람에 녹음품질이 크게 왜곡되는 때도 있다. 연기내용상 큰소리로 외쳐야 할 때는 마이크에서 일정 거리를 떨어지거나 고개를 살짝 돌려 마이크를 사용하는 융통성을 발휘해야 한다. 이러한 융통성도 마이크 특성을 알아야 응용할 수 있으므로 성우들도 녹음실의 마이크 특성을 어느 정도는 파악하는 것이 필요하다.

이처럼 근접 마이크 사용 시 거친 호흡으로 침이 튀어 파핑 현상이 일어나고, 큰소리가 마이크에 손상을 줄 수 있으므로 항상 주의를 기울여야 한다. 한 방향의 지향 특성은 연기자의 대사에 ON, OFF 효과를 쉽게 만들어 낼 수 있기 때문에 연기자도 마이크 특성을 인지한다면 더욱 입체적인 연기를 스스로 디자인할 수 있게 될 것이다.

대사 마이크는 또 내레이션용 마이크와 연기용 마이크로 나뉘는데, 마이크 특성은 같지만 컨트롤룸에서 이펙트 장비를 통해서 주어지는 마이크 설정값은 서로 다르게 조정되어 있다. 폴리효과용 공간에 설치된 마이크는 대도구용, 소도구용, 발소리용 마이크로 나뉘는데, 발소리 마이크는 성우의 연기 마이크와 같이 좌우 스테레오로 배치되어 있고, 단일 지향성 콘덴서 마이크를 주로 사용하게 된다.

성우의 마이크와 배치를 동일하게 하는 이유는 성우의 위치와 동선을 따라가며 입체적인 표현을 하기 위해서다. 대도구용 마이크는 도구의 규모가 크고 강한 소리가 나기 때문에 수음특성에 있어 큰소리에 강하고 내구성 효율이 좋은 다이내믹 단일 지향성 마이크를 사용한다. 소도구용 마이크는 작은 도구를 가지고 섬세한 손동작에 의한 부드러운 소리를 내야 하므로 정밀한 소리도 수음할 수 있는 단일 지향성 콘덴서 마이크를 사용한다.

(2) 부스 내에서 공간 활용

오디오드라마 제작용 녹음실 부스는 기타 다른 오디오프로그램 제작용 녹음 부스보다 넓은 공간이 필요하다. 오디오드라마 출연자가 많아서도 그렇겠지만 그보다 중요한 이유가 있다. 그것은 공간 활용이다. 오로지 소리로만 이루어지는 오디오드라마는 자칫 일차원적인 낭독 형식으로만 제작될 가능성이 크고, 그렇게 된다면 드라마로써의 매력을 잃게 되기 때문이다. 연기자들이 공간 활용을 제대로 하지 못하고 마이크 앞에 딱 붙어서 자기 연기만 잘하려고 한다면 입체적이고 생동감이 있어야 할 오디오드라마는 오디오북이 되고 만다.

오디오드라마는 마치 축구, 배구, 농구, 야구와 같이 팀플레이를 요구하는 운동경기처럼 공동의 힘으로 만들어지는 작품이다. 자기만 잘한다고 좋은 작품이 결코 만들어지지 않는다. 오디오드라마는 참신한 주제의 스토리를 성우들의 입체적이고 동적인 연기에 효과음과 효과음악을 적절히 가미한 오로지 소리만으로 청취자들에게 실감 나는 감동을 전달해주는 장르다. 소리만으로 입체적이고 동적이며 실감 나고 감동적인 작품을 만들기 위해서는 공간 활용을 잘해야 한다.

(3) 필터박스 활용하기

"내 안에 나 있다."는 말이 있다. 집 안에는 방이 있지만, 방 안에 방이 있는 것을 본 적이 있는가? 바로 그런 모습으로 녹음 부스 한편에 덩그러니 놓여있는 방이 있다. 녹음 부스 그 자체가 방음시설이 되어있는 방인데 그 안에 또 방음시설을 갖춘 또 하나의 작은 방이 있다.

그것은 바로 그 유명한 멀티플 다기능 방인 필터박스다. 녹음 부스가 일반적인 녹음 공간이라면 필터박스는 특별한 기능성 공간이다. 우선 첫 번째 기능으로 드라마에서 자주 나오는 전화통화 장면에서 필터박스는 한몫을 단단히 한다. 전화통화 장면의 수화기 속에서 들려오는 상대방의 필터링된 목소리를 만들어 낼 때 사용하는 공간으로 널리 알려져 있다.

두 번째 기능으로 필터박스는 오디오드라마 속에서 등장인물이 마이크를 사용하는 장면, 즉 스피커를 통해 나오는 소리를 묘사하기 위해서도 사용한다. 예를 들어, 시골 마을 이장이 마을 사람들에게 공지사항을 거창하게 알릴 때 이장네 지붕 위와 마을회관 또는 마을 어귀 나무 위에 매달려 있는 스피커에서 울려 퍼지는 이장의 목소리를 정겹게 표현해 준다. 운동장이나 강당의 단상 위 마이크 앞에서 일장 연설을 하고 있는 교장 선생님의 목소리라든가, 한낮의 주택가를 느린 속도로 지나가며 트럭 위에 매달린 스피커를 통해 외치는 생선장수의 목소리를 표현할 때도 사용한다.

세 번째 기능으로는 오디오드라마 속에서 방송 매체를 통해 흘러나오는 소리를 표현할 때 필터 박스를 활용한다. 예를 들어 오디오드라마 속의 등장인물이 텔레비전 뉴스를 보고 있다면 생생한 사건 현장을 보도하고 있는 앵커의 목소리를 표현할 수 있고 FM 음악 프로그램을 듣고 있다면 감미롭게 음악을 소개하는 디제이의 음성과 이어서 흐르는 음악을 스피커를 통해서 나오듯이 표현할 수 있다.

기타 특별한 기능은 오디오드라마 속에서 편지를 읽을 때 필터박스 안에서 필터링과 에코를 넣어 주는데, 이러한 기능은 필터박스 내의 마이크와 연결된 조정실의 이펙트 장비에 의해 창조될 수 있다.

이처럼 녹음 부스 안에 따로 방을 만들어 절대적인 독립공간으로 만들어 놓은 이유는 일반적인 녹음공간과 철저히 구분하여 필터박스의 기능을 최대한 효율적으로 활용하기 위함이다.

(4) 제작 현장에서 성우들의 연기 노하우

오디오드라마는 다양한 음향 전문분야의 사람들이 어울려 만들어내기 때문에 소리 분야의 종합예술작품이라고 말할 수 있다. 그중에서 성우의 연기는 오디오드라마의 스토리를 이끄는 대사를 소화하며 작품을 완성해가는 핵심적인 연기 예술 분야다. 성우들이 피디의 리드하에 다양한 분야의 음향전문가들과 어울리면서 스튜디오의 공간과 마이크 등의 장비를 활용하여 어떠한 자세로 연기해야 하는지 그 제작 현장의 연기 노하우를 살펴보기로 한다.

① 큐사인을 잘 받는 연기

오디오드라마 제작에 참여하는 사람들은 〈온에어〉가 켜지면 말을 하기보다는 서로에게 적절한 사인을 주고받으며 의사를 전달한다. 그중에서도 성우들은 피디와의 교감이 수시로 필요하며, 피디의 큐사인에 대응하여 눈빛과 액션으로 대답하게 된다. 오디오드라마의 제작에 숙련되어 갈수록 피디의 큐가 얼마나 중요한지 피디나 성우나 스태프들은 모두 알게 된다. 피디는 오디오드라마 제작 전반에 필요한 전반적인 부분부터 세심한 부분까지 타이밍을 조율하고 이끌어 가야 하므로 리더로서 큐를 주는 것이다.

오디오드라마에는 음악이 들어가야 할 타이밍이 있고, 자료효과와 폴리효과가 들어가야 할 타이밍이 있다. 주고받는 대사에도 잠깐 쉬었다 해야 할 대사가 있고, 오버랩으로 해야 할 대사가 있다. 물론 노련한 선배 연기자나 연륜 있는 스태프들은 피디가 없어도 적절한 타이밍을 구사할 수 있다. 그러나 드라마는 팀워크이다. 새로 들어온 연기자도 있을 수 있고 갑자기 투입된 스태프도 있을 수 있다. 그리고 작품 분석을 잘못하여 타이밍을 잘 못 알고 있을 수도 있다.

그것을 마치 오케스트라의 지휘자처럼 이끌어주는 사람이 피디이다. 바로 피디와 연기자, 스태프 간의 교감 표현이 바로 큐사인인 것이다. 오케스트라 지휘자의 지휘봉처럼 피디가 큐사인을 잘 활용하면 작품에 임하는 모든 사람들이 신뢰를 갖게 되고 작품 본래의 의도를 충실히 이끌어가면서 제작할 수 있다. 큐사인을 받는 사람도 적절한 시점에 잘 받아야 효과적이다. 큐사인을 받긴 받되 늦게 받는 경우가 많기 때문이다. 왜냐하면, 큐사인을 받을 때 피디를 보고 있다가 큐사인을 받고 다시 대본을 봐야 하니 큐사인을 받는 요령을 잘 모르면 그만큼 시간차가 벌어지는 게 당연하다.

피디의 큐사인을 받을 때는 순발력이 필요하다. 노련한 피디는 그것까지 감안해서 큐사인을 살짝 미리 준다. 또한, 베테랑 연기자들은 한 치의 오차도 없이 큐사인을 받는다. 가히 동물적 감각이다. 자 이제 큐사인 받는 요령을 알아보자. 성우는 상대방이 대사를 할 때 다음에 자신이 할 대사의 앞 문장을 외우고 피디를 바라보고 있다가 큐사인을 받고 오차 없이 곧바로 외웠던 대사를 하면서 대본을 보며 순간적으로 다음 대사를 찾는다. 처음에는 숙달이 잘되지 않겠지만, 열심히 노력하면 동물적 감각의 소유자가 될 수 있다.

폴리효과맨도 마찬가지다. 효과가 나오기 바로 전 연기자의 대사 중에서 마지막 대사를 외우고 피디를 주시하다가 큐사인을 받은 후 성우의 호흡과 대사에 맞춰 곧바로 해당 효과음을 내준 후 재빨리 대본을 보며 다음 효과를 준비한다. 입사한 지 얼마 안 된 전속 성우나 폴리효과맨들이 큐사인 때문에 애를 먹는다. 이제 요령을 좀 알았으니 숙지하길 바란다. 큐사인을 잘 받는 습관은 반드시 가져야 한다. 대본과 큐를 자연스럽게 번갈아가며 볼 수 있는 능력을 스스로 터득하자.

② 음향효과와의 어울림 연기

오디오드라마의 대본에는 대사와 음향효과(폴리효과, 자료효과, 음악효과)가 표시되어 있다. 그것은 성우들과 음향효과맨이 조화를 잘 이루어 작품을 만들어 가기 위한 약속 표시이기도 하다. 성우들은 항상 음향효과맨들과 호흡을 맞추며 연기해야 한다는 것을 잊지 말고 작품에 임해야 한다. 하지만 성우들은 종종 자신의 연기에 집중하느라 음향효과 부분은 생각지 않고 연기하는 경우가 많다. 특히 자료효과는 배경과 상황을 그리고 폴리효과는 등장인물의 외적인 동작과 심지어는 내적인 심리 상태까지 표현해주는 역할을 하는데 연기자가 잘 어울리지 못하는 경우가 있다.

음악 효과도 대사의 앞이나 뒤에 나타났다 사라지기도 하고 또는 대사를 하는 동안에 계속 깔리며 감동을 주기도 한다. 이때 성우의 대사는 자연스럽게 음악을 타고 들어가거나 음악을 불러오거나 음악의 운율을 타고 조화롭게 어울려야 한다. 음악효과와 자료효과라는 공간 속에서 폴리효과와 호흡을 맞추어 잘 어울리는 연기를 하기 위해서는 연기자가 효과음을 신경 쓰는 연습을 많이 해야 한다.

특히 폴리효과는 성우의 호흡연기와 하나가 되어야 한다. 성우는 그때그때 폴리효과음을 의식하고 적당한 호흡연기를 해주어야 한다. 음악효과의 경우, 카페나 레스토랑 신에서 흐르는 백그라운드 음악까지도 등장인물의 심리상태나 드라마 전개상황을 충분히 감안한 음악을 사용한다는 것을 인식하고 연기를 해야 한다. 편지를 읽는 신이나 회상하는 신에서 깔리는 백그라운드 음악도 잘 활용한다면 자신의 연기를 한결 좋은 결과로 이끌어낼 수 있을 것이다.

시그널, 브릿지, 코드, 엔딩음악과도 잘 어울리는 연기를 한다면 연기자로서 전반적인 역량을 업그레이드할 수 있을 것이다. 오디오드라마는 혼자 하는 것이 아니라 여러 음향 전문가들이 함께하는 종합예술작품이기 때문에 어울리는 연기가 필요하다.

③ 마이크 사용과 스튜디오의 활용

성우가 아무리 연기에 자신이 있다 해도 나의 목소리를 마이크를 통해서 녹음기에 잘 집어넣지 못한다면 헛수고가 된다. 오디오드라마를 제작할 때 성우는 자기가 사용해야 하는 마이크의 특성을 파악하고 마이크와 나의 위치를 극 속의 상황을 생각하면서 항상 유념해야 한다.

사람의 음량에 따라 조금씩 차이가 있지만 일반적으로 대화를 나누는 대사일 경우에는 온마이크라고 하여 마이크와 성우와의 거리는 약 15~20센티미터 정도가 가장 적당하다. 독백이나 방백과 같은 혼잣말과 더 가까이에서 속삭이는 대사는 15센티미터 미만으로부터 마이크에 입이 닿지 않을 정도까지 다가가서 대사를 해야 한다. 먼 거리 대사는 상황에 따라 마이크에서 더 멀어지는 정도를 유념하면서 마이크와 나 사이의 입체적 거리감을 계산하면 된다. 작은 대사는 마이크 가까이에서 작게, 큰 대사는 그 정도에 따라 마이크와 거리를 두면서 크게 해야 한다는 것을 기본적인 마이크 사용방법으로 숙지하고 있어야 한다. 만일 작게 말해야 하는 대사를 마이크 멀리에서 하거나 크게 말해야 하는 대사를 마이크에 가까이 대고 한다면 녹음이 잘 안 되거나 음성이 찌그러지거나 변형될 것이다.

어떤 성우는 일반적인 대화의 대사도 마이크에 입이 닿을 정도로 바짝 다가서서 연기하는 것이 습관이 되어 고치지 못하는 사람이 있다. 조금 떨어져서 하라고 하면 발은 한 발짝 물러서도 고개는 마이크 쪽으로 쭉 빼고 서서 입은 여전히 마이크에 닿을 것 같기는 마찬가지다. 또한, 일반적인 대사 마이크는 지향 특성을 전면 45도에서 90도 정도의 단일 지향성으로 설정해 놓기 때문에 마이크를 정면으로 보고 대사를 하느냐 고개를 옆으로 돌리고 대사를 하느냐에 따라 수음의 정도가 달라진다.

어떤 성우는 상대 배역의 연기자를 바라보면서 마치 대화를 나누듯이 대사를 하는 것이 습관이 된 경우가 있다. 주로 연극이나 뮤지컬 활동을 많이 한 성우인 경우나 아예 성우 공부를 시작할 때부터 대화를 나누는 방식으로 연습한 사람들에게 그런 습관이 있다. 하지만 오디오 드라마를 제작하는 녹음 부스의 대사 마이크들은 성우가 큐사인 창 너머의 피디를 바라볼 수 있도록 정면에 배열되어 있기 때문에 상대방이 마이크라고 생각하고 마이크를 정면으로 보고 대사를 해야 한다. 만일 옆에 있는 상대 배역의 얼굴을 마주 보면서 대사를 한다면 그 성우의 목소리는 단일 지향성 마이크의 디렉션에서 벗어나 버리기 때문에 먼 거리에서 대사를 하는 것처럼 수음이 된다.

하지만 그 습관을 고치기 힘들어하는 경우가 많다. 그럴 땐 성우들이 서로 마주 볼 수 있도록 마이크를 맞대어 설치하고 피디의 큐사인은 요령껏 고개를 돌려가며 곁눈으로 보도록 배려해 주는 것도 작품을 위한 피디의 결단이다. 이처럼 성우들은 개성이 강해서 저마다 크고 작은 습관이 있다. 성우들도 피디나 스태프들이 자신을 이해해 주기만을 바라지 말고 기본적으로 자신이 일해야 하는 녹음실의 환경이나 마이크 특성을 숙지하고 제작에 임하는 것이 바람직할 것이다.

④ 상상의 그림을 스튜디오에 그리자

성우는 목소리도 중요(개성이 있어야 한다는 뜻)하고 연기력도 중요하지만 자신의 일터인 스튜디오를 잘 파악하고 활용할 줄 알아야 한다. 스튜디오는 바닷가가 되었다가 도시가 되었다가 깊은 산속이 되기도 하고 어느새 고속도로 한복판을 씽씽 달리는 차 안이 되기도 한다. 성우는 대본을 분석하며 자기가 상상한 그림을 스튜디오에 잘 옮겨와서 그 속에서 연기를 펼쳐야 하는데 상상의 그림만 잘 그리고 옮겨오질 못하는 사람이 많다. 그 이유는 스튜디오를 빨리 파악하지 못하기 때문이다.

스튜디오에 들어서면 아무리 처음 오는 스튜디오라도 마이크는 몇 개 설치되어 있는지, 규모로 볼 때 스튜디오 공간과 나의 목소리가 드라마의 장면마다 어떻게 표현해 주어야 잘 매칭될지를 구상하고 설정할 줄 알아야 한다. 혼자의 힘으론 감이 잡히지 않을 땐 스태프들의 도움을 받으면 더욱 좋다. 어느 정도 스튜디오의 상황이 파악되었다면 대본을 읽어가며 그렸던 장면마다 상상의 그림을 스튜디오에 고스란히 옮겨와 상대 배우와 나와의 위치를 입체적으로 표현해 주어야 한다.

즉, 마이크를 기준으로 해서 멀리서 가까이 오거나 가까이서 멀리 가는 표현과 어느 방향으로 설정하고 뛰거나 걸어야 할지의 이동할 동선도 설정해 두는 것이 중요하다. 스튜디오를 넓게 활용하여 장면의 상황에 맞게 목소리의 톤도 강·약을 조절해가며 연기를 해야 한다.

오디오드라마에 캐스팅되어 미리 대본을 받고 철저히 분석했더라도 제작하는 날 스튜디오에 조금 먼저 와서 연습실로 가기 전에 녹음할 스튜디오를 미리 파악하는 것도 좋은 방법이다. 오디오드라마를 제작할 스튜디오를 살펴본 후 연습을 한다면 스튜디오를 활용하는 방법에 대해 궁금한 점을 피디에게 물어볼 수도 있고, 제작할 때 장면마다 스튜디오에서 자신의 위치설정에 대한 계획을 미리 세울 수 있을 것이다.

⑤ 스테레오 제작 노하우

오디오드라마는 스테레오로 방송되기 때문에 대부분의 오디오드라마 스튜디오는 스테레오 제작을 할 수 있도록 방송장비가 세팅되어 있다. KBS 오디오드라마 스튜디오의 대사 전용 마이크 배치를 보면 먼저 녹음 부스 큐사인 창 가까이 중앙엔 2개의 연기 마이크가 배치되어 있고, 그 양옆으로 1.5미터 정도 떨어진 위치에 독백을 위한 마이크가 각각 서 있고, 그 옆에는 해설 전용 마이크가 배치되어 있다. 그와 비슷한 배열로 부스의 맨 뒷부분에 폴리효과 전용 마이크가 성우의 연기 마이크와 동기되도록 배열되어 있다.

성우 마이크와 폴리효과 마이크 배열이 비슷한 이유는 성우의 위치와 폴리효과음의 위치를 함께하며 스테레오 환경을 구사해 주기 위해서다. 또한, 연기 마이크 2개, 독백 마이크 2개 등 각각 2개의 쌍을 이루는 이유도 좌·우 스테레오를 구현하기 위해서다. 성우도 오디오드라마의 스테레오 제작을 위해서 스튜디오의 스테레오 제작 환경과 폴리효과 도구의 배열에 관심을 두고 그때그때 자신의 연기 마이크를 선정해야 한다.

예를 들어 오디오드라마의 장면 중 자신의 배역이 외부에서 현관문을 열고 집안으로 들어오는 장면이라면 폴리효과의 대도구 중 현관문의 위치를 파악하고 같은 방향의 오프마이크에서 현관문 여는 소리를 들으며 천천히 온마이크로 들어오면서 연기를 해야 한다. 만일 폴리효과 대도구인 현관문의 위치는 아랑곳하지 않고 반대쪽 연기 마이크를 이용한다면 스테레오의 방향성이 맞지 않게 된다.

또 한 가지 예로는 오디오드라마에서 주행 중인 차량에서 본인이 운전하는 사람의 배역을 맡았다면 부스에서 큐사인 창을 바라보면서 좌측의 마이크를 사용해야 한다. 왜냐하면, 우리나라의 자동차는 운전석이 좌측에 있기 때문이다. 만일 이번엔 오디오드라마 속에서 자기가 맡은 배역이 영국이나 일본에 가서 운전하는 장면을 연기해야 한다면 우측의 마이크를 사용해야 한다. 왜냐하면, 영국이나 일본은 우측이 운전석이니까 말이다.

이처럼 성우는 스테레오 환경에서 마이크나 폴리효과의 도구들 그리고 녹음실 공간을 잘 활용하는 오디오드라마 스테레오 제작 노하우를 잘 갖추어야 한다. 사실 요즘은 디지털 환경이 정착되어서 프로툴(Pro-Tool: Multi-track Sound Editing Program)시스템으로 오디오드라마 녹음제작 시 스테레오가 제대로 구현되지 않았더라도 최종 편집 작업을 통해서 완벽하게 수정할 수 있다. 그래도 오디오드라마 제작 현장에서 최대한 스테레오 형식으로 제작하려고 노력한다면 녹음이 끝나고 작업해야 할 음향엔지니어의 수정사항도 줄어들고, 오디오드라마의 스테레오 구현의 완성도도 높아질 것이다.

⑥ 엔지(NG) 유발 후 대처 요령

오디오드라마를 제작하다 보면 엔지가 발생하기 마련인데 그때마다 엔지를 낸 연기자나 스태프는 무척 당황하곤 한다. 특히 성우는 음악이나 복잡한 효과음이 깔리고 있는 신이나 동료 선후배 연기자들이 최고조의 연기 절정을 뿜어내며 감정몰입을 하고 있을 때 자신이 엔지를 유발했다면 정말 죽고 싶을 지경이 된다. 쥐구멍이라도 있으면 들어가고 싶어진다. 더욱이 어렵게 모신 원로 성우 선생님과 함께 연기하는 장면이었다면 눈앞이 노랗게 변하면서 아무것도 생각할 수가 없게 된다. 아마 당해보지 않은 사람들은 상상할 수 없는 기분일 것이다. 그렇다고 그 순간을 지혜롭게 대처하지 못한다면 제작 현장의 분위기는 정말 험악해진다. 더군다나 같은 부분에서 엔지가 계속되어 반복된다면 결국 스튜디오 분위기를 시베리아로 만들게 되고, 인내하던 선후배들의 원성과 폭발하는 피디의 호통까지 받게 된다.

그럴 땐, 엔지가 나는 즉시 당황하지 말고 빠른 순발력으로 깍듯하게 예의를 갖춘 후 잘못을 시인하고 엔지의 원인을 잘 파악한 다음 엔지 이전의 분위기로 빨리 돌아갈 수 있도록 최선을 다해야 한다. 엔지를 낸 대사를 수정하여 크게 반복적으로 발성하는 모습을 보이면서 실수였다는 진정성을 인정받도록 해야 한다. 그리고 동시에 빠르게 다시 이어가야 할 편집점을 숙지한 후 집중하여 올바른 대사톤과 감정선을 되찾은 후 실수를 반복하지 않도록 대사를 이어나가야 한다. 한 번의 실수로 일어났던 엔지는 빨리 잊어버리고 드라마 속으로 빠져들어야 한다.

만일 오디오드라마 녹음이 끝날 때까지 조금 전 엔지 사건을 곱씹으며 괴로워한다면 남은 장면들에서 자신의 연기는 물론 다른 연기자들의 분위기까지도 망치는 결과를 초래하게 된다. 물론 인간이기에 쉽지 않겠지만 훈련을 통해서 자신을 컨트롤할 수 있어야 진정한 프로가 될 수 있다. "뭐 엔지 나면 다시 녹음하지 뭐, 생방송도 아니고 어차피 녹음 방송인데!"라고 말하는 사람도 있다.

하지만 다년간의 경험으로 축적된 개인적 소견으로는 가장 처음 녹음한 장면이 가장 훌륭한 경우가 많았다. 가끔 성우가 잘해놓고도 자신의 연기가 마음에 안 든다고 스스로 엔지를 내서 다시 하겠다고 피디에게 요청하는 경우도 있고 피디가 더 좋은 연기를 끌어내려고 틀리지 않았는데 엔지를 내는 경우도 있다. 하지만 여러 번 다시 녹음해도 그 처음의 감응을 나타내지 못하는 경우가 많았다. 그러므로 제작 전에 충분한 연습을 통해서 엔지를 내지 말고 첫 감응으로 좋은 연기를 펼쳐야 한다.

⑦ 대본 사용 시 주의사항

오디오드라마를 제작할 때 성우들은 대본을 들고 대사를 보면서 연기를 하는데 대본을 넘길 때 종이 넘기는 소리가 함께 녹음되는 경우가 있다. 성우들 각자가 매우 조심한다고는 하지만 밀폐된 녹음 부스에 여러 명의 성우가 함께 녹음해야 하는 상황인지라 미세한 종이 소리가 자주 녹음되곤 한다. 그렇다고 대본을 넘기지 않고는 스토리를 더 진행할 수 없기 때문에 대본을 넘기는 소리를 최소화하면서 녹음해야 한다.

요즘엔 스마트 환경의 혜택으로 젊은 신세대 성우들은 스마트 노트 패드에 대본을 띄워서 전자펜으로 메모도 해가면서 종이 대본 대신 사용한다. 그렇지만 연배가 있는 선배 성우나 원로 선생님들은 아직 스마트 노트 패드를 사용하기에 여의치 않거나 종이 대본 사용법에 더 숙달되어 있고, 젊은 성우들 중에서도 종이 대본만을 선호하는 사람이 많다. 특히 아날로그 환경에 숙달된 연배의 성우들에겐 연기해야 하는 예민한 상황에서 종이보다 무게가 많이 나가서 신경이 더 쓰이는 패드를 들고 녹음을 한다는 건 쉽지 않은 일이다.

예전의 오디오드라마 대본은 8절 갱지를 여러 장으로 묶은 것이었는데 요즘은 A4용지로 된 대본을 주로 사용한다. A4용지는 그나마 두껍고 작고 탄력이 있어서 소리가 많이 나는 8절 갱지로 된 라디오드라마 대본보다는 대본 소리 때문에 엔지가 발생하는 경우가 적다. 8절 갱지는 얇고 크기도 커서 잘 휘어지고 넘길 때도 소리가 많이 나서 A4용지로 대체된 것이 잘된 일이다.

지금은 잘 사용하지 않지만 8절 갱지를 대본으로 사용하던 시절에 신입 성우들은 입사하자마자 선배들한테 반드시 배우는 게 대본 사용 요령이었다. 바로 대본에 뼈대 심어주기다. 대본이 잘 휘어지지 않게 힘을 준다는 얘기다. 8절 대본을 대각선으로 X자가 되게 접고, 가운데를 세로로 한 번 더 접어주면 대본에 힘이 생겨서 휘어지지 않아 연기하기도 쉽고 넘기기도 쉽다.

다음으로 대본을 넘길 때 유의해야 할 사항이다. 요즘은 오디오드라마 제작 시 A4용지 대본을 사용해서 소리가 덜 난다고는 하나 녹음이 진행되면서 대본의 페이지를 넘겨야 할 때 녹음실 부스 안에 출연한 성우들 모두가 각자 보고 있는 대본을 동시에 넘기게 되므로 잡음이 생길 우려가 크다. 아무리 소리를 내지 않고 넘긴다고 해도 여러 명의 작은 소리들이 합쳐져서 미세한 종이 스치는 잡음이 보강되어 크게 수음되기도 한다. 녹음 중에 눈치채지 못했다고 하더라도 최종 편집할 때 그 소리가 발견되기도 한다. 밀폐된 부스에서는 아무리 작은 소리도 수음이 잘 되기 마련이다. 향후에는 좀 더 가벼운 스마트패드가 보급되어 성우라면 누구나 가볍게 들고 오디오드라마에 참여할 수 있게 되기를 바라지만 지금은 최선의 보완책이 필요하다.

그 보완책으로 녹음 부스 내의 여러 성우들이 동시에 대본을 넘기지 말고 그중에서 현재 연기하고 있는 사람만 먼저 대본을 넘기도록 하고, 그다음으로 연기해야 할 사람이 넘기고, 그리고 나중에 연기해야 하는 사람은 기다렸다가 조심스럽게 한 사람씩 번갈아가며 대본을 넘기도록 하는 게 좋은 방법일 것이다. 제일 좋은 방법은 브릿지나 코드음악이 나올 때 또는 엔지가 나거나 온에어 램프가 꺼질 때 순발력 있고 빠르게 넘기는 것이다. 조심하면 줄일 수 있는 잡음을 줄이는 것은 성우들이 지켜야 할 기본적인 자세가 될 것이다.

(5) 제작 현장에서의 음향 제작 기법

오디오드라마 제작을 위한 음향효과는 성우의 대사와 호흡을 맞추면서 사용되는 요소인 폴리효과, 배경이 되어야 하며, 스토리 전개를 위한 모티브가 되어야 하는 요소인 자료효과, 전체적인 구성과 골격이 되어 주어야 하는 요소인 음악효과로 이루어진다.

그 음향효과 요소들을 담당하는 사람들은 오디오드라마 제작 현장 저마다의 위치에서 각자의 방법으로 제작에 참여한다. 폴리효과음은 녹음 부스에서 성우의 호흡과 조화를 이루며 대도구와 소도구, 발소리를 이용해서 마이크에 녹음하는 방법으로 참여한다. 자료효과는 이 세상의 다양한 소리를 오디오드라마를 구성하는 각 장면의 배경음과 등장인물들의 스토리 전개를 위한 목적음으로도 적용한다.

음악효과는 오디오드라마를 열어주고 장면을 연결하고 분위기를 이끌다가 마무리해주는 역할을 하는 음악을 적용한다. 마이크를 통해 입력되는 폴리효과와는 달리 자료효과와 음악효과는 서브 콘솔을 이용한다는 면에서 공통점이 있다. 서브 콘솔을 다루는 방법은 오디오드라마에 효과음과 효과음악을 어떠한 방법으로 입력하느냐에 따른 음향제작 기법으로 영상 제작 기법과도 공통으로 사용되어 정립된 방법이다. 서브 콘솔을 운용하는 제작 기법의 용어로는 클로즈업, 오버랩, 스닉(인·아웃), 패이드(인·아웃), 달리, 컷(인·아웃), 몽타쥬, 포즈 등이 있다. 그 제작 기법은 표-7을 통해서 참고하기를 바란다.

〈표-7〉 음향효과 제작 기법 분석

음향효과 제작 기법	분석 내용
클로즈업 (Close up)	음향효과를 크게 부각시켜 강조해서 묘사하는 제작 기법. 장면의 시작이나 전환, 엔딩에도 사용.
오버 랩 (O.L: Over Lap)	두 가지 효과음을 교체하는 경우, 앞의 효과음을 뒤의 효과음이 자연스럽게 덮어씌우듯 나타나며 차지하는 효과기법이다. 자연스런 시간 경과나 장소변환, 새로운 상황을 표현하는 기법이다.
스닉 인/아웃 S.I/O: neak In/Out)	슬며시 들어와 자리 잡거나 자연스럽게 사라지는 효과기법으로 주로 배경음의 삽입에 사용한다.
패이드 인/아웃 (F.I/O: Fade In/Out)	효과음을 서서히 나타나게 하거나 사라지게 하는 기법. 스닉보다는 나타나고 사라지는 시간이 길고 앞뒤로 사일런트가 한동안 유지되기도 한다. 극이나 장면, 상황의 시작과 끝을 표현.
달리 (Dolly)	이동하고 있는 등장인물을 따라가며 소리를 내주는 효과기법으로서 진행적인 효과.
컷 인/아웃 (C.I/O: Cut In/Out)	순간적으로 나타나거나 깔리던 소리를 갑자기 사라지게 하는 효과기법. 새로운 장면, 충격적 장면, 상징적 장면에 사용.
몽타주 (Montage)	현실적인 연속성을 생략하고 바로바로 장면 전환을 하여 그 장면에 맞는 효과음을 최대한 살려주는 기법.
포즈 (Pause)	잠시 사일런트를 줌으로서 시간의 경과나 장소의 변화, 감정의 변화까지 표현해주는 효과기법이다. 사일런트(무음)도 효과다. 무음은 쉼과 기다림의 표현에 해당한다.

(6) 제작 현장에서 PD의 큐사인과 수신호

오디오드라마 스튜디오는 조정실과 녹음 부스로 나뉘어 있고 피디와 음악효과, 자료효과, 음향엔지니어는 조정실(컨트롤룸)에서 성우와 폴리효과맨은 녹음 부스에서 제작에 참여한다. 오디오드라마 제작 시 피디는 컨트롤룸에 있는 스태프들과는 직접 대화를 나누며 제작을 할 수 있지만, 부스 내부에 있는 성우와 폴리효과맨에게는 큐사인 창을 통하여 의사를 전달해야 한다. PD는 의사전달을 위해 녹음 부스에 있는 연기자와 폴리효과맨에게 제작 포인트를 지시하기 위한 큐사인을 주고 그 밖에 전달하고 싶은 내용은 수신호를 보낸다. 하지만 PD마다 수신호가 제각각인 경우가 많다. 제작 시 큐사인도 제각각, 기타 다양한 수신호도 제각각이다. 어떤 피디는 슬로우비디오처럼 느리게 큐사인을 주고, 어떤 피디는 손바닥으로 큐를 주는가 하면 어떤 피디는 주먹을 쥐었다 펼친다. 그래서 연기자들이 큐점이 어느 시기인지 헷갈려 큐점을 놓치는 경우도 있다.

그 밖에 큐사인 이외의 다양한 신호도 제각각인 경우가 많아서 큐사인 방법과 수신호를 정리할 필요가 있다. 바디랭귀지가 만국 공용어이듯이 수신호도 방송 공용어라고 본다면 어느 정도는 통일된 사인이 필요할 것이다. 혹시 누군가는 피디가 녹음을 끊고 엔지를 낸 후 토커백을 열어 알려준 후 다시 녹음하면 되지 뭐 그리 급히 사인을 줄 필요가 있냐고 질문 할 수도 있다. 그렇게 해결할 수도 있지만 여러 가지 상황을 생각해야 한다. 만일 그 연기자와 함께 연기하는 상대 연기자가 메소드 연기에 빠져 있거나 그 장면의 음향효과가 매우 복잡한 상황인 경우다. 그 연기자로 인해서 다른 연기자의 혼신을 다한 연기의 순간을 뺏을 수 없다. 마찬가지로 엔지를 내서 다시 녹음하면 그 장면에서 심혈을 기울인 음향효과를 다시 표현해야 한다는 것을 안다면 빨리 신호를 보내야 하는 이유를 이해하게 될 것이다.

① 큐사인

오디오드라마 제작 현장에서 피디는 오케스트라의 지휘자다. 지휘자는 지휘봉을 들고 있지만 피디는 손가락, 손, 한쪽 손도 모자라 양쪽 손, 그것도 모자라 얼굴 표정과 다양한 몸동작까지도 동원해서 큐사인을 준다. 그러나 그런 개성이 넘치는 사인들은 독특하여 방송 제작에 재미는 줄 수 있을지는 몰라도 부스 안에 있는 연기자나 폴리효과맨은 무슨 내용을 전달하려는 건지 도통 감을 잡을 수 없다. 특히 큐사인은 제일 중요한 사인이고 가장 많이 사용하는 사인이기에 아주 중요하고 엄격해야 하며 통일성을 갖추고 있어야 한다.

그래서 이 책에서는 가장 표본적이고 모범적인 큐사인 방법을 정립하고자 한다. 큐사인 중 가장 확실한 것은 오른손 검지를 펴서 해당 연기자를 향해서 확실하고 신속하게 지시했다가 올려서 큐점을 가리키는 것이다.

② 길게 늘려서 대사를 하라

방송 프로그램들은 모두 방송 분량이 시간으로 정해져 있다. 오디오드라마도 마찬가지로 방송 시간이 정해져 있는 프로그램이다. 드라마에서는 대본 한 페이지 분량이 대략 2분 정도의 분량이므로 작가나 피디는 그 분량을 신경 써서 제작에 임해야 한다.

하지만 연기자들이 대사를 너무 빠르게 주고받아서 자칫 방송 분량이 모자라게 될 상황이 엿보이면 피디는 양손의 엄지와 검지를 무언가를 잡은 듯이 붙여 가운데로 모았다가 양쪽으로 넓게 펼치기를 여러 번 반복하며 사인을 보내서 분위기를 진정시키고 대사를 느리게 진행하도록 해야 한다. 그렇다고 해서 아무 때나 대사를 늘려서는 안 된다. 피디는 전체적인 내용을 파악하고 천천히 대사를 해야 마땅한 부분에서도 성우가 대사를 빨리한다고 판단될 때 길게 늘려서 대사를 하도록 사인을 주어야 한다.

어떤 대본은 페이지 수로 볼 때는 방송 분량이 충분하지만, 드라마 내용상 빠르게 대사를 주고받아야 하는 장면이 많아 대본이 방송 분량을 미처 채우지 못하는 경우가 종종 발생한다. 이러한 대본은 연습 시간에 대본 분량을 미리 체크하고 작가에게 대본의 보충을 요구하여 녹음 중 시간을 안배하는 것도 피디의 요령이다.

③ 천천히 대사하라

천천히 대사를 해야 하는 이유도 위에서 설명한 이유와 같은 이유일 때도 있지만 길게 늘려서 대사하라는 사인과 천천히 대사하라는 미묘한 차이가 있다. 길게 늘려서 대사하라는 의미에는 전체 방송 분량에 신경을 써서 지금 제작 중인 장면의 분량을 늘려야 한다는 뜻으로, 방송 분량에 더 치중을 두는 사인이고, 천천히 대사하라는 의미는 방송 분량을 염두했다기보다는 작품 분석상 빠르게 대사를 해서는 안 되는 부분이기에 드라마의 분위기와 상황에 맞게 천천히 대사를 하라는 의미가 더 크다. 피디의 수신호는 오른손을 펴서 손바닥이 아래로 향하게 하여 천천히 파형을 그리듯 왼쪽에서 오른쪽으로 몇 번 반복하여 신호를 보낸다.

④ 빠르게 대사하라

빠르게 대사하라는 지시를 내리는 경우는 위의 두 경우인 '길게 늘려라'와 '천천히 대사 하라'의 경우와 반대의 경우 두 가지가 모두 해당하는 사인이다. 대본상 대사 분량이 많거나 천천히 대사 해야 할 장면이 많아서 드라마 총 제작 시간이 방송 분량을 초과할 것 같은 경우, 혹은 빠르게 서로 주고받으며 명쾌하게, 또는 긴박감 있게 대사를 해야 분위기나 상황에 어울리는데 연기자들의 주고받는 대사가 너무 쳐져 있을 때 피디는 주저하지 말고 순발력을 발휘하여 사인을 보내야 한다. 오른손 검지만 펴서 마치 달팽이를 만들 듯이 오른쪽으로 빠르게 여러 번 돌려서 신호를 보낸다.

⑤ 그 이하의 대사는 생략하라

위의 방법 즉 대사 분량이 시간을 초과할 때 또는 작품 내용상 빠르게 주고받아야 하는 대사일 때 시간 분량을 맞추려고 노력했는데도 불구하고도 대본 분량이 시간상 방송 분량을 많이 초과하였고, 드라마 제작 진행상 다음 대사부터 그 이하의 대사는 생략해도 좋을 때 피디는 엔지를 내지 않고서도 재빠르게 수신호를 보낼 수 있다. 또한, 방송 분량을 맞추기 위한 목적뿐만 아니라 제작진행 중 다음 대사나 장면은 불필요하다고 생각이 들 경우에도 해당한다.

그 수신호 방법은 왼손은 손바닥을 펴서 손바닥이 연기자 쪽을 향하게 하여 마치 제지하듯이 멈춰주고 즉시 오른손을 펴서 손등은 위로 손끝은 목 쪽으로 하여 짧고 빠르게 저어준다. 마치 목을 친다는 표현처럼. 이런 사인은 실생활에서 속된 표현으로는 죽었다는 또는 끝낸다는 식으로 많이 사용하는 표현이다.

⑥ 마이크에서 뒤로 물러서라

앞에서도 설명했지만 마이크 특성을 잘 몰라서 무조건 마이크 가까이에 서서 연기를 해야 자신의 대사가 잘 녹음될 것이라는 착각을 하는 연기자가 많다. 또한, 연기자가 작품의 내용상 마이크를 기준으로 녹음 부스의 중간 위치나 먼 위치에서 대사를 해야 하는 장면인데도 대본 분석을 잘못하여 마이크에 가까이 서서 대사를 준비하고 있을 때가 있다. 이때 피디는 순발력을 발휘하여 연기자를 재빨리 뒤로 이동할 수 있도록 미리 수신호를 보내주어야 한다. 마이크에서 물러서라는 수신호는 오른손 손바닥을 연기자가 보이도록 앞으로 펴 보이고 팔을 앞으로 쭉 뻗었다 구부렸다를 반복한다. 그 정도는 거리에 따라 다르다. 조금 떨어져야 할 때는 왼손 엄지와 검지로 그 정도를 함께 표시한다. 좀 더 멀리 떨어지도록 사인을 보내야 할 때는 왼손 검지를 펴서 멀리 포물선을 그리듯 반복하며 오른손의 사인과 함께 보낸다.

⑦ 마이크 앞으로 다가와라

위의 경우와는 반대로 가까이에서 대사를 해야 하는 장면임에도 불구하고 대본 분석을 잘못해서 중간 위치나 먼 위치에서 대사를 하려고 준비 중인 연기자에게는 마이크 가까이 와서 대사를 해 줄 것을 요구해야 한다.

피디는 오른손 손바닥을 자기 쪽으로 펴서 손가락만 구부렸다 펴기를 반복하며 마치 자기 쪽으로 부르듯이 신호한다. 조금은 건방져 보일 수도 있다. 특히 원로 성우 선생님이나 선배 성우들에게는 죄송한 일이지만, 아무리 동방예의지국일지라도 수신호의 하나로써 서로 간의 약속이라고 생각한다면 이해 못 할 일이 없을 것이다. 그래도 너무 건방져 보일까 봐 신경 쓰이면 양손을 다 써서 사인을 하면 된다. 마치 두 손으로 물건을 받거나 악수를 받으면 공손하듯이. 또한, 서둘러서 다가오라고 표현해야 할 때 두 손으로 빠르게 사인을 보낸다.

⑧ 마이크를 서로 바꿔라

오디오드라마의 경우 스테레오 제작 환경에서는 제작 중 마이크의 위치가 정말 중요하다. 효과 도구와의 위치도 일치시켜야 하고 장면이 바뀔 때도 상황에 따라 마이크를 바꿔가며 연기를 해야 하는 경우가 많다. 하지만 오랜만에 출연하여 녹음실 구조를 미처 파악하지 못한 연기자는 당연히 자신이 서야 할 마이크의 위치를 헷갈리는 경우가 대부분이다. 연습할 때나 제작 바로 전에 주의를 주어도 제작이 시작되면 잊어버리기 일쑤다.

그럴 때는 부스 내에 함께 연기를 준비 중인 동료나 선후배 연기자 중 해당 녹음실 환경을 잘 알고 있는 연기자에게 조언을 구하거나 부스 내의 스태프인 폴리효과맨에게 물어본다. 그래도 미처 물어보지 못하고 제작에 임한 연기자가 엉뚱한 마이크 위치에 서서 연기를 준비하고 있다면 피디는 즉시 양쪽 손의 검지만을 펴서 서로 크로스하며 반대쪽으로 옮겨가며 여러 번 신호를 보낸다.

⑨ 조금 크게 또는 작게 대사하라

녹음 중 연기자가 리허설 때의 약속과는 달리 대사를 상대적으로 크게 할 때나 혹은 작게 할 경우가 있다. 이때 피디는 빨리 목소리를 크게 또는 작게 하라고 사인을 주어야 한다. 조금 더 크게 대사를 하라는 사인과 조금 작게 대사를 하라는 사인은 서로 비슷하다.

대사를 조금 더 크게 하라고 사인을 보내고자 할 때는 오른손 엄지손가락에 나머지 네 개의 손가락을 모으고 연기자 쪽으로 향하게 하여 크게 폈다 오므렸다 여러 번 반복한다. 또는, 손바닥을 펴서 위를 보게 한 후 위로 올려주는 동작을 반복한다. 대사를 조금 작게 하라고 사인을 보낼 때는 엄지손가락에 나머지 손가락을 모으고 크게 하라는 사인

보다 작게 폈다 오므렸다를 반복한다. 피디 얼굴의 입 부분에서 표시를 해줘도 좋다. 또는 손바닥을 펴서 아래로 향하게 하고 밑으로 내려주는 동작을 반복한다.

⑩ 감정을 점점 고조시켜라

드라마의 클라이맥스 부분이라서 감정을 점차 최대치까지 끌어올려야 하는 경우에 연기자의 연기가 자못 못 미치지만, 여건상 엔지를 낼 수는 없을 때 피디는 즉흥적인 순발력으로 연기자를 계속 독려해야 한다. 그럴 때 어떤 피디는 벌떡 일어나서 펄쩍펄쩍 뛰기도 하고 큐사인 창 앞에까지 뛰어나와 손가락으로 창을 잘못 찔러 손가락을 삐는 피디도 있었다. 하지만 그런 모습은 열정적으로 비칠지는 모르나 다혈질적이고 천박하고 광폭해 보여 녹음 분위기를 망칠 수 있다.

가장 일반적인 수신호는 양쪽 손바닥을 펴서 손바닥을 위로 향하게 하고 위로 계속 여러 번 반복해서 올려주며 연기자를 독려해준다. 여기서는 양쪽 손바닥을 위로 향하게 펴서 사용하는 게 중요하다. 한쪽 손으로만 사인을 보낼 경우 대사를 크게 하라는 사인과 비슷하기 때문이다. 만일 한쪽 손으로 대본을 넘기느라 한 손만을 사용해야 한다면 대사를 크게 하라는 사인과는 다르게 열정적으로 표현해 주어야 한다. 그러면 연기자도 그러한 상황을 알아차리게 될 것이다.

⑪ 감정을 추스르고 차분하게 대사해라

연기자가 드라마의 흐름에 몰입하여 극도로 흥분된 상태에 빠져 있다가 장면이 바뀌었는데도 자신의 감정을 추스르지 못하고 이전 장면의 흥분 상태가 엿보이는 연기를 하고 있을 때가 있다. 또는 간혹 일반드라마를 올바르게 해석하지 못하고 연극이나 뮤지컬의 대사 톤처럼 과장해서 오버하는 연기를 하는 경우가 있다. 대부분 신인 연기자들에게서 나타나는 현상인데 잘하고자 하는 의욕이 넘쳐서 그럴 수도 있으니 오히려 격려해주고 칭찬해주면 자신감을 더 얻을 수 있을 것이다.

그럴 땐 피디는 양쪽 손을 펴서 손바닥을 아래로 향하게 하고 밑으로 누르듯이 아래로 계속 반복해서 내려준다. 마찬가지로 한쪽 손을 사용하고 있다면 다른 한 손으로 손바닥을 펴서 아래로 향하게 하고 밑으로 여러 번 반복하여 내려주는 사인을 보내도 된다. 이번에도 마찬가지로 한쪽 손으로만 사인을 보낼 경우 대사를 작게 하라는 사인과 비슷하지만, 상황이 상황인지라 감정을 추스르고 차분해지라는 사인으로 서로 받아들일 수 있다.

⑫ 신 첫 부분부터 다시 제작한다

드라마를 제작하다 보면 명창과 고수처럼 연기자들끼리 호흡이 척척 맞아서 정말 신명 나는 연기를 펼치는 경우도 있지만, 항상 그런 것만은 아니다. 특히 월요일 오전에 제작이 있을 때나 흐린 날씨나 폭우나 폭설이 내리는 등 기상 이변이 있는 날은 연기자들뿐만 아니라 스태프들까지도 서로 손발이 안 맞아서 제작이 순조롭게 진행되지 않을 때가 있다. 그럴 땐 마음에 안 드는 신은 첫 부분부터 다시 제작할 필요가 있다. 그럴 때의 수신호는 신 첫 부분을 머리라고 생각해서 머리 위에 오른손 손바닥을 펴서 손바닥이 머리 쪽으로 향하게 하여 두드리듯이 여러 번 반복하여 신호를 보낸다.

⑬ 잠시 대기하라 혹은 포즈 후 대사하라

방송 제작상에 문제가 발생했을 때는 제작을 잠시 중단해야 한다는 수신호를 부스 내에 전달해 주어야 한다. 제작상의 문제라면 대본에 의문점이 있어서 확인할 필요가 있을 때나 녹음장비의 가벼운 고장으로 잠시 멈춰야 할 때다.

그 밖에 짧은 시간 내에 해결될 상황이 발생했을 때 잠시 기다리면 바로 해결해서 녹음을 계속 진행하겠다는 신호를 부스 내에 보내주어야 한다. 먼저 녹음을 잠시 멈춘다는 신호는 왼손 손바닥 또는 양손 손바닥을 펴서 마치 누군가가 권총을 겨누었을 때 손을 들듯이 양팔을 위로 올려 손바닥이 부스안의 연기자들에게 보이게 한다. 그 후 모든 문제점이 해결되어 녹음이 재개될 때는 양손으로 박수치듯이 사인을 보낸다. 오래 대기해야 할 심각한 문제라면 수신호로 제작을 잠시 멈춘다는 사인을 보낸 후 토커백을 열고 피디가 구두로 직접 상황설명을 해주고 잠시 휴식을 취해도 좋다는 친절을 베푼다.

⑭ 잘못됐거나 틀렸기 때문에 멈춘다

제작 중 대사의 발음, 문법상의 오류, 끊어 읽기나 억양, 대사의 뉘앙스, 잘못된 정보나, 상식적이지 않은 내용, 비속어나 간접광고, 방송에 적합하지 못한 내용 등이나 기타 어떤 내용이 오디오드라마에서 도저히 수긍하지 못할 정도로 잘못 표현되었거나 마이크의 위치나 거리가 틀렸다는 것을 갑자기 알게 되어 제작을 갑자기 멈추어야 할 때 피디는 왼손 손바닥을 펴서 빠이빠이 하듯이 좌우로 흔들어 연기자들의 대사를 멈추게 한 후, 양팔을 X자로 크로스 시켜서 잘못되었음을 알리고 토커백을 열어 정정한 후 다시 오른손 검지를 펴서 큐사인을 주며 녹음을 재개한다.

⑮ 주변 소음이나 잡음 주의

녹음 진행 중 녹음 부스 내의 주변에서 대본 넘기는 소리나 옷 소리, 잔기침 소리 등 잡음이 도가 넘을 정도로 발생되어 연기하고 있는 사람에게 방해되거나 그럴 우려가 있을 때 피디는 서둘러 주의를 주어야 한다. 대본 내용상 중요한 부분이 아니거나 메소드 연기 중이 아닐 때는 잠시 멈추라는 사인을 하고 토커백을 열고 주의를 주어도 되지만 멈춰서는 안 되는 상황이라면 수신호로 주의를 주어야 한다. 이럴 땐 양손의 손가락을 엄지손가락을 중심으로 모으고 어깨너비로 앞쪽으로 향하게 하여 빠르고 폭이 좁게 떼었다 붙였다를 반복한 후 양 손날을 X 자로 크로스하거나 오른손 검지를 마치 쉿 하는 동작으로 입에 세로로 갖다 대어 조용히 해줄 것을 표현해준다.

⑯ 필터박스로 이동하라

필터박스는 녹음실에서도 부스의 안쪽에 설치된 작은 방이다. 그냥 방이 아니고 특수 방음장치를 해 놓은 방이다. 이곳은 드라마에서 전화 통화하는 장면의 전화수화기 속의 목소리를 표현해 주거나 오디오 드라마 속의 라디오나 TV 방송소리, 광장이나 강당의 마이크를 통해서 나오는 소리 등을 표현해 줄 때 사용하는 방이다. 오디오드라마를 제작하다 보면 장면, 장면의 연속 속에서 현재 녹음 중인 장면에 나오는 연기자가 다음 장면에 전화 속의 수화기를 통해서 나오는 소리를 연기해야 하는 경우가 많다.

그럴 때 해당 성우는 장면과 장면을 이어주는 브릿지음악이 나올 때 잽싸게 움직여 주어야 하는데 미처 준비를 못 하고 있을 때가 종종 있다. 그럴 때는 피디가 급히 수신호를 보내야 한다. 그 수신호는 간단하다. 바로 오른손 검지를 펴서 필터박스 쪽을 반복해서 가리킨다. 혹은 자신의 귀를 가리켰다가 필터박스 쪽을 가리키기를 반복한다.

⑰ 마이크 가까이서 속삭이듯이 대사하라

대부분의 연기자들은 마이크를 너무 좋아하는지 아주 입에 닿을 듯이 가까이 서서 대사를 하곤 한다. 그래야 자신의 목소리가 잘 수음이 되는 줄로만 안다. 하지만 과유불급이라고 오히려 마이크 특성을 방해해서 자신의 목소리를 망가뜨리고 만다는 것을 알아야 한다. 가까이에서 크게 대사를 하면 목소리가 변형되고 마이크 잡음을 유발해서 대사 전달력을 떨어뜨린다.

일반적으로 가장 좋은 표준 위치는 마이크와 자신의 입과의 거리가 15~20cm 정도가 딱 적당하다. 더 가까이에서 대사를 해야 하는 경우는 따로 있다. 드라마 상에서 자기 자신에게 하는 소리나 혼자만의 생각, 상대방에게 귀엣말하는 장면, 소곤소곤 말하는 장면 등이 그 예다. 마이크 가까이에서 하는 대사는 상대방에게 하는 일반적인 대사가 아닌 혼잣말의 톤으로 보통대사보다 작게 해야 한다. 귀엣말을 하는 표현일 경우에는 더 작게 속삭이듯이 해야 한다. 그런데 그걸 미처 모르고 마이크 위치를 못 잡는 연기자에게는 피디가 수신호로 왼손 또는 오른손을 주먹을 쥐거나 손바닥을 펴서 손바닥 면을 입에 가까이 대는 시늉을 하며 신호를 한다. 또는 주먹 쥔 손은 마이크를 손바닥은 마이크에 장착하는 윈드스크린을 표현해서 서로 가까이 대는 시늉을 해준다.

⑱ 마이크 멀리서 마이크 쪽으로 외치듯이 대사하라

오디오드라마는 오로지 소리만으로 표현되는 장르이기에 소리를 입체감 있게 표현하는 것은 무엇보다 중요한 일이다. 그 입체감은 가까이 혹은 멀리 또는 왼쪽이나 오른쪽에서 소리를 내주기도 하고 또는 전후 좌우 대각선으로 이동해가며 이동 중에 소리를 냄으로써 입체감을 표현한다. 그중에서 먼 곳에 있는 사람이 앞에 있는 사람을 부르는 장면이 자주 나오는데 간혹 연기자가 위치를 못 잡고 당황해서 멀리 가서 앞쪽을 향해 외쳐야 하는데 앞에서 준비를 하고 있는 경우가 있다.

그럴 땐 피디가 오른쪽 손을 손등이 성우들에게 보이도록 손가락이 아래로 향하게 펴서 위로 들어 안에서 밖으로 먼 곳으로 뿌리듯이 반복하여 사인을 보낸 후 검지만 펴서 앞쪽으로 포물선을 그리듯이 크게 또는 작게 신호를 보낸다.

⑲ 마이크 가까이서 부스 뒤쪽으로 멀리 던지듯이 대사하라

오디오드라마에서는 먼 곳에서 가까이 있는 사람을 부를 때도 있지만 가까이에서 멀리 있는 사람을 부르는 장면도 자주 나온다. 그러나 대본연습 때 미처 약속하지 못하고 녹음 중에 발견하는 경우가 종종 있다. 그러면 긴급히 피디가 수신호로 전달해야 한다.

해당 연기자를 향해 왼손을 손바닥이 위나 아래로 향하도록 펴서 네 손가락을 앞으로 접었다 폈다를 반복하여 마이크 앞으로 와 줄 것을 표시하고, 다음으로 오른손 검지를 펴서 뒤쪽으로 포물선을 크게 또는 작게 그려 주어 뒤로 멀리 던지는 정도를 표시해 주며 대사를 하라는 수신호를 해 준다.

그러면 연기자는 마이크를 정면으로 보지 말고 고개를 살짝 돌려서 멀리 있는 사람을 부르듯이 대사를 던진다. 그렇다고 해서 뒤로 돌아서 뒤를 바라보고 대사를 하면 절대 안 된다. 지향성 마이크의 디렉션 범위를 완전히 벗어나기 때문에 가까이에서 먼 곳을 향하여 부르는 게 아니라 멀리 있는 사람을 부르는 것처럼 표현되기 때문이다. 하지만 그렇다고 해서 마이크를 정면으로 보고 온 마이크에서 멀리 부르는 목소리나 비명 또는 호통 등 크게 외치는 소리를 하는 것은 절대 금물이다.

대사 마이크는 연기자의 섬세한 호흡까지 수음하기 위해서 고성능 단일 지향성 콘덴서 마이크를 사용하기 때문에 마이크에 심한 데미지를 주게 되거나 부조에 있는 모니터용 스피커가 터지거나 찌그러지는 등 음의 왜곡이 심해져 피디나 스태프들의 고막이 나갈 수도 있기 때문이다.

⑳ 주변 소음을 독려할 때

오디오드라마를 제작하다 보면 연기자들이 제일 멋쩍어하고 힘들어 하는 게 주변 소음이나 군중소음 등 배경음적인 대사를 말하는 경우다. 배경음적인 대사는 음향용어로는 왈라(Walla)라고 하는데 이러한 군중소음은 신인 때부터 꾸준히 연습하고 노력하지 않는다면 선배가 되어서도 소리내기가 결코 쉽지 않다. 그럴 때는 피디나 부스 내의 동료나 선배가 독려해주어야 한다. 녹음 전에는 토커백을 눌러 의사전달을 할 수 있지만, 녹음이 진행 중일 때 생각보다 군중소음이 적다거나 혹은 많을 때는 수신호로 전달해야 한다.

소음이 적을 때는 양손의 손바닥을 세로로 펴서 위로 향하게 하고 머리 위로 올리거나 양쪽 어깨 위로 올려 도리도리하듯이 흔들어 주어 소음을 적극적으로 하도록 독려하고 소음이 너무 클 때는 양손을 손바닥을 펴서 아래로 향하게 하고 아래위로 흔들어 주어 소음을 조금 자제하도록 신호를 준다.

위의 수신호들은 부스 안의 연기자와 폴리효과맨은 물론 부조의 스태프들이 피디를 중심으로 항상 집중하지 않으면 무용지물인 신호다.

그렇기 때문에 녹음이 진행되는 온에어 중에는 수시로 시선을 서로 교환해야 한다. 연기자와 스태프는 피디의 큐를 받기 위해서 피디는 연기자와 스태프들의 긴급 제안이나 돌발 상황을 체크하기 위해서라도 시선을 항상 공유하고 있어야 한다. 그리고 스태프와 연기자 상호 간에도 녹음 중에 요구사항이 있을 수 있으므로 수시로 시선을 주며 교감을 놓지 않고 녹음에 임해야 한다.

2. 최종 점검 및 편집

오디오드라마 녹음이 끝나면 제작한 작품을 다시 들어보면서 전체적인 음질, 레벨체크, 엔지 포인트를 점검하고 수정하고 보완하는 등의 편집 작업을 한다. 편집은 피디와 음향엔지니어가 함께 또는 각각 수행하게 되는데, 드라마 제작 시 엔지 부분의 검토 및 보완은 물론, 제작 시간이 초과되거나 불가피하게 내용 중 일부를 수정해야 할 경우에도 이루어진다. 또는, 음향효과 관점에서 폴리효과, 자료효과, 음악효과의 미흡한 부분의 추가나 수정, 보완도 편집과정에서 필요하다.

아무래도 동시녹음 환경이라 녹음 중에 연기냐 효과냐 둘 중에 하나를 선택해야 할 경우, PD가 연기를 우선으로 선택하면 효과는 편집 때 보완할 수 있다. 또한, 제작 시간이 모자랄 경우 보충제작을 하게 되는데, 이런 경우도 광범위한 개념의 편집 행위라고 할 수 있을 것이다.

편집은 제2의 창조라는 말이 있다. 대체로 녹음이 잘된 작품일수록 편집도 매끄럽게 잘 된다. 재료가 좋아야 요리가 잘되듯이 녹음이 잘돼야 편집하기도 수월하다는 의미다. 녹음이 잘되었다는 말은 연기자들이 극본을 잘 이해한 후 연출자의 지시에 충실하게 따르면서 녹음 부스의 공간과 마이크를 잘 활용하여 최소한의 엔지로 극의 완성도를 높이는 제작을 했다는 뜻이다.

완성도 높은 제작은 대사 레벨도 적절하고 음향효과의 조화도 자연스럽다. 하지만 그와 반대로 완성도가 떨어지는 제작은 공간 활용에서부터 마이크 활용까지 미흡하며 잦은 엔지 포인트를 제시하게 된다. 엔지 포인트란 편집점이라고도 하는데, 제작 중 엔지가 발생해서 끊었다가 다시 이어간 녹음 위치다. 끊었다가 다시 이어서 제작한 부분은 아무래도 미세한 차이가 생길 수 있기 마련이다. 연기자의 대사 톤이나 호흡이 달라진다거나 효과음의 배경음이 튄다거나 음악의 흐름도 다를 수 있다. 그런 미세한 음질 차이는 편집할 때 잡아주는데, 편집점이 많다는 것은 음질 차이가 나는 부분도 많다는 것이고, 그만큼 수정할 곳이 많다는 것이다. 수정된 편집점이 많으면 매끄럽게 제작된 작품보다 퀄리티가 떨어진다.

요즘은 그래도 컴퓨터 파일로 제작되기 때문에 예전보다 편집시간도 줄고 편집의 기술도 다양해졌다. 녹음 테이프를 이용하여 제작하던 시절에는 일일이 릴 테이프를 가위로 오려 스프레싱 테이프로 붙여서 수정하고 편집해야만 했기 때문에 시간도 오래 걸리고 이어진 편집점이 매끄럽지 않아 음질이 좋지 않을 수밖에 없었다. 편집을 담당하는 사람은 그 작품을 전체적으로나 부분적으로나 완벽하게 꿰뚫고 있어야 하기 때문에 작품에 대한 분석 또한 철저히 해야 한다. 이렇게 최종 편집이 완료되면 오디오드라마는 완성되어 약속된 시간에 드디어 청취자를 만나게 되는 것이다.

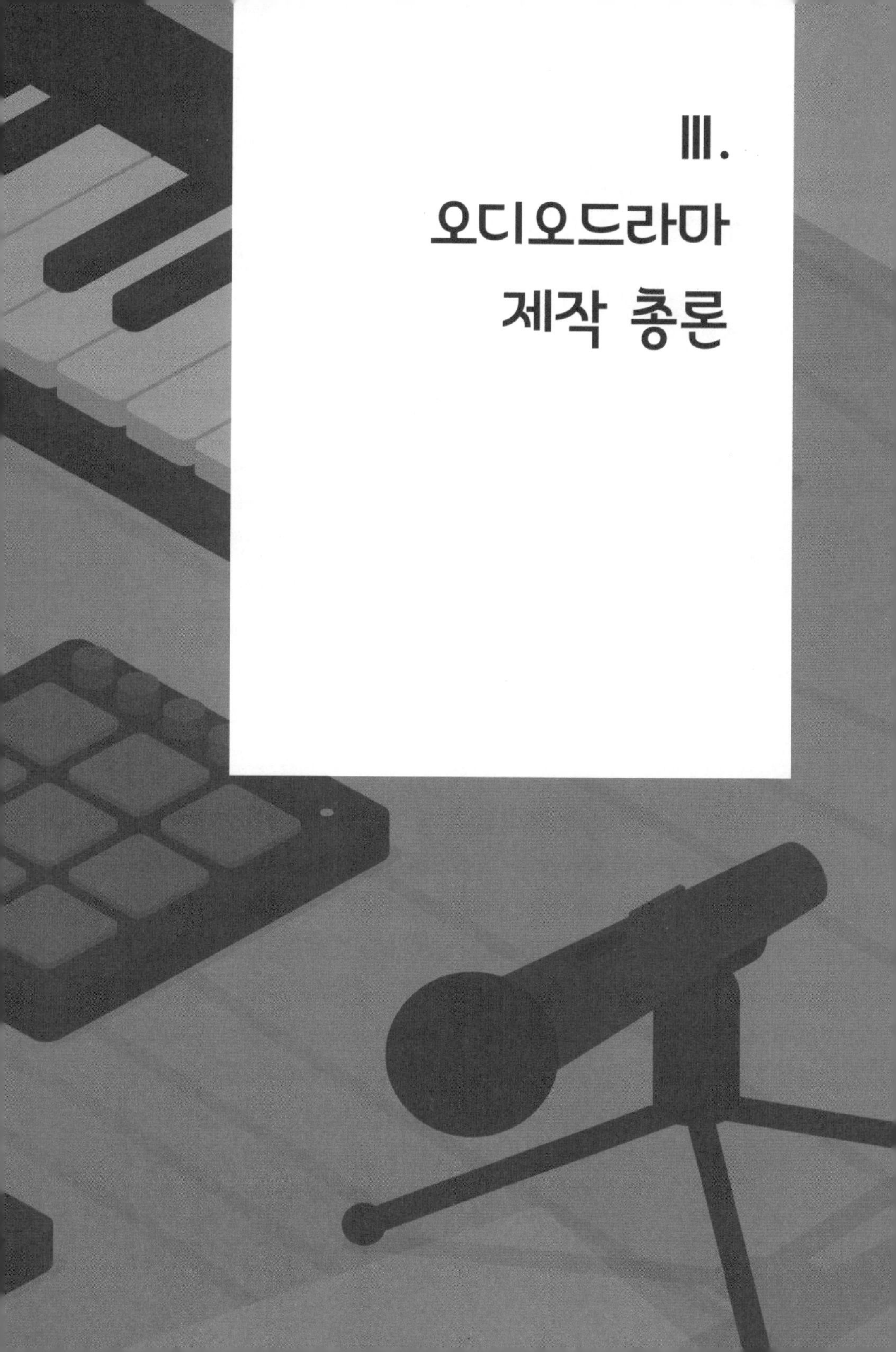

Ⅲ. 오디오드라마 제작 총론

Ⅰ장을 통해서 오디오드라마를 만드는 사람들을 소개하고 Ⅱ장을 통해서 오디오드라마 제작 현장에서 그들이 활동하는 모습을 살펴보았다. 우리 주변에는 옛날 라디오드라마의 추억을 떠올리며 일부러 오디오드라마를 찾아서 듣는 사람들도 있고, 아직도 오디오드라마를 전혀 들어보지 못한 사람들도 있을 것이다. 이 책에 관심을 가지신 분이라면 벌써 스마트 환경에서 오디오드라마의 매력을 알게 되신 분이나 방송이나 오디오드라마콘텐츠 제작에 관심이 많으신 분들일 것이다. 아니면 벌써 오디오드라마 제작 현장에서 성우, 음향효과 음향엔지니어, 피디, 작가로 활동하는 분들일 수도 있고, 또는 지망생들일 수도 있을 것이다.

본 책 오만사(오디오드라마를 만드는 사람들)는 음향효과감독이 방송 30년간의 경험을 바탕으로 일반인뿐만 아니라 방송인을 꿈꾸는 새내기들에게 오디오드라마의 매력과 가치를 알리는 동시에 많은 다양한 작품을 접해 주기를 바라는 한편, 나아가 많은 작품을 제작해줄 것을 부탁하는 마음을 가지고 집필하였다. Ⅲ장에서는 오만사를 마무리 짓는 장으로, 오디오드라마 제작 현장에서 나름대로 아쉬웠던 점들과 고쳤으면 좋겠다는 내용을 오디오드라마의 발전을 기원하는 마음으로 가감 없이 서술하였다. 이 책이 미흡하나마 향후 우리나라의 오디오드라마 발전에 도움을 주는 주춧돌이 되기를 희망한다.

1. 오디오드라마는 오디오드라마답게

오디오드라마는 소리를 적절히 구성하여 스토리를 전개하고 청취자의 상상력을 북돋워서 작품 속으로 빠져들게 하는 소리 콘텐츠다. 오디오드라마를 만드는 사람들은 청취자가 오로지 소리로만 전개되는 이야기를 듣고 이해하고 흥미와 재미를 느끼고 감동받도록 하기 위해서 매우 합리적이고도 효과적인 방법으로 소리를 구성해야 한다. 그 소리의 구성요소는 성우의 대사, 음향효과맨들의 음향효과, 즉 자료효과, 폴리효과, 음악효과이며, 이러한 소리들이 적절히 어우러져 오디오드라마가 만들어진다.

혹자들은 오디오드라마는 소리만으로 만들기 때문에 영상과 소리를 함께 사용하는 비디오 드라마에 비해 표현력과 전달력이 부족한 게 당연하지 않느냐는 말을 한다. 하지만 그것은 오디오드라마의 매력을 모르고 하는 소리다. 오디오드라마는 고유의 제작 기법으로 표현력과 전달력을 발휘해 청취자의 상상력을 고취한다. 오디오드라마 고유의 제작 기법이라고 해서 무조건 소리를 많이 사용하는 것이 아니다. 오히려 소리를 절제하고 꼭 필요한 부분에 사용하는 것이 오디오드라마 제작에 맞는 고유기법이다. 오디오드라마라고 해서 소리를 많이 사용한다면 상상력에 도움을 주기보다는 혼란만을 줄 수 있다.

오디오드라마에서 소리로 비디오 드라마의 영상을 대신하는 비법은 크게 생략 기법과 강조 기법이다. 그리고 적절하고 깔끔한 해설이다. 그것이 오디오드라마의 매력을 부각한다. 만일 오디오드라마가 영상이 없다는 이유로 비디오 드라마보다 재미가 없을 것이라고 생각해서 너무 많은 소리로 장면과 상황을 나열하여 표현한다거나 등장인물의 일거수일투족을 모두 소리로 표현하려고 한다면 그때부터 장르의 정체성이 훼손된다.

그러한 오리오드라마 대본은 마치 영상을 소리로 억지로 나열하려고 노력한 정체불명의 대본이 된다. 그 대본은 TV드라마를 제작하기 위한 콘티 대본인지 오디오드라마 대본인지 분간을 할 수 없다. 언젠가 어떤 방송국에서 TV드라마를 라디오 매체를 통해서 소리만 방송한 적이 있다. TV드라마를 영상은 빼고 소리로만 들었다고 생각해보자. 눈감고 TV드라마를 들어보자. 당장 무슨 장면이 나오고 있으며, 무슨 내용이 진행되고 있으며, 등장인물의 동작이 어떻게 움직이며 무슨 상황인지 도저히 알 수가 없다. 그냥 막연히 감으로 대충 이해하기도 힘들다. 그래서 그런지 얼마 안 가서 그 방송은 더 이상 내보내지 않았다.

오디오드라마는 오디오드라마만의 제작 기법이 있다. 그 기법이 오디오드라마 장르를 매력적이고 독특하며 특별한 콘텐츠로 자리매김하게 하는 것이다. 우리는 오디오드라마를 비디오 드라마처럼 만들려고 애쓰지 말고 오디오드라마는 오디오드라마답게 만들자. 그러기 위해서는 오디오드라마만을 위한 더 훌륭한 제작 기법을 개발하여 청취자들이 소리만 듣고도 상상의 이야기 속에 흠뻑 빠져들도록 노력해야 한다. 오디오드라마는 오디오드라마다워야 한다.

2. NG에 관하여

NG라고 하면 어린아이들도 다 안다. 필자도 어릴 적 방송국 놀이하며 엔지를 제일 먼저 알았다. NG는 영어 'No Good.'의 약자라는 건 누구든지 다 알 것이고, 엔지의 뜻은 방송 제작 중에 여러 가지 원인으로 결과가 좋지 않아 제작을 일시 중단하는 상황을 말한다. 엔지가 발생하면 피디는 신속히 엔지의 원인을 설명하고 시정할 것을 연기자나 스태프들에게 요구하여 엔지 상황을 곧바로 수습한 뒤 다시 제작해야 한다.

1) NG 발생의 원인

사람이 기계나 컴퓨터가 아닌 이상 실수는 오히려 인간적이다. 그러나 실수를 용납하지 않는 피디가 있다. 그 피디가 제작하는 프로그램은 항상 분위기가 험악하다. 혹시라도 실수해서 엔지가 나면 어떡하나 조마조마하다. 하지만 그 피디는 어리석은 피디다. 대다수 연기자나 스태프들은 그 피디와 일하기 싫어서 캐스팅 연락을 받고도 이 핑계 저

핑계를 대고 오지 않으려고 한다. 그런데도 그 어리석은 피디는 그 연기자나 스태프가 진짜로 바빠서 못 오는 줄 안다.

그 우둔한 피디에게 말해주고 싶다. 연기자들이 의욕적으로 참여하게 하려면 실수를 두려워하게 만들면 안 된다고 말이다. 엔지의 원인은 매우 다양하지만, 대표적으로 아래와 같이 10가지 원인을 뽑아 보았다.

① 대본 분석(상황 설정) 미흡

② 큐사인 불일치(무시, 시간 차, 착오 등)

③ 연기력(캐릭터 몰입) 부족

④ 대본의 오류(잘못된 정보나, 상식적이지 않은 내용)

⑤ 언어적(문법, 발음, 띄어 읽기, 억양, 사투리 등) 오류

⑥ 스튜디오 활용(마이크 선택, 마이크를 기준으로 한 거리감, 공간감)의 미흡

⑦ 잡음(대본 소리, 기침 소리, 옷 소리, 휴대폰 벨소리 등) 발생

⑧ 예기치 않던 장비의 결함(과부하, 컴퓨터의 런타임 에러, 디스크정리 미흡 등)

⑨ 대사와 효과음과의 부조화(대사, 호흡, 상황착오, 시간 차 등)

⑩ 그 밖에 천재지변(날씨 및 사고로 인한 출연자 부재)

2) NG의 방지 대책

오디오드라마 제작도 사람들이 하는 일이라 실수, 즉 엔지를 전혀 내지 않고 노 엔지로 완벽하게 제작할 수는 없다. 오히려 노 엔지로 녹음하면 어딘지 모르게 부실하게 녹음한 것 같고, 후루룩 쉽게 만든 것

같아서 찜찜하다. 또 너무 인간적이지 못해서 후일담도 없다. 그렇다고 일부러 엔지를 낼 수는 없지만, 너무 엔지를 안 내려고 초긴장을 할 필요는 없다. 하지만 너무 긴장을 안 해서 툭하면 엔지를 낸다면 더 큰 문제다.

엔지를 방지하려면 연기자는 먼저 대본을 철저히 분석하여 캐릭터에 몰입하는 게 중요하고 녹음실 공간과 마이크 활용에 대한 연습을 실전처럼 할 정도로 최선을 다해 사전준비를 해야 한다.

그다음 또 중요한 것은 큐 받는 습관을 반드시 가져야 한다. 큐는 오디오드라마 제작을 지휘하는 피디와의 약속이다. 오디오드라마에서 연기뿐만 아니라 구성도 중요하므로 피디의 장면 구성을 위한 지휘에 따르기 위해서는 큐를 받는 것이 중요하다. 그러므로 연기자나 폴리효과맨은 대본과 큐를 자연스럽게 번갈아가며 볼 수 있는 능력을 키워야 한다.

극의 전체적인 흐름을 통제할 수 있는 피디의 큐는 작품의 완성도를 높인다. 피디와 스태프들도 엔지를 방지하기 위해 함께 노력해야 한다. 피디는 대본을 배포하기 전 대본에 오류가 없는지 잘 살펴보아야 하고, 음향효과맨들도 철저한 준비로 대본의 흐름에 따라 연기자와의 호흡을 잘 맞춰 주어야 하며 음향엔지니어는 예기치 않은 장비의 결함에 대비하여 제작 전에 장비 점검을 잘해 두어야 한다.

3. 오디오드라마에서 호흡

호흡이란 사람이 살아가기 위한 가장 기본적이고도 중요한 운동이다. 사람의 호흡은 들숨과 날숨을 한 세트로 한다. 방송 특히 오디오드라마에서는 호흡을 요긴하게 사용한다. 호흡을 방송에서 감정과 액션의 표현으로 사용하기도 하고 단위로 사용하기도 한다. 첫 번째로 호흡을 감정과 액션의 표현으로 사용하는 경우는 오디오드라마에서 연기의 철칙으로 여겨지고 있으며, 없으면 안 되는 중요한 요소다.

오디오드라마는 소리로만 모든 것을 표현해서 스토리를 이끌어가야 하기 때문에 등장인물의 감정 상태나 움직임의 표현을 청취자들이 마치 영상을 보듯이 상상할 수 있도록 해주기 위해서는 연기자의 호흡 연기가 절실하다. 종이 한 장이나 볼펜 한 자루를 주는 액션을 표현할 때도 그 주체가 되는 연기자가 호흡을 해야 등장인물의 행동이 실감 나게 연상될 수 있다. 만일 연기자의 호흡이 없이 소리만 들리면 유령이 등장한 것 같은 장면이 연출될 것이다. 그래서 호흡 연기의 중요성은 거듭 강조하고 싶다.

오디오드라마를 30년 동안 제작해온 필자는 호흡연기를 잘하는 성우는 반드시 스타 성우가 되는 것을 보았다. 스타 성우가 되고 싶거든 호흡 연기를 잘 연습해 두길 바란다. 믿어도 좋다. 다음으로 단위로 사용하는 호흡이다. 우리는 한 호흡 두 호흡, 언젠가부터 방송에서는 호흡을 단위처럼 사용하고 있다. 호흡은 사람마다 제각기 다르므로 호흡을 어떤 단위로 사용한다는 것은 참 모호하고 신뢰감이 떨어지는 일이 아닐까? 사람마다 호흡이 길거나 짧거나 거칠거나 약하거나 느리거나 빠를 수도 있는데 말이다. 그러나 오디오드라마에서 호흡이라는 단위는 정확히 통한다. 인간의 감정은 서로 통하기 때문이다.

예를 들어 드라마 속의 남자가 여자에게 "나와 결혼해 주겠소?"라고 했는데 곧바로 여자가 "네." 하고 대답한다면 그 프러포즈 장면은 너무 심심하거나 재미없을 것이다. 조금은 수줍은 듯이 망설였다가 대답해야 프러포즈한 남자가 애가 타고 듣는 청취자도 관심이 증폭될 텐데 말이다. 그 뜸 들이는 맛이 드라마의 맛을 살리는데 그 뜸 들이는 시간이 한 호흡이냐 두 호흡이냐에 따라 드라마의 맛은 달라진다. 너무 뜸 들이면 밥이 타니까 약 세 호흡 정도면 적당하지 않을까?

이렇게 호흡은 아주 쓸모가 있는 단위가 된다. 효과음을 낼 때도 한 호흡 쉬고 문을 여는 소리를 내기로 약속한다면 속으로 한 호흡을 세고 열면 맞는다. 만약에 5초 후에 문 여는 소리를 내달라고 한다면 시계를 볼 것인가? 그보다 호흡 단위가 제일 정확하고 드라마적이다. 앞으로 인기 연기자나 유능한 방송 전문가가 되려면 호흡이라는 단위에 빨리 적응해야 할 것이다.

4. 올바로 써야 할 우리말 발음과 어법

언어도 소리의 범주에 속한다. 언어는 인간이 스스로의 몸을 이용해서 만들어내는 가장 소중한 소리다. 세계 여러 나라의 언어 중에서 특히 우리나라 언어의 그 독창성은 과학적, 철학적, 인간적인 사상에서 입증되고 있다. 그뿐 아니라 소리 내어 읽을 때 순우리말은 거의 다 아름다운 발음을 가지고 있다.

특히 우리말은 고, 저, 장, 단, 강, 약, 완, 급 등 8가지 변화를 통해 의미가 전달된다. 한 문장 내에서도 톤을 높여야 할 때와 낮추어야 할 때, 끊어 읽어야 하는 경우와 이어 읽어야 하는 경우에 따라 의미가 달라진다. 또한, 길게 발음할 때와 짧게 발음할 때 완전히 다른 뜻을 가지는 말도 있다.

그리고 우리나라 사람들은 감성이 유난히 풍부해서 그런지는 모르겠으나 작은 국토에서 지방마다 사투리가 다르고 독특하고 특별하다. 특히 오리지널 제주도 사투리는 동향 사람이 아니면 못 알아들을 정도로 이국적이다. 성우나 탤런트처럼 연기하는 사람들은 드라마에서 우리들이 살아가는 모습을 연기해야 하기 때문에 어법보다는 실생활 용어나 사투리 혹은 비속어를 사용해야 할 때도 많고, 드라마에서는 발음이 조금 틀리거나 꼬여도 그때의 연기력이 훌륭하면 사실적인 연기로 자연스럽게 승화시키곤 한다.

하지만 그래도 방송인이라면 국어 공부를 게을리하면 안 된다. 연기자인 성우나 탤런트도 방송인이기에 우리말의 정확한 발음과 어법은 기본적으로 숙지해야 한다. 알고도 틀리는 것과 모르고, 틀렸다는 것 자체도 모르는 것과는 다르기 때문이다. 그리고 성우나 탤런트가 시상식의 사회를 보는 경우도 있고 방송의 교양, 시사 프로그램에 엠씨로 출연하는 경우도 있다. 또한, 드라마에서도 국어 선생님이나 아나운서 등의 역할을 할 수도 있다. 자신이 언제 어떤 프로그램을 맡게 될지 모르기 때문에 항상 준비된 자세를 갖는 게 중요하다. 제대로 된 국문법과 어법을 알고 있는 상태에서는 어떠한 사투리나 방언, 비속어를 접하게 되더라도 자신감이 생기게 될 것이다.

5. 입체적 제작 기법 연구

오디오드라마에서 입체적인 표현이라는 것은 소리의 고정성을 탈피한 소리의 다양한 변화를 추구하는 것이라고 말할 수 있다. 이러한 표현은 소프트웨어적인 제작 방식과 하드웨어적인 모니터 방식이 서로 메커니즘적인 매칭이 이루어졌을 때 완벽하게 구현되지만 최소한의 환경에서도 구현되도록 연구되어왔다. 오디오드라마의 제작 방식은 현재 모노와 스테레오로 운영되고 있고, 간혹 실험적으로 5.1 서라운드로 제작되어 모니터링하고 있는 상태다.

방송 출범 시 모노 환경에서 시작되었고, 그 후 스테레오 환경이 구축 되었는데 어떠한 환경에서든지 ON, OFF 개념은 기본이다. 즉 ON은 (마이크에) 가깝다는 의미고, OFF는 (마이크에서) 멀다는 의미다. 말하자면 멀리서 다가오거나 가까이서 멀어지는 느낌의 공간개념을 표현하는 수단으로 오디오에서 입체적인 환경을 구사하기 위해서 ON-OFF만큼 중요한 건 없다. 모노 환경에서는 입체적인 제작 기법으로 ON-OFF 개념밖에 구사할 수 없었지만, 그 후 스테레오 환경이 구축되면서 두 개의 스피커를 이용한 좌우 공간 개념까지도 구현될 수 있었다. 스피커가 좌우 두 개라도 양쪽 다 똑같은 소리가 나면 모노와 마찬가지이므로 스테레오는 좌우 스피커에 다른 비율로 소리를 분배하여 표현한다.

예를 들면 자동차가 좌에서 우로 휙 지나간다든지, 우측에서 포를 쏘고 좌측 멀리서 포탄이 터진다든지 하는 방식을 말한다. 그렇다고 오른쪽 스피커에서 나오는 소리가 왼쪽 스피커에 전혀 안 들리는 것은 아니다. 들리긴 들리되 비율의 분배를 좌우에 조절하면서 제작하는 방식이다.

모노와 스테레오를 구현하면서 앞뒤, 좌우가 구현되어서 어느 정도 입체적인 환경이 구축되었다면 5.1 서라운드에서는 앞뒤좌우 공간 개념을 포괄한 위아래와 대각선의 역동적인 이동성까지도 포괄하고 있다. 앞으로도 더욱 현실감 있는 소리 구현을 위해서 입체적인 제작 기법을 더 세심하게 연구할 필요가 있다. 나아가 소리의 파동을 피부로 느낄 수 있는 소리구현까지도 목표로 해야 할 것이다.

6. 피디의 역할 분담 필요

피디의 역량이 방송에서 차지하는 영향은 지대하다. 역설적으로 말하자면 피디의 역할이 너무 과할 만큼 많다는 것이다. 피디가 작품 선정에서 캐스팅까지 단독으로 결정하고 제작까지 한다는 것은 무리가 있다. 만일 어떤 피디가 계속된 저질 작품 선정과 미스캐스팅을 하고 제작 현장에서도 역할을 제대로 못 해서 오디오드라마의 수준을 저하시키고 이미지를 훼손시킨다면 자칫 그나마 남아있는 오디오드라마 마니아층까지 실망하여 등을 돌릴 수도 있기 때문이다. 이미 그런 중대한 사태를 맞이하고 있는지도 모른다.

오디오드라마의 발전과 미래를 위해서는 수준이 미달되는 피디의 업무를 분산할 필요가 있다. 그리고 피디 자신이 오디오드라마 제작에 적성이 맞지 않는다면 스스로 과감히 물러날 줄 아는 용기도 필요하다. 오디오드라마는 사운드의 종합예술 분야로 영화나 TV드라마의 연출력을 뛰어넘는 스킬이 필요하다. 영상도 없이 소리로만으로 스토리를 청취자들에게 이해시켜야 하므로, 섬세한 감성을 가지고 예리한 상황 판단까지 할 수 있어야 한다. 아주 많이 늦었지만, 이제는 1960년대부터 피디가 모든 권한을 쥐고 군림했던 때와는 다르다. 특히 자격 미달인 오디오드라마 피디가 오디오드라마 장르의 고유특성을 망치는 것을 막기 위해서는 피디의 역할을 분산시켜야 하는 게 맞다고 생각한다. 우선 작품 선정과 캐스팅의 역할 분산이 시급하다.

1) 캐스팅 5인 위원회(작품 선정, 연기자 캐스팅)

방송은 개인을 위한 전파가 아니다. 이 말은 방송은 공적인 전파수단으로서 신중하고 책임 있게 제작되어야 한다는 말이다. 더 구체적으로 말해서 피디 개인에 의해서 방송될 작품이 선정되고 연기자가 캐스팅되고 피디의 주관에 의해서 작품이 제작되어서는 안 된다는 것이다. 특히 요즘은 인터넷이 발달되어 청취자들의 반응을 거의 실시간으로 알 수 있다. 물론 기획단계에서 철저한 취재와 검증, 인터뷰까지 수행하는 프로그램도 많다.

하지만 간혹 불량스러운 작품들이 선정되어 제작되고 있기 때문에 작품 선정에 철저한 검증을 위한 새로운 제안을 하고 싶다. 작품 선정이나 연기자 캐스팅은 피디, 작가, 음향효과, 음향엔지니어, 중견급 이상의 연기자 대표로 구성된 캐스팅 5인 위원회를 설립하고 심의실과 감사실, 편성실의 조언을 토대로 선정되도록 해야 한다. 즉 애초에 5인 위원회를 통해 작품들을 추천받는다든가, 또는 일단 몇 개의 작품을 물망에 올린 후 5인 위원회를 통해 선정받는 방법이다.

연기자 캐스팅도 마찬가지다. 5인 위원회에서 추천 또는 선정을 통해서 캐스팅되어야 한다. 피디들은 자신들의 권한이 축소되는 게 아니냐고 반대할 수도 있다. 앞에서도 말한 적이 있지만, 피디는 선정된 작가의 작품을 토대로 연기자나 스태프들이 오디오드라마라는 장르를 완성도 있게 만드는 역할로도 할 일이 많고 신경 써야 할 부분이 많다. 한

명의 피디가 작가 선정에서부터 다수의 등장인물을 캐스팅하고 제작까지 한다는 것은 과중한 업무다. 오디오드라마의 평균적인 작품 수준도 유지하고 수많은 성우들을 적합한 배역에 골고루 캐스팅하여 기회를 균등하게 주기 위해서는 여러 분야의 사람들이 함께해야 한다.

물론 필자의 제안이 받아들여지지는 않겠지만, 오디오드라마를 30년간 만들어 오면서 절실하게 느낀 의견이다. 다시 말해서 방송으로서 적합한 수준의 작품을 선정하고 올바른 캐스팅을 평균적으로 유지하면서 완성도 높은 오디오드라마를 제작하고 방송하기 위해서는 검증을 위한 장치가 필요하다는 것이다. 오디오드라마는 우리가 지켜나가야 할 우리 모두의 것이고 청취자에게 곧바로 영향을 주고 또한 기록으로도 영원히 남겨지기 때문이다.

2) 캐스팅 은행 설립과 활용

잘못된 캐스팅은 범죄요, 죄악이라고 말한 적이 있다. 그만큼 훌륭한 작품을 만들기 위해서는 캐스팅이 중요하다는 것이다. 캐스팅이 잘못되어 오디오드라마가 졸작이 되는 경우를 보며 안타까워한 적이 너무나 많았기 때문에 나의 속이 까맣게 탔던 적도 많다.

하지만 피디가 거의 절대적이라 캐스팅에 대해서 왈가왈부했다가는 월권이니 뭐니 치도곤을 당하기가 일쑤일 게 뻔하기 때문에 입도 뻥끗 못 한다. 지금 방송 30년이 다 되어가는 선배로서 어린 피디한테도 캐스팅을 참견하기가 어렵다. 그만큼 피디의 권한이 한 사람을 쓰고 안 쓰고, 더 처절하게 말하면 그 사람의 먹고사는 문제에서 생사여탈권이 달려있을 정도로 막강하다는 것이다.

물론 요즘은 여러 사람의 의견을 건전하게 수용하는 훌륭한 피디들도 많다. 여기서 말하고자 하는 건 한 사람의 생각보다는 같은 길을 걷고 있는 여러 전문가의 조언을 참조하여 캐스팅하면 어떻겠냐는 얘기다. 그 방법으로 캐스팅을 위한 연기자의 연기 분야별(드라마, 시트콤, 다큐멘터리, 내레이션, 나이별, 지역별, 성격별) 오디션 자료를 오디오, 비디오별로 아카이브화하여 지속적으로 업그레이드하고 관리하는 캐스팅 은행을 설립하는 것을 공인화하는 게 어떻겠냐는 얘기다.

현재 성우 협회에서 성우들의 목소리를 데이터화해서 홈페이지에 올려놓고 다양한 분야에서 접근하여 캐스팅에 도움을 받을 수 있도록 노력하고 있는 것으로 알고 있다. 젊은 피디들은 솔직히 오래된 연기자들에 대해서 대부분 잘 모른다. 물론 열심히 여러 작품을 모니터링하고 노력한 피디들은 잘 알 수도 있겠지만 그렇지 않은 피디들은 자기가 아는 검증된 사람만 캐스팅하려고 한다.

그러면 나오는 사람만 나오고 안 나오는 사람은 몇 년 동안 얼굴도 못 보는 경우도 많다. 피디 자신이 연기자층에 대해서 잘 모르면 스태프 중에 오디오드라마에 연륜이 깊은 선배한테라도 물어보든지 성우협회 홈페이지를 들어가 보거나 기존 작품들을 자주 모니터링해서 캐스팅 폭을 넓혀야 한다.

하지만 작품 선정, 대본 수정, 편집 작업까지 업무가 과중하여 캐스팅을 위한 연구에 몰두하기가 힘든 게 사실이다. 그러한 문제점을 해결하기 위해서 캐스팅 은행을 정례화할 것을 제안한다.

캐스팅 은행은 성우협회의 기존 데이터를 공유하고 앞에서 제안한 작품 선정 5인 위원회와 병합하여 운영해도 좋다. 처음 들어온 피디도 캐스팅 은행에 문의하면 원하는 캐릭터를 가진 연기자를 여러 명 검색할 수 있고, 그 연기를 들어볼 수 있고, 선택할 수 있으며, 5인 위원회를 통해서 추천을 받을 수도 있도록 하자는 것이다.

당장 이루어질 수도 없고, 아니면 아예 이루어지지 못할 제안일 수도 있겠지만, 이 캐스팅 은행이 작품과 배우를 잘 매칭시켜 스타 성우를 발굴하고 성장시키는 기회가 되는 데 일조하면 좋겠다.

7. 음향효과맨과 성우는 바늘과 실

오디오드라마에서 대사를 연기하는 성우는 소리를 만들어내는 음향효과맨, 그중에서도 폴리효과맨과 실과바늘 같은 사이다. 그만큼 호흡이 척척 잘 맞아야 한다는 뜻이다. 문을 열고 들어오는 장면에서 폴리효과맨이 문을 아직 열지 않았는데도 성우가 벌써 대사를 한다거나 폴리효과음은 OFF(먼 곳)에서 나는데 대사는 불쑥 ON(가까운 곳)에서 한다거나, 식사 중인 장면에서 폴리효과맨은 열심히 밥 먹는 분위기를 살리기 위해 그릇, 수저 소리를 내고 있는데 성우는 그냥 일반적인 대사만 하고 있다면 어울리지 않는 장면이 된다. 또는 걷거나 뛰는 장면에서 폴리효과맨은 열심히 걷거나 뛰는 소리를 내고 있는데 성우는 아무 호흡도 없이 가만히 서서 대사를 주고받고 있으면 도저히 실감 나는 작품을 만들 수 없을 것이다.

반대로 연기자가 연기에 몰입한 가운데 혼신의 힘을 다하여 열연하고 있는데 효과맨이 그 장면에 꼭 맞는 효과음을 빠뜨리거나 적시에 내지 못했을 때 연기자의 리듬을 깨고 극의 흐름과 맥을 끊어 놓게 될 것이다.

그만큼 성우와 효과맨의 관계는 중요하다. 격투신에서의 액션에 맞는 효과음과 연기자의 호흡이 절묘하게 조화를 이룬다면 정말 멋진 장면이 연출될 것이다. 효과맨은 충분한 작품 분석을 통해 등장인물들의 캐릭터들을 소화하고 있는 성우들의 연기스타일과 동선을 파악하여 적절한 소리 연기를 펼쳐야 할 것이다. 연기자도 자신이 나오는 장면만 신경 써서 연습할 게 아니라 전체적인 작품 분석을 하고 특히 자신과 호흡을 맞춰야 할 효과음이 나오는 부분은 효과맨과 사전에 약속해야 한다.

성우나 폴리효과맨도 대사를 할 때나 효과음을 낼 때 항상 ON 마이크만 고집하지 말고 해당 장면에 맞게 스튜디오와 마이크 특성을 잘 활용하면서 거리감과 공간감이 살아나도록 연기해야 한다. 효과맨과 연기자가 호흡을 잘 맞춰서 액션을 동반한 대사를 제대로 살려준다면 입체적이면서 사실적인 장면을 멋지게 만들어 낼 수 있을 것이다.

완성도 있는 오디오드라마를 듣는 청취자는 자신이 그 드라마 속에 함께 있는 듯한 착각을 불러일으키게 될 것이다. 아무쪼록 평소에도 성우와 효과맨은 인간관계를 잘 맺어서 서로 열연 중에 엔지가 나지 않도록 최선을 다해야 할 것이다. 참고로 현재 효성(효과맨과 성우) 커플이 딱 한 쌍 있는데, 바로 배우 차태현의 부모님이신 전임 KBS 효과실 차재완 차장님과 달려라 하니 목소리의 주인공 최수민 여사이시다. 앞으로 효성(효과맨과 성우) 커플이 많이 탄생하기를 기대해 본다.

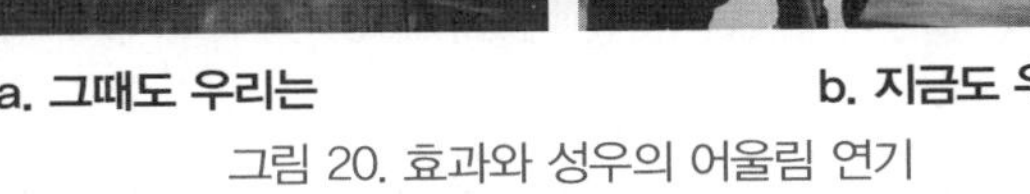

a. 그때도 우리는 **b. 지금도 우리는**

그림 20. 효과와 성우의 어울림 연기

8. 오디오, 오디오드라마 예찬론

오디오는 우리에게 무한한 상상의 세계를 선물한다. 오디오드라마 속의 주인공은 바로 나고, 그 연인은 나의 이상형으로 상상하면 되기 때문이다. TV드라마처럼 주인공이 맘에 안 든다고 채널을 돌릴 필요가 없다. 오디오드라마 속에선 집도 차도 가구도 그 밖에 모든 것도 나에 의해서 그려지고 지워진다. 물론 극본의 토대 위에서 작가가 자세하게 묘사하면 그대로 빠져들고 작가가 광범위하게 청취자의 상상력에 의존하면 자유롭게 상상의 나래를 펴면 된다.

어릴 적, 동네 공터에서 친구들과 뛰어놀다가도 라디오 어린이 드라마 「손오공」이 방송될 시간이면 모두 집으로 뛰어들어갔다. 드라마가 끝나면 서로 자기가 손오공이라고 "우랑바리나바롱 무뜨라까 뿌라냐!"라는 국적 불명의 주문을 외치며 뛰어다녔다. 또 생각나는 어린이 드라마는 「마루치 아라치」다. 태권 동자 마루치와 그의 동생 태권소녀 아라치의 맹활약을 들으며 마루치가 외치던 기합 "마루~!"와 아라치가 외치던 "아라~!"를 누나와 함께 외치며 태권 동작을 흉내 내던 어린 시절이 그리워진다.

그리고 아버지가 출근하시고 누나들이 등교하고 나면 어머니가 꼭 들으셨던 「아차부인 재치부인」은 그 당시 유치원이 있는지도 몰랐던 내가 엄마와 함께 듣던 오디오드라마다. 그리고 또 어릴 적 즐겨 듣던 「사랑이 꽃피는 나무」도 생각난다. 그러던 내가 성인이 되어 방송국에서 음향 효과맨으로 활동하게 될 줄 꿈에도 몰랐다. 또 하나 생각나는 작품은 홈드라마로 28년간의 장수 프로그램이었던 「즐거운 우리집」인데, 마지막 회 녹음 날 연기자와 스태프, 모두들 울던 생각이 난다. 그 밖에 북한 동포들에게 들려주기 위해 방송되었던 「김삿갓 방랑기」는 오히려 북한의 실상을 우리에게 알려 북한 동포들의 고통을 함께하고 북한 공산당을 향한 방공정신무장에 크게 기여했다.

하지만 요즘은 자라나는 어린 새싹들이 들으며 상상의 나래를 펼 수 있는 어린이용 오디오드라마가 없다. TV드라마는 교육방송(EBS)을 통해 방송되는 어린이용이 겨우 있다지만 현실적으로 부족한 편이다. 주입식 교육, 입시를 위한 교육에 매몰된 우리 아이들에게 창의력과 상상력을 키울 수 있도록 어린이를 위한 오디오드라마는 물론 온 국민이 즐겨 듣고 꿈꿀 수 있는 오디오드라마가 많이 만들어졌으면 좋겠다.

무엇보다 오디오드라마의 장점은 귀로 들으며 상상하며 단순노동 그 이상을 할 수 있다는 것이다. 하지만 TV드라마는 아무것도 할 수 없이 화면에 시선을 고정해야 한다. 시선을 조금만 돌려도 순간순간 전개되는 장면을 놓쳐 버리기 때문에 아무 일도 병행할 수 없다. 그뿐만 아니라, TV는 보는 동안에는 이해하고 즐기지만 채널을 돌리는 순간 쉽게 잊혀진다. TV는 소리보다 영상 위주로 우리를 사로잡아서 우리에게 상상할 몫을 주지 않기 때문이다.

이제 소리를 영상의 보조 매체로 보는 시대는 지났다. 지금 우리는 영상을 소리로 이끌어 가는 시대에 살고 있다. 영화 속의 사운드는 스피커의 울림을 타고 객석을 휘돌며 관객의 귀를 통해 뇌로, 아니 온몸을 전율시킨다. 돌비 서라운드 시스템에서 더 나아가 소리를 몸으로 느끼게 하는 시대가 도래하고, 급기야는 다시 회귀하여 오디오드라마의 정서를 다시 찾는 요즘의 분위기를 느낄 수 있다. 3살짜리 아이에게 열광적인 콘서트 영상을 무음으로 들려주면 가만히 서 있다가도 볼륨을 높여 신나는 콘서트 음악을 듣게 하면 엉덩이를 신나게 흔들며 춤을 춘다. 그만큼 오디오는 영상의 우위에 있다.

9. 오디오드라마의 현실적인 제작 방법 제시

오디오드라마의 3요소가 대사, 효과, 음악이라는 것은 앞에서도 여러 번 언급했듯이 오디오드라마를 만들기 위한 가장 중요한 요소다. 그 3요소에 해당하는 전문가는 성우(연기자), 음향효과를 담당하는 자료효과맨과 폴리효과맨, 음악효과맨이다. 오디오드라마는 이러한 전문가들에 의해 하나의 작품으로 완성된다. 물론 글을 쓰는 작가나 녹음실의 전반적인 운영과 기술적인 부분을 담당하는 음향엔지니어, 작품제작에 처음부터 폭넓게 관여하여 총괄책임을 지는 피디도 오디오드라마 제작에 큰 역할을 한다. 그들의 드러나지 않는 역할도 오디오드라마를 완성하는 데 지대한 역할을 하기 때문에 엄밀히 말한다면 라디오드라마는 5요소로 이루어져 있다고 해야 할 것이다. 성우, 음향효과맨, 작가, 기술, 피디로 말이다.

이러한 요소는 오디오드라마가 라디오극에서 라디오드라마라는 이름으로 장르화된 이후부터 변함없는 요소로 방송기술의 발달과 함께 오디오드라마 고유의 기법을 정착시키며 발전되어 왔다. 하지만 오디오드라마 제작 방법은 현재의 디지털화된 방송 매커니즘의 환경으로 볼 때 초창기와 비교해 그다지 변화가 없다는 데서 매우 안타깝다. 물론 오디오드라마 제작 환경 면에서는 마이크의 배치 수도 많아졌고, 장비도 디지털시대에 걸맞게 컴퓨터 시스템과 접목되는 등 고성능화되었다.

하지만 한날한시에 한자리에 다 함께 모여 제작하는 오디오드라마 제작 방식은 예나 지금이나 변함이 없다.

이러한 오디오드라마를 만드는 사람들이 같은 날 같은 시간에 동시에 모여 제작하는 방식을 동시녹음 방식이라고 하는데, 장점도 있고 단점도 있지만 궁극적으로 지향해야 할 오디오드라마 제작 방식은 후시녹음 방식이다. 동시녹음 환경에서는 복잡하고 세밀한 음향표현에 한계가 있기 때문이다. 이 책을 마무리하며 우리나라 오디오드라마 제작 방식의 방향을 제시해 본다.

1) 현재의 오디오드라마 제작 방법

우리나라의 오디오드라마는 1927년 JODK라는 호출부호로 라디오 방송국이 개국되기 시작하면서 연극의 중계형식에서 변사극으로 발전하였다가 1950년대 차차 라디오드라마라는 장르로 자리매김하였다. 1960년대부터는 대사를 하는 연기자인 성우를 뽑게 되고 성우와 음향효과맨(폴리효과, 자료효과, 음악효과)이 어울려 동시에 제작하는 형태를 갖추게 되었다. 그리고 라디오드라마가 전성기를 구가하던 1970년대부터 방송장비가 점차 고급화되고, 다양해진 지금까지도 쭉 그대로 동시녹음 제작 방법을 유지하고 있다. 물론 현재의 오디오제작 장비는 질적으로나 양적으로 그때와는 비교도 될 수 없을 정도로 발전했고 그것을 다루는 인력도 많아지고 더 전문화되었다.

하지만 방송국에 한날한시에 피디, 음향엔지니어, 음향효과맨들, 성우들이 모두 모여 동시녹음 제작을 한다는 점에서는 달라진 게 없다는 것은 사실이다. 물론 동시녹음은 장점도 많지만, 단점도 만만치 않다. 장점은 오디오드라마를 한 장소에서 한꺼번에 조화를 이루며 신속하게 제작할 수 있다는 것과 성우들이 연기하는 목소리와 음향효과맨들이 만들어내는 효과음과 효과음악이 하모니를 이루는 내용을 그때그때 바로 확인하면서 제작할 수 있다는 점이다. 이처럼 동시녹음을 하면 편집할 것도 거의 없이 현장에서 완성된 내용을 들으며 결과도 빨리 확인할 수 있으며, 전체 제작 시간을 단축할 수 있다는 것도 장점이다.

단점은 한 연기자가 엔지를 내면 상대 배역의 연기자도 영향을 받아 전체 녹음 분위기가 흐트러지고 만일 음향효과마저 동시에 여러 가지 소리가 복잡하게 삽입되고 있었다면 다시 처음부터 녹음해야 한다. 또는 음향효과맨이 엔지를 내면 연기자가 고조된 감정으로 메소드 연기에 도달할 정도로 열연했더라도 다시 연기해야 한다.

요즘은 음악 효과나 자료효과의 배경음 정도는 멀티트랙 에디팅 환경 덕분에 엔지를 내도 바로 다시 대사를 이어간 후 최종 편집 시 수정할 수 있게 되었다. 하지만 예전엔 음악이 비지로 깔려 있는 장면에서도 연기자가 엔지를 내면 처음부터 다시 녹음해야 한다는 부담 때문에 연기보다는 엔지 안 내려고 초긴장을 해야 했다.

폴리효과와 관련된 부분에서도 만일 진흙탕에서 허우적대며 두 명이 싸우는 장면에서 성우와 호흡이 맞지 않아서 엔지가 나면 계속 다시 녹음해야 하므로 폴리효과 공간은 온통 물이 튀어 엉망이 되고 폴리효과맨도 지치고 만다. 요즘은 유리병이나 유리창 등 뭔가를 깨는 장면은 위험하기 때문에 다양한 깨지는 소리를 녹음해 두었다가 자료효과맨이 오퍼레이팅을 해주지만 예전엔 성우와 폴리효과맨이 호흡이 맞지 않아 엔지가 나면 폴리효과맨이 여러 개의 유리병을 다시 또 깨야 하고, 유리창이나 기와장도 여러 장 사두었다가 오케이 사인이 날 때까지 깨고 또 깨야만 했다. 물론 동시녹음의 장점은 단점보다 큰 부분을 차지한다.

이 동시제작 방법은 연기자들에게는 상대 연기자와 대사를 서로 주고받음으로써 서로의 감정을 상승시켜 최상의 연기를 이끌어낼 수 있으며, 효과음이나 효과음악을 들으면서 전체적인 극의 흐름이나 감동적인 분위기 속에서 실감 나는 연기를 할 수 있다는 점도 또 하나의 장점이라고 할 수 있다. 하지만 다른 사람의 엔지에 의해서 자신의 연기력이나 음향효과가 영향을 받게 된다거나 연기자가 최고의 연기를 펼치고 있을 때 음향효과 부분이 어느 정도 실수를 하는 경우도 발생해서 전체적인 부분에서 오디오드라마의 질이 저하 될 수도 있다.

또한, 서로 다른 각 분야가 서로 번갈아가며 자주 엔지를 낸다면 모인 사람들이 짜증을 내게 되고 다시 제작해야 하는 편집점이 많아져서 누더기식 제작이 될 뿐만 아니라 녹음시간이 불쾌한 가운데 길어지기가 일쑤인 점이 또 다른 단점이라고 할 수 있다. 무엇보다 가장 중요한 단점은 복잡한 효과음향이 많이 나오는 무협사극이나 전쟁 사극, 다양한 무기들이 많이 등장하는 현대전의 전투드라마, 자동차나 오토바이로 쫓고 쫓기며 싸우는 스릴러물, 사이버 공간이나 우주 공간에서 외계 우주인과 펼쳐지는 우주 전쟁 등과 같은 드라마를 재미있고 실감 나게 만들고 싶을 때는 동시녹음제작 방식으로는 한계가 있다는 것이다.

이제는 오디오드라마 제작 방법도 오랫동안 이어져 내려오던 동시녹음 제작 방법에서 벗어나 더 합리적인 방법을 모색해야 할 때다. 그러한 관점에서 이 책 『오디오드라마를 만드는 사람들』은 새로운 몇 가지 방법을 제안하고자 한다.

2) 지향해야 할 오디오드라마 제작 방법

우리보다 먼저 오디오드라마를 시작했던 유럽이나 일본에서는 오디오드라마 제작을 후시녹음 방법으로 택한 지 오래다. 후시녹음 방법은 동시녹음 방법과 정반대의 녹음방법이다. 후시녹음은 오디오드라마에 캐스팅된 성우들 각자가 아무 때나 자기가 편리한 시간에 녹음실에 들러서 자신이 맡은 배역의 대사를 연기하여 녹음하고 가면 음악효과맨과 자료효과맨, 폴리효과맨이 효과음을 적재적소에 삽입하고 마지막으로 음향엔지니어와 피디가 최종 믹싱을 함으로서 모든 작업을 완료한다.

우선 후시녹음의 장점이라면 모두 한날한시에 모이지 않아도 되기 때문에 연기자들이 각자의 스케줄에 따라 캐스팅에 문제가 생기는 경우도 없고 음악효과맨과 자료효과맨, 폴리효과맨도 아무리 복잡한 장면이라도 멀티트랙에 여러 가지 효과음을 대비해보고 가장 어울리는 최고의 효과음을 선정함으로써 작품의 완성도도 끌어 올릴 수 있다. 피디나 음향엔지니어도 최종 믹싱, 편집 과정에서 여러 가지 이펙트 기능이나 방송 기법을 적용해봄으로써 발전적인 연구를 해가며 작품을 제작할 수 있다는 장점이 있다.

그렇다고 해서 후시녹음 방식이 전적으로 올바른 제작 방식이라고 말하기는 힘들다. 후시녹음 방식에도 단점은 있다. 동시녹음 방식에서만 얻을 수 있는 분위기와 열기, 협동심과 하모니는 후시녹음 방식에서는 얻기가 힘들다. 무엇보다 점점 개인주의화 되어가는 현대 사회에서 여러 사람이 같은 날, 같은 시간에 한군데 모여 작업한다는 것이 어려워지겠지만, 그동안 못 만나던 선후배가 오랜만에 만나 반갑게 녹음할 수 있고, 녹음이 끝나면 함께 김치찌개와 삼겹살에 소주 한잔도 할 수 있어서 좋다. 뒤풀이 자리는 제작하면서 아쉬웠던 점을 서로 달래주기도 하고 잘했던 점은 은근히 잘난 척도 좀 하며 회포를 푸는 자리다.

다른 날, 다른 시간에 각자 후시녹음을 해서 따로따로 녹음하게 되면 이러한 풍경은 볼 수가 없을 것이다. 또한, 후시녹음 방법에선 연기자들이 따로따로 녹음실에 와서 혼자 녹음을 해야 하기 때문에 성우들은 평소에 상대 배역의 연기자가 없어도 마치 상대 배역이 앞에 있는 것처럼 자연스러운 연기를 할 수 있을 정도로 나 홀로 연기에 통달해야 한다. 연기자뿐만 아니라 폴리효과맨도 연기자의 호흡 없이 등장인물의 액션을 가상하여 다양한 대도구나 소도구로 나홀로 소리 연기를 구사해야 한다.

물론 자료효과맨은 복잡한 장면의 효과음을 여유를 가지고 사운드 멀티트랙 에디팅 프로그램을 이용하여 이렇게 저렇게 넣어보며 디테일하고도 거의 완벽에 가깝게 사운드 디자인을 할 수 있다는 장점이 있다. 음악효과도 후시녹음을 하면 시간에 쫓기지 않고 작품의 색깔에 맞는 다양한 음악들을 작곡이나 편곡을 하고 최상의 음악을 선곡하여 작품에 대입해보고 신중하게 음악 작업을 할 수 있어서 좋다.

무엇보다 후시녹음을 하게 되면 가장 큰 역할을 해야 하는 스태프들이 피디와 음향엔지니어다. 음향엔지니어는 수시로 따로따로 와서 연기하는 성우들의 음성녹음 레벨을 마치 한군데 모아놓고 녹음한 것처럼 정확하게 맞추어 녹음하고 분류해서 관리해야 하며, 피디와 수시로 교류하여 진행사항을 체크하고 최종적으로 대사와 음향효과음들을 믹싱해서 완성해야 하기 때문에 역할이 더욱더 크게 요구된다.

후시녹음 방법에서 피디의 역할과 책임감은 말할 나위 없이 중요해지고 더 커진다. 동시녹음 제작 방법에선 연기자들과 스태프들이 모두 모여 서로 연기를 주고받으니 즉석에서 방향 제시를 해주고 제작 시간과 분량을 잘 안배하고 제작하면서 피디의 역할을 수행할 수 있었다.

그러나 후시녹음 방식에서 피디는 음향엔지니어와 함께 일정을 잡아 작품에 등장하는 모든 연기자들이 녹음한 대사와 자료효과, 음악효과 폴리효과 등의 음향효과음들을 흩어진 퍼즐 조각을 완벽하게 맞추듯이 최종 믹싱 작업을 거쳐 오디오드라마를 완성해야 한다.

한 가지 더 아쉬운 점은 성우와 폴리효과맨의 호흡이다. 성우와 폴리효과맨은 등장인물의 동작을 대사와 도구의 소리로 표현할 때 서로 호흡을 맞추며 함께 만들어 내야 하기 때문이다. 연기자와 폴리효과맨의 호흡을 만들어 내는 문제는 후시녹음 환경에서 풀어야 할 숙제다. 또한, 유럽이나 일본같이 다른 나라에서는 한 편의 오디오드라마를 오랜 시간 제작하여 방송하는 시스템이지만 우리나라는 바로바로 찍어내듯이 제작을 해야 하는 형편이기 때문에 후시녹음의 여건이 충분하지 않다.

하지만 오디오드라마 제작 현장에서 30년 동안 오디오드라마를 만들어온 필자는 우리나라도 최종적으로는 후시녹음 제작 방법이 지향해야 할 오디오드라마 제작 방법이라고 감히 제안하고 싶다. 성우와 폴리효과맨의 호흡을 통한 소리 연기가 문제가 된다면 각자 최선을 다해 가상의 호흡을 상정하고 연습해서 극복해 내면 된다. 후시녹음 제작 방법 환경에서는 성우와 폴리효과맨뿐만 아니라 피디를 중심으로 자료효과맨, 음악효과맨, 음향엔지니어가 저마다 자신이 맡은 전문분야를 철저히 준비해야 할 것이다.

그대신 후시녹음 제작 방법은 어떠한 주제의 오디오드라마라도 제작 가능하고 또한 최상의 퀄리티와 완성도를 가져다줄 것이라고 장담한다. 성우들도 나홀로 연기력을 후시녹음 제작 방법답게 키우고 선후배 간의 뒤풀이나 쫑파티가 아쉽다면 시간을 약속해서 모두 함께 만나면 될 것이다.

3) 절충형 오디오드라마 제작 방법 제안

동시녹음과 후시녹음 두 가지 방법 모두 장점과 단점이 뚜렷하게 대립하고 있기 때문에 절충 방법이 필요하다. 절충 방법은 동시녹음 제작 방법과 후시녹음 제작 방법의 장점만을 모은 방법으로 호흡을 맞춰야 하는 연기자들의 대사와 폴리효과맨의 소리 연기를 함께 동시녹음 방법으로 먼저 제작한 후, 자료효과와 음악효과를 후시녹음 방식으로 최종 믹싱하는 방식이다. 기존 동시녹음제작 방법과 다른 점은 음악효과와 자료효과를 나중에 작업한다는 점이다.

물론 기존 동시녹음 제작 방법보다는 이중제작을 해야 하는 번거로움이 있고 전체적인 제작 시간이 오래 걸릴 수도 있겠지만 정착되어 숙달되면 오히려 더 빠르고 완성도도 높아질 수 있다고 본다. 게다가 연기자들은 폴리효과맨과 호흡을 맞추어 연기할 수 있기 때문에 자연스럽고 실감 나는 장면을 연출할 수 있어서 좋다. 또한, 성우들의 입장에서는 음악효과나 자료효과를 나중에 삽입하기 때문에 함께 제작할 때 서로 엔지를 주고받으며 걸렸던 시간을 단축하면서도 충분히 자신의 연기 실력을 발휘할 수 있게 된다.

반면 언제든지 자기 스케줄에 맞게 각자 자신의 연기 부분을 녹음하고 가면 되는 후시녹음 제작 방식보다는 녹음 시간 및 스케줄 조정에 자유롭지는 못하다. 하지만 동시녹음 방식의 장점인 연기자들 상호 간의 주고받는 대사를 통해서 최고의 연기를 끌어낼 수 있다는 점에서 단점을 감내할 수 있으리라 생각된다. 왜냐하면, 연기자로서는 최고의 연기력을 끄집어낼 수 있는 방법이 상대방과 주고받는 대사에서 내 대사의 감정을 끌어낼 수 있는 방법이기 때문이다.

한 가지 절충방법이 아쉬운 점은 자료효과음이 주는 현장감과 상징성, 음악효과가 주는 감동을 배경음으로 들으며 녹음할 수는 없다는 점이다. 그러나 동시녹음과 후시녹음의 장점을 많이 취합했다는 점에서 현실적인 오디오드라마 녹음제작 방법으로 추천할 만한 방법이라고 생각한다. 절충방법을 실험적으로 제작했던 작품으로는 크리스마스 특집극이었던 가수 장나라 주연인 「너는 떠나며, 마치 날 떠나가듯이」라는 작품과 KBS홀에 올려졌던 유열의 「동화가 있는 콘서트」가 있다.

향후, 성우와 폴리효과맨이 나홀로 연기를 위한 예측된 가상호흡연기를 완벽히 숙달시켜 준다면 완전 후시제작 방법으로 제작하는 것이 오디오드라마의 항구적인 발전을 위해서도 필요하다는 것을 후배들에게 숙제로 남겨두고자 한다.

10. 맺음말, 오만사를 마치며

소리는 상상을 하게 해주고 사람들의 감성을 어루만져준다. 또한, 소리를 모티브로 하는 오디오드라마는 스토리를 통해서 우리에게 감동을 주고 우리의 마음을 위로해 준다. 지금 이 시기는 그야말로 오디오드라마의 르네상스 시대라고 해도 과언이 아닐 정도로 오디오드라마가 새롭게 조명되고 다시금 인기를 얻고 있는 시기다.

이 책 오만사는 소리만으로도 사람들에게 재미와 감동을 주는 오디오드라마를 만드는 사람들에 대해서 많은 사람들에게 소개하는 책이다. 필자는 마치 오디오드라마라는 숲 위를 날아다니는 매처럼 오디오드라마에 참여하는 각각의 전문분야라는 나무들을 매의 눈으로 바라보며 그동안 경험하고 느꼈던 점들과 앞으로 바라는 점들을 쓴소리까지 마다치 않고 가감 없이 수록하였다. 오디오드라마 제작 현장에서 30년 동안 열정적으로 일해 온 음향효과감독의 시선으로 각 분야의 오디오드라마를 만드는 사람들이 하는 일을 소개하였고, 오디오드라마를 만드는 사람들에게 느낀 점과 바라는 점을 솔직하게 제시해 보았다.

이 책 오만사는 하루아침에 뚝딱 쓰게 된 책이 아니다. 지금으로부터 약 20년 전 40이라는 불혹의 나이가 되면서부터 문득 내가 일해온 흔적을 서툴게나마 남겨 놓는다면 언젠가는 누군가에게 도움이 되지 않을까 하는 생각에 지금까지 조금씩 정리하며 관찰해 온 내용을 하나하나 기록해 온 것이다. 그러다 보니 그동안 방송 기술과 환경이 디지털화되기도 하며 빠르게 변화하는 과정에서 몇 가지 내용들은 수시로 수정을 해야 했다.

이 책 오만사를 펴내면서 조금 겁이 나는 건 각각의 전문분야 사람들이 이 책을 읽으면서 이건 아닌데 하고 생각하는 점이 있지는 않을까 하는 우려가 있어서다. 저자로서 작은 소견은 잘못된 부분이 그나마 적었으면 좋겠고 그럴 수도 있겠구나 하는 마음으로 너그러이 이해해줄 만한 내용이 많았으면 하는 바람이다. 각 전문 분야에 관해서는 행여나 월권이 되지나 않을까 하여 깊이 있는 부분까지는 다가가지 않았다.

무엇보다 오디오드라마 제작 현장에서 필자와 같은 일을 해오고 있는 음향디자인실 선후배와 동료 여러분이 제일 두렵다. 이미 은퇴하신 선배들도 계시지만 선배로서 후배들이 하는 일을 서툴게 전달해서 서운해하지나 않을까 하는 염려에서다. 혹시 부족한 내용이 있었더라도 널리 이해해 주길 바라는 마음이다. 작가 여러분들도 어느 음향효과 감독이 섣불리 작가에 대해서 이러쿵저러쿵 말이 많다고 노여워하지 마시고 오디오드라마를 제작하는 현장에서는 그러한 점들도 생각할 수 있겠구나 하고 웃어 주시길 바란다.

음향엔지니어 여러분도 마찬가지다. 음향의 기술적 전문 지식도 별로 없는 한 사람이 오디오드라마 제작 현장에서 느낀 점을 서술하다 보니 고유한 음향기술 업무를 곡해하지나 않았을까 하는 우려도 있다. 하지만 오디오드라마를 함께 만드는 사람으로서 음향효과 감독이 그러한 생각을 할 수도 있겠거니 하고 용서해 주시길 바란다.

성우들을 위한 부분에서도 음향효과 감독으로서 오디오드라마 제작 현장에서 성우 선배님들과 원로 선생님들이 녹음하러 오실 때마다 후배들에게 조언하시던 내용을 정리했고, 선배로서 조언도 첨가했을 뿐이니 주제 넘는다고 생각지 말고 수렴할 건 수렴하고 버릴 건 버려주시길 바란다.

피디 여러분께는 오디오드라마를 책임지고 이끌어가야 할 임무와 책임이 있으므로 오디오드라마를 함께 만드는 사람으로서 좀 더 진정성 있는 내용을 허심탄회하게 피력해 보려고 애썼다. 그래도 그동안 피디 여러분들이 앞장서서 사라져 가는 오디오드라마의 명맥을 이어주고 열정적으로 되살려내어 오늘날 다시금 오디오드라마의 붐을 일으키는 데 일조해 준 것 같아서 감사드린다.

그리고 지금까지 술회한 현재 오디오드라마를 만드는 사람들의 이야기도 중요하지만 이 책을 읽어주시는 학생들과 방송 분야에 관심이 많은 각 분야의 지망생들 및 일반인들에게 더욱더 진심 어린 마음을 담아 감사드린다. 아무쪼록 희망하는 분야의 방송인이 되시어 앞으로 우리를 이어서, 또는 우리를 대신해서 오디오드라마를 만드는 사람들이 되어 주실 것을 부탁드린다.

지금도 그렇지만 더욱더 다양한 곳에서 오디오드라마는 제작될 것이고, 지금보다 더 다양한 미디어를 통해서 우리들에게 다가올 것이다. 앞으로도 오디오드라마에 더 깊은 관심과 사랑을 듬뿍 주시고 오디오드라마를 만드는 사람들에게 많은 응원과 용기를 주시기를 간절히 희망한다. 이 책을 구해서 읽어주신 모든 분들께 머리 숙여 큰절을 올리며 감사한 마음을 드리고 싶다.

부록

1. 일본어로 사용하고 있는 방송 용어의 우리말화

부끄러운 역사지만 우리나라는 지난날 중국을 사대하며 장인들을 천시하고 개방을 미루어 문명의 발달이 늦어진 탓에 각종 새로운 문물이 우리말화되지 못한 채 밀려 들어왔다. 그바람에 우리나라 말의 이름씨(명사) 대다수가 한문적인 것이 많고 일제 강점기 영향으로 일본어도 침범했으며, 영어 열풍으로 외래어 일색이다. 그중에서도 방송제작 현장에서는 일본어를 귀에 거슬릴 정도로 많이 사용하고 있다. 우리나라의 방송국 개국이 일제 때였기 때문에 방송 용어 중에 일본용어를 많이 썼던 것이다.

그러나 독립된 지가 언젠데 아직도 일본의 방송 용어를 쓰고 있다니 방송인으로서 부끄러운 일이다. 특히 방송이란 올바른 문화와 전통을 이어가는 데 선도적인 역할을 해야 할 매체인데 말이다. 이제 한번 고쳐보자. 우리나라 말은 정말 과학적이고 문학적이며 예술적이고 창조적인 언어인데 방송 용어로 사용하지 못할 이유가 없다.

1) 마 -> 사이

마는 일본어로 사이, 간격, 여백의 뜻으로서 방송제작 현장에서 일본어를 그대로 사용하고 있다. 대사나 음악, 효과음이 너무 간격이 벌어져서 무음이 생각보다 오래 지속된다는 뜻으로 사용한다. 사이가 뜬다는 순우리말로 바꿔서 사용하는 습관을 들여서 정착시켰으면 한다.

예) 마가 뜬다. -> 사이가 뜬다.

2) 기깍구(기깍기) -> 조화

기깍구는 일본어로 규격을 뜻한다. 방송에서 조화를 잘 이루도록 순서를 잘 맞추어야 한다는 뜻으로 사용한다. 대사나 음악, 효과음이 제각각 들어갈 자리에 조화롭게 잘 들어가도록 해야 한다는 의미다. 앞으로는 조화라는 말로 사용했으면 한다.

예) 기깍구가 맞아야지~ -> 조화가 잘 맞아야지~

3) 삼마이(三枚), 니마이(二枚) -> 조연급, 주연급

마이(枚)는 일본어로 종이를 셀 때 쓰는 말로 삼마이는 종이 석 장 또는 세 번째 페이지를 의미한다. 일본 전통 연극인 카부키에서 연극을 시작할 때 출연자를 종이에 적어 한 장씩 넘기며 소개를 했는데 첫째 장에는 여주인공, 두 번째 장에는 남자 주인공, 세 번째 장에는 조연을 소개했다고 해서 유래된 말인데 삼마이는 주인공도 아닌 하찮은 배역을 말하고 니마이는 두 번째 장으로 남자 주인공을 뜻한다. 우리는 이 일본어로 된, 특히 일본 전통에서 유래된 말을 이제는 쓰지 말고 그냥 주연급, 조연급이라고 사용하자.

예) 이런 삼마이 같으니라구~ -> 그러니 조연급 배우지~

니마이가 뭐 그래? -> 주연급이면 주연급답게 해봐~

4) 나와바리 -> 색깔

건축현장이나 통제구역에 새끼줄을 쳐서 경계를 정해놓는 것을 말하는 일본어로서 우리말로는 세력권, 관할권, 고유영역을 말하는데, 방송에서는 연기자의 자기만의 색깔 즉 자기가 아니면 할 수 없는 자기 자신의 고유 캐릭터를 말한다. 이제는 순우리말로 자기만의 색깔이라고 하면 어떨까? 연기 영역이나 개성이라고 말해도 되겠다.

예) 나와바리가 있어야지~ -> 자기만의 색깔(개성)이 있어야지~

5) 다찌마와리 -> 싸움신

일본어 다츠(서다)와 마와루(돌다)의 합성어로, 여기저기 분주히 돌아다닌다는 뜻과 연극, 영화에서 난투장면을 뜻한다. 우리말로는 그냥 싸움 장면 또는 격투 장면이라고 하면 될 것이다.

예) 다찌마와리가 많은 영화야. -> 싸움 장면이 많은 영화야.

6) 간지 -> 느낌

간지는 일본어로 느낌, 감상, 감동적 효과 정도의 뜻이다. 드라마 제작할 때 가장 흔하게 자주 사용하는 일본어다. 연기자가 작품이 요구하는 캐릭터를 소화하지 못해서 원하는 장면을 연출하지 못했을 때나 삽입되어야 할 음악이나 음향효과가 작품과 잘 어울리지 않아 효과적이지 못했을 때 사용한다. 그러나 이제는 그냥 우리말을 사용하자 우리말의 느낌! 얼마나 아름다운 말인가!

예) 간지가 안 나오잖아~ -> 느낌이 잘 안 살잖아~

7) 나마효과 -> 생효과(도구효과)

일본어 나마는 한문으로 生을 의미하는 뜻으로 '생물을 자연에서 취한 그대로인 날것' 또는 살아 있는 것을 말하기 때문에 나마효과는 효과 중에서 생효과를 말한다. 그래서 생효과란 말은 일본어에서 유래된 방송 용어다. 그러므로 나마효과라고 사용해서는 안 됨은 물론이요, 생효과라는 말도 그에 걸맞은 우리말로 바꾸어 사용해야 한다. 그렇다면 생효과는 도구를 주로 사용해서 효과음을 만들어 내는 효과니까 도구효과라고 하면 어떨까? 요즘은 글로벌 시대라 폴리효과라고 하는 게 맞다.

예) 나마효과 잘 맞았어? -> 도구효과(폴리효과) 잘 맞았어?

8) 누끼 -> 사전제작

일본어의 '빼내고 비워 둔다.'라는 의미로써 방송에서는 드라마 장면 중 어느 한 장면을 여러 가지 사정으로 인해서 전체 제작에 앞서 먼저 제작해 놓는다는 뜻으로 사용한다. 먼저 제작해 놓은 장면은 전체 제작 시 제자리에 잘 끼워 넣으면 된다. 또는 그와는 반대로 전체 제작을 하면서 일부 장면을 빼놓고 제작한다는 의미도 있다. 누끼라는 말 대신 사전제작이라는 말로 대체해서 사용하자.

예) 누끼 뜨자! -> 사전제작하자!

9) 시마이 -> 마무리

일본어의 끝, 끝냄, 종료, 마무리의 뜻이다. 애인이나 친구끼리 싸우다가 시마이하자고 했다면 헤어지자, 즉 절교하자는 뜻이겠고, 일을 하다가 시마이하자고 했다면 일을 그만 끝내고 마무리하자는 뜻으로 쓰였을 것이다. 우리말에 끝이라는 말도 있지만 끝은 너무 부정적인 것 같으니 마무리로 바꾸어 쓰자. 마무리라는 좋은 말이 있는데 아직도 시마이란 말을 자주 쓰는 사람이 많다. 이제는 쓰지 말자.

예) 자, 이제 시마이하자~ -> 자! 이제 마무리하자~

10) 입봉 -> 데뷔, 진급

한자어의 입봉(入峰)을 써서 봉우리에 들어섰다는 의미라는 설도 있는데, 오히려 이 말은 일본에서 견습 과정을 거쳐 일정 수준을 갖춘 기생을 일컫는 말로 쓰이던 이찌본(一本)의 독음인 잇봉이 우리말 발음화되어 입봉이라고 불리게 된 데서 유래된 말이라는 게 더 신빙성이 있다. 왜냐하면, 방송 용어 중에 거의 일본식 용어가 많고, 일제 강점기를 보내신 어른들이 자주 사용하기 때문이다.

이 뜻은 첫 데뷔를 한다는 의미도 있고, 진급의 의미도 있다. 새끼 작가는 서브 작가로, 서브 작가는 메인 작가로, FD는 AD로, AD는 PD로 진급한다는 의미로 쓰기도 했다. 이를테면 보조역할만 하다가 자기가 어떠한 일을 책임지고 맡아서 하게 되었다는 뜻이다. 그렇다면 일본어인 입봉보다는 글로벌 시대의 용어인 데뷔나 진급이라고 하면 될 것이다.

예) 입봉을 축하해. -> 데뷔한 거 축하해, 진급 축하해.

11) 구다리 -> 부분(구절, 소절, 대목)

문서의 글줄이나 조항, 항목을 말하는 일본어인데, 우리 주변에서 자주 사용하고 있다. 대본 연습하는 중이나 방송제작 중에도 자기도 모르게 사용하는 사람들이 많다. 우리말로 어떻게 바꿔야 할까? 어느 부분을 지칭하는 말로 사용하고 있으니 부분이라고 바꾸면 좋을 것 같다. 어떤 책의 문장의 구절이나 어떤 시나 노래의 한 소절, 이야기의 한 대목도 괜찮을 것 같다.

예) 그 구다리 좀 다시 해봐~ -> 그 부분 좀 다시 해봐~

12) 돕브 -> 처음(앞부분, 머리)

처음 부분을 말하는 용어로 사용하고 있는데 일본어 사전으로 확인되질 않는다. 하지만 이 국적 불명의 말은 이제 버리자. 처음 얼마나 예쁜 우리말인가! 말 그대로 처음이라는 의미인 수줍음과 설렘이 그대로 녹아 들어있는 말이 아닌가! 앞으론 돕브 대신 처음이라고 사용하자. 앞부분이나 머리라고 해도 좋겠다.

예) 돕브부터 다시 해~ -> 처음(앞부분, 머리)부터 다시 해~

13) 와꾸 -> 틀

일본어로 나무로 만든 틀을 말하는데 우리나라에서도 비슷한 뜻으로 사용한다. 뭔가 잘 맞지 않을 때도 자주 사용한다. 우리말로 바꾼다면 말 그대로 틀이라고 하면 될 것이다. 오히려 우리말은 하나의 글자로 되어 있어서 사용하기도 편리할 것 같다.

예) 와꾸가 안 맞아 -> 틀이 안 맞아

14) 야마 -> 주제, 핵심

야마는 산이나 봉우리를 뜻하는 일본어로 방송에서는 그 스토리의 주제나 핵심 또는 꼭지라는 뜻으로 사용하는 말이다.

예) 이 작품은 야마가 좀 부족해 -> 이 작품은 주제가 명확하지 않아

15) 니쥬 -> 마루, 깔판

니쥬는 나무판을 가리키는 일본어로, 주로 방송국에서 음향효과 중 폴리효과맨들이 도구를 준비할 때 쓰는 용어다. 때로는 깊은 뜻으로 드라마의 복선이나 암시를 뜻하기도 한다.

예) 니쥬 위를 밟는 발소리가 필요해 -> 마루 위를 걷는 발소리를 잘 해봐

2. 알아두면 좋은 방송 용어

1) **각색**: 문학작품이나 사건, 기록 등을 영화, 연극, 드라마 등의 극본으로 고치는 일
2) **극본**: 연극, 영화, 방송 프로그램을 만들고자 사전에 작성하는 글
3) **나그라**(Nagra): 채음이나 동시녹음 때 사용하는 릴테이프 매체의 포터블녹음기
4) **녹음기**: 소리를 담아 두거나 담아 둔 소리를 다시 들을 수 있게 만든 기계
5) **대사**: 연극이나 영화, 드라마에서 연기자가 하는 말. 대화, 독백, 방백 등이 있다

6) **라이브러리**(Library): 방송이나 프로그램에 필요한 영상, 음향 등의 콘텐츠를 모아 도서관 기능을 하는 가상 폴더

7) **리허설**(Rehearsal): 무대공연이나 방송제작 전에 출연자나 스태프들의 사전 연습

8) **릴테이프**(Reel tape): 릴테이프 레코더에 사용되던 Magentic을 사용한 기록 매체

9) **마이크**(Mic): 마이크로폰, 줄여서 마이크는 음향을 전기신호로 변환하는 장치

10) **모노**(Mono): 스피커의 개수와 상관없이 모든 스피커에 동일한 소리가 나오도록 하는 소리 송출방식

11) **모니터**(Moniter): 제작 중 또는 송출 시의 영상이나 사운드의 질을 확인하는 일

12) **매체**: 어떤 작용을 한쪽에서 다른 쪽으로 전달하는 물체 또는 그런 수단

13) **메커니즘**(Mechanism): 사물의 작용 원리나 기계적인 구조를 말한다

14) **멘트**(Ment): 방송이나 예식 등에서 진행자나 사회자가 상황에 맞게 하는 말

15) **방송**: 라디오나 TV 등 여러 매체를 통하여 음성이나 영상을 전파로 내보내는 일

16) **샘플러**(Sampler): 다양한 음원을 기반으로 디지털화하여 다양한소리 신호로 바꾸는 장치

17) **생방송**(Live Broadcasting): 프로그램의 제작과 동시에 실시간으로 방송되는 방송기법

18) **수신호**(Hand signal): 유리로 차단된 스튜디오의 부조와 부스에서 피디와 연기자 간에 손으로 의사소통을 하는 방법

19) **스닉-인**(Sneak in): 해설이나 대사 등이 진행되는 동안 음악이나 효과음이 천천히 페이드인 되는 방송 기법

20) **스닉-아웃**(Sneak out): 스닉 인과 반대로 해설이나 대사 등에 깔리던 음악이나 효과음이 천천히 페이드 아웃 되는 방송 기법

21) **스태프**(Staff): 연기자를 제외한 연극, 영화, 방송의 제작에 관계하는 모든 사람

22) **스테레오**(Stereo): 스피커가 2개 이상이어서 좌측과 우측의 소리가 다르게 나오도록 하는 소리 송출방식

23) **스튜디오**(Studio): 방송국에서, 방송 설비를 갖추고 방송을 하는 방으로 녹음실로도 표현

24) **스피커**(Speaker): 전기음향신호를 음파로 변환하는 장치로 마이크와 반대 개념

25) **신디사이저**(Synthesizer): 다른 악기의 소리를 흉내내거나 새로운 소리를 만들어 내는 악기

26) **아카이브**(Archive): 자료 등을 디지털 화하여 관리 검색할 수 있도록 모아 둔 파일

27) **애드리브**(Ad-lib): 극본에 없거나 미리 연습하지 않은 즉흥적인 대사, 동작, 연출

28) **에코**(Echo): 회상장면이나 상징적 장면을 묘사하기 위해 음향기기에서 딜레이-이펙터와 리버브-이펙터를 함께 사용하여 대사나 음향에 울림을 주는 기능

29) **엔지**(N,G): No Good의 약자, 방송 프로그램을 제작하다가 실수로 잘못되는 일

30) **오디오믹서**(Audio Mixer): 방송국이나 녹음실에서 여러 음원신호를 혼합하고 조절하는 장치

31) **오디션**(Audition): 견본으로 제작한 프로그램 또는 연기자의 캐릭터 테스트

32) **오버랩**(Overlap): 기존 영상이나 사운드에 다른 영상이나 사운드가 겹치는 기법

33) **오프 마이크**(Off-mic): 연기자가 마이크로부터 멀리 떨어져서 말하는 방법, 보통 1m 이상 떨어지는데 그 정도에 따라 중간 오프, 먼 오프라고 표현한다

34) **온 마이크**(On-mic): 연기자가 마이크 가까이에서 말하는 방법, 보통 음량에 따라 20cm~30cm 거리를 말하며 상황에 따라 10cm 이내의 초근접 마이크를 쓰기도 함

35) **장면**: 드라마에서 같은 인물이 동일한 공간 안에서 벌이는 사건의 광경

36) **주파수**: 전파나 음파가 1초 동안에 진동하는 횟수로 소리진동의 단위

37) **캐스팅**(Casting): 연극이나 영화, 드라마에서 배우 등의 배역을 정하는 일

38) **컷 아웃**(Cut out): 방송제작 중 영상이나 대사, 음악, 효과음 등을 갑자기 중단시키는 방송기법

39) **큐사인**(Cue sign): 대사, 연기, 음악, 효과 등의 오퍼레이팅 시기를 알리는 신호를 말하며 특히 감독이 연기자에게 액션을 하라고 지시할 때 손동작으로 표시하는 신호

40) **큐 시트**(Cue sheet): 방송 프로그램의 제작을 위한 전 과정을 일정한 형식에 따라 구체적으로 기입해 놓은 방송진행표

41) **클라이맥스**(Climax): 극이나 소설의 전개 과정에서 갈등이 최고조에 이르는 단계

42) **페이드-인**(Fade in): 영상이나 사운드가 서서히 나타나게 하는 방송 기법

43) **페이드-아웃**(Fade out): 영상이나 사운드가 서서히 사라지게 하는 방송 기법

44) **팬**(PAN): 영상이나 음향을 좌(우)에서 우(좌)로 변화시켜주는 방송기법

45) **편집**: 기획 의도에 따라 방송 시간에 맞게 줄이거나 덧붙여 정리하는 작업

46) **피디**(ProDucer, Director): 프로그램의 제작, 기획은 물론 연출을 담당하는 사람

47) **필터**(Filter): 드라마에서 전화 속 대사, 방송, 기사를 표현하는 오디오 변형 기법

48) **프로덕션**(Production): 방송 프로그램이나, 영화 등을 만들기 위해서 구성된 스태프 또는 회사

49) **프리랜서**(Freelancer): 방송사의 직원이나 전속이 아닌 자유롭게 활동하는 사람

50) **하울링**(Houling): 스피커에서 마이크로 피드백되는 경우 발생하는 거북한 잡음